经济学博士，讲席教授

北京大学校务委员会副主任

北京大学汇丰商学院创院院长

北京大学原副校长

  海闻，浙江杭州人，1952年8月出生。1969年3月至1978年2月在黑龙江省虎林县（现为"虎林市"）红卫公社下乡。1977年恢复高考后考入北京大学经济系，1982年毕业于北京大学，获经济学学士学位。1983年毕业于美国加州州立大学[1]（长滩），获经济学硕士学位。1991年毕业于美国加州大学[2]（戴维斯）经济系，获经济学硕士和博士学位。曾在加州州立大学（旧金山）、加州大学（戴维斯）、福特路易斯学院[3]（长聘副教授）任教。1995年回国参与创办北京大学中国经济研究中心，任常务副主任。曾任北京大学副校长（2005—2013）兼北京大学深圳研究生院院长。2004年创办北京大学深圳商学院（2008年后冠名汇丰商学院）并任院长（2004—2021）。主要教学及研究领域为国际经济学、发展经济学、转型经济学、中国经济等。

---

[1] 加州州立大学（California State University）。
[2] 加州大学（University of California）。
[3] 福特路易斯学院（Fort Lewis College）。

海闻教授的教育生涯

1971—1975 年	黑龙江省虎林县红卫公社前卫大队中小学民办教师、副校长
1975—1977 年	黑龙江省虎林县红卫公社中学民办教师、副校长
1988—1989 年	美国加州州立大学（旧金山）经济系兼职讲师
1991—1992 年	美国加州大学（戴维斯）经济系讲师
1992—2002 年	美国福特路易斯学院商学院经济系助理教授和副教授（长聘）
1995—2008 年	参与创办北京大学中国经济研究中心，任副主任和常务副主任
1995 年—	北京大学经济学教授
2002—2005 年	北京大学校长助理
2004—2021 年	创办北京大学汇丰商学院（原深圳商学院），任院长
2005—2013 年	北京大学副校长，兼北京大学深圳研究生院常务副院长和院长
2013 年—	北京大学校务委员会副主任
2017 年—	创办北京大学汇丰商学院英国校区，任理事长
2019 年—	北京大学汇丰商学院院务委员会主任

教育领域获奖

1973 年	黑龙江省虎林县 1972 年度"优秀教师"
1974 年	黑龙江省虎林县 1973 年度教育"先进工作者"
1975 年	黑龙江省虎林县 1974 年度教育"先进工作者"
1975 年	黑龙江省牡丹江地区 1974 年度教育"先进工作者"
1990 年	美国加利福尼亚大学（戴维斯）经济系"杰出助教奖"
1999 年	中国宝钢教育基金会"优秀教师奖"
2000—2001 年度	北京大学"教学优秀奖"
2002 年	北京大学学生会·北京大学研究生会：第七届"最受学生爱戴的老师"（十佳教师）
2006 年	北京大学正大"优秀教师奖"
2009 年	深圳市"优秀校长"
2009—2010 年度	北京大学"教学优秀奖"
2019 年	北京大学党务和思想政治工作奉献奖
2021 年	央广网 – 中国 MBA 教育网 2021 年度商科教育领军人物
2022 年	新中国北大来华留学教育 70 周年贡献奖

↑ 1969年年初，海闻（后排右三）及初中同学分别到浙江和黑龙江农村下乡

↑ 海闻在黑龙江插队时的照片

↑ 东北9年，海闻屯垦戍边，青春献给北大荒

↑ 海闻（第一排右三）和经济系77级部分同学在北大图书馆前留影

↑ 1981年年底，北京大学经济系77级毕业留念，第四排右七为海闻

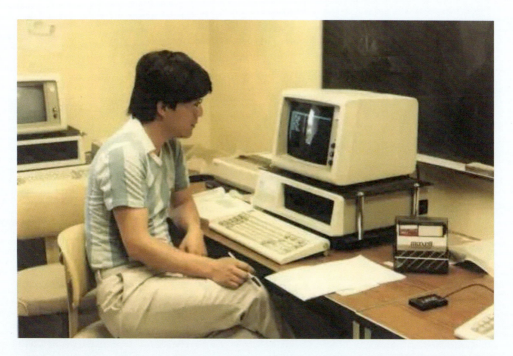

↑ 20世纪80年代中期，海闻在美国加州大学（戴维斯）攻读经济学博士学位

↑ 北京大学中国经济研究中心的创办初期（左起：张帆、易纲、林毅夫、德怀特·帕金斯（Dwight Perkins）、帕金斯夫人、海闻、余明德、张维迎）

⬆ 1995年,海闻与时年95岁高龄的陈岱老(陈岱孙教授)合影留念

⬆ 2008年8月30日,汇丰银行捐赠冠名北京大学汇丰商学院签字仪式

↑ 海闻教授给北大全校学生开设"经济学原理"课程,每次课堂上都是座无虚席

↑ 2018年北京大学英国校区启动仪式,从左到右分别是时任中国驻英国大使刘晓明、时任北大校长林建华、海闻、时任汇丰集团常务总监诺尔·奎恩(Noel Quinn)

↑ 2018年3月，海闻与剑桥大学嘉治商学院（Cambridge Judge Business School）院长克里斯托弗·洛赫（Christoph Loch）商谈，建立起一系列科研和教育合作项目

↑ 2021年毕业典礼上，海闻为毕业生赠画

海闻浅论 教育卷

海闻 ◎ 著

北京大学出版社
PEKING UNIVERSITY PRESS

图书在版编目（CIP）数据

海闻浅论. 教育卷 / 海闻著. —北京：北京大学出版社，2022.8
ISBN 978-7-301-33147-7

Ⅰ. ①海… Ⅱ. ①海… Ⅲ. ①教育学–文集 Ⅳ. ①C53

中国版本图书馆CIP数据核字(2022)第114682号

书　　　名	海闻浅论：教育卷 HAI WEN QIANLUN：JIAOYUJUAN
著作责任者	海　闻　著
责 任 编 辑	裴　蕾
标 准 书 号	ISBN 978-7-301-33147-7
出 版 发 行	北京大学出版社
地　　　址	北京市海淀区成府路205号　100871
网　　　址	http://www.pup.cn
电 子 信 箱	em@pup.cn
新 浪 微 博	@北京大学出版社　@北京大学出版社经管图书
电　　　话	邮购部010-62752015　发行部010-62750672　编辑部010-62750667
印 刷 者	涿州市星河印刷有限公司
经 销 者	新华书店
	720毫米×1020毫米　16开本　28.5印张　彩插12　398千字 2022年8月第1版　2022年8月第1次印刷
定　　　价	98.00元

未经许可，不得以任何方式复制或抄袭本书之部分或全部内容。
版权所有，侵权必究
举报电话：010-62752024　电子信箱：fd@pup.pku.edu.cn
图书如有印装质量问题，请与出版部联系，电话：010-62756370

序 一

翻看海闻的这本文集，勾起了我的很多回忆。我认识海闻二十多年了。1999年11月，我回到我的母校北京大学担任校长，海闻已作为常务副主任在主持北大中国经济研究中心的工作。我到中心调研，参观了他们正在扩建的朗润园和万众楼，这个充满活力、别具特色的教学科研单位给我留下了深刻的印象。

2002年，海闻担任北京大学校长助理。2005年，学校决定派时任副校长的海闻去北京大学深圳研究生院工作，主持北大在深圳事业的建设和发展。当时深研院初建不久，校园偏僻，设施不全，师资缺乏，百事待兴。面对很多挑战，海闻临危受命，毫不犹豫地接过担子，正如他在后来的《离职抒怀》中所说，"担任深研院院长，不是一份工作，我不需要从北京到深圳来找一份工作；也不是一个职位，我也不需要一个院长的头衔。我之所以抛家舍业南下深圳，是为了一个理想，一份事业。""为了学生，为了北大，为了深圳，为了国家！"

二十多年来，我见证了海闻在教育事业上的数次探索和创新：从未名湖畔，到南海之滨，再到英国牛津，海闻不计得失、别家离舍干成了常人想都不敢想的事业，让人肃然起敬。

本书是他这些年办学思想的一个汇总。阅后我觉得，书中至少有以下三点值得我国高等教育事业的参与者借鉴。

第一，强调"国际化"。

2001年1月，北京大学与深圳市人民政府签署《合作创办北京大学深圳校区协议书》。决定去深圳办学时，作为校长，我当时的设想是希望北大可以在这个改革开放的前沿阵地，拥有更大的自由和空间来进行更多教育改革的尝试，走出更加开放、更加国际化的道路。无论当时还是现在，我都坚定地认为，中国要成为在世界上真正有影响力的强国，必须有一流的高等教育。也只有在一个开放、国际化的环境中，才可能培养出大批具有宽广视野的学者、科学家，培养出大批能够在国际事务中发挥作用的人才。"国际化"是高校要走的路子，尤其像北大这样的高校，要建成世界一流大学，别无他路。

作为深研院院长，海闻明确提出了要把北大深研院建成"北京大学坐落在深圳的世界一流国际化校区"的目标。他认为，世界一流的具体表现就是"全世界一流的学者愿意来任教，全世界一流的学生愿意来求学"，并把他的理念付诸实践，在深圳一干就是18年！

18年来，海闻不仅有理想，有目标，更重要的是，他有计划，有行动，身体力行，锲而不舍，在北大深圳研究生院国际化进程中创造了许多奇迹：他说服汇丰银行捐赠1.5亿元人民币资助和冠名初创的北大深圳商学院；他动员美国康奈尔大学的原校长、著名法学家雷蒙到深圳创办了中国唯一有J.D.项目的北大国际法学院；他到英国牛津郡购置校园，创办了中国大学在发达国家第一个自有校园、自主管理、自授学位的海外校区；他邀请诺贝尔经济学奖获得者萨金特在汇丰商学院创建了"萨金特数量经济与金融研究所"并邀请他每年亲自给研究生们授课；他促成了北京大学汇丰商学院跟世界顶级大学剑桥大学嘉治商学院在学位教育、创新创业、学术研究等方面的深度合作。这里的任何一件事，都是高水平和开创性的，都是极其不容易做到的。

本书中海闻总结的一系列国际化的办学经验为我国高等教育的发展提供了非常难得的经验，做出了非常重要的贡献。

第二，强调"改革创新"。

从1995年回到北大以来，海闻一直在教育领域尝试改革和创新。当年跟林毅夫、易纲、张维迎等人创办的中国经济研究中心，就是经济学教育科研的一种新模式。担任深圳研究生院院长期间，他实行了一系列的改革和创新：包括提倡发展交叉学科和应用学术，实行院系预算和学校预算相结合的财务制度，行政人员不休寒暑假而休年假等。作为汇丰商学院院长，海闻倾注了大量心血，努力推动学院的跨越式发展。他注重培养复合型人才，与海外高校开展学科互补的双硕士项目，在院内专业之间施行"专业＋辅修"的培养方案。他强调学生的国际视野，重视学生的理论基础，关注学生的综合素质，着眼学生的长期发展，在全国研究生培养中率先搞常态化的素质拓展训练，培养学生健康体魄和团队精神。在行政管理方面，汇丰商学院内部只分学科不设系，减少行政设置，实行扁平化管理等。海闻的很多做法都是国内首创，且取得了很好的成果。

这些大胆探索、勇敢创新的做法收效显著。创立短短不到二十年，汇丰商学院就已经是北大一个响亮的品牌，成为深圳高等教育的一张名片，跻身国际一流商学院行列。汇丰商学院培养了一批批青年才俊，他们活跃于社会各界，逐渐成为一支影响日彰的力量。这都与海闻的大胆创新、具体落实、严格要求、精益求精密不可分。如今想来，当初我们选择海闻来建设和领导汇丰商学院，就是历史的不二之选。

上述具体的做法和措施，本书都有详细记录，非常值得教育界学习借鉴。

第三，强调"社会责任"。

海闻强调大学不仅要有"学术影响力""行业影响力"，还要有"国际影响力"和"社会影响力"。除了学术研究和培养学生，汇丰商学院强调校企合作，与知名企业、政府机构、研究机构建立广泛深入的科研、教育、咨询合作。学院建立了"北大汇丰智库"，为企业和政府提供宏观经济、金融、湾区建设、城乡发展等领域的学术服务；学院举办的各类讲座，把"到北大听讲座"的文化传统带到深圳，成为深圳的文化与学术品牌。在海闻的牵头下，汇丰商学院与延安大学乡村发展研究院合作开展了"新农人""选调生"等系列公益培训，并在教育部指导下，承接了北京大学"乡村振兴千万带头人培养计划"等。

在人才培养上，海闻始终强调"专业知识、综合素质、国际视野、社会责任"，他要求学生无论何时始终牢记自己是"北大人"，他在开学第一课就为新生讲授"北大历史与北大精神"，强调北大人应该"忧国忧民，肩负社会责任"和"追求卓越，坚持改革创新"，要有理想、有眼界、有激情、有能力、有教养。学院对学生的教育以德为首，严格要求，强调诚信，坚守底线。学院风气很正，在业界有口皆碑。在这种环境的熏陶下，师生和校友们以实际行动诠释了北大人的责任与担当：不少同学毕业后舍弃了一线城市的高薪职位，选择去服务基层；师生和校友们在抗击新冠肺炎疫情、抗洪救灾等场合，都纷纷捐款捐物，支援灾区建设。

国际视野、改革创新、社会责任，海闻的这些教育理念和措施，在本书的不同篇目中多有体现。作为曾经的北大校长，特别是从 2008 年

序一

北大和汇丰银行根据协议建立北大汇丰商学院理事会（2013年10月汇丰商学院大楼落成后更名为"咨询委员会"）后，我受北大委托一直担任主席，故每年都有多次机会听取学院的工作汇报，参观考察学院，对学院的进步印象深刻。我为我们有这样的教育工作者感到欣慰和骄傲。

如今，海闻的远见卓识已经内化为汇丰商学院的文化和精神。本书的出版，是对海闻从事高等教育的理念和实践的梳理，也是对中国高等教育改革和发展的探索。读者可以通过一些论文和讲座，理解经济发展与高等教育的关系；可以通过每年年会的演讲，了解北大汇丰商学院从无到"优"的发展历程；可以通过毕业和开学典礼的致辞，体会一位教育工作者的责任情怀。希望本书对从事教育尤其是高等教育的读者们有所启示，也期待更多的学者为中国高等教育的发展不断努力，勇于探索，改革创新，做出贡献。

2022年6月30日

许智宏，北京大学教授，中国科学院院士。1999年11月至2008年11月任北京大学校长。

序 二

今年是新一轮"双一流"建设的开局之年,北京大学正在进一步完善学科结构、优化学科布局、促进学科交叉融合,推出了一系列全面深化教育改革的重要举措。大家都在思考和探索,如何在"百年未有之大变局"的背景下,扎根中国大地,走出一条创建具有中国特色的世界一流大学的新路。

在这样的一个时间节点,我欣喜地读到了海闻教授的这本文集,对过去数十年间他在高等教育改革方面的远见与奋斗,感到非常钦佩。他积累了很多很好的经验,值得大家认真研究。

海闻已与北京大学结缘四十多年。1977年恢复高考后,他考入北京大学。1995年,在美国获得博士学位和终身教职后,他又回到北大,工作至今。他在2005—2013年间担任北京大学副校长,积极推动学校"双一流"建设,并付出巨大努力。这本书中上百次提及"北大人",足见北大精神对他的熏陶。海闻每年都亲自为汇丰商学院的新生讲授"北大历史与北大精神"开学第一课。在开学典礼、毕业典礼、班会等不同场合,他强调最多的也是北大爱国、进步、民主、科学的历史使命和社会责任。

海闻是一位善用经济学思维提出问题、思考问题、解决问题的教育者。他在书中多次提到要发挥"比较优势",指出北大深圳研究生院要利用地处深圳的优势,在创新创业、国际交流、金融业发展等方面开展学术研究和人才培养;在研究大学异地办学问题时,他认为要"始终在依赖与自主中博弈和平衡",自主发展差异化和具有比较优势的学科;他对农民工子女教育、深圳高等教育、教育国际化等问题的关注,背后都有着深刻的经济学思考。经济学背景正是海闻教授办教育的"比较优势",使他善于见人所未见、发人所未发。

海闻还是一位有着创业勇气、创业胆识和创业情怀的教育者。用现在流行的话说,他是一名高等教育领域的"连续创业者"。从1994年他与林毅夫教授等"海归"经济学人一起创办北大中国经济研究中心算起,二十多年来,他先后倡导和推动了北京大学汇丰商学院、国际法学院,以及北京大学英国校区的建立。本书收录的几篇文章都透露了这一过程中海闻几度面临"创业艰难百战多"的曲折。面对这些困难曲折,海闻始终是"海阔天空地想,脚踏实地地干",有目标、有步骤,一步一个脚印,推动各项工作的落实。

海闻对教育事业有着深厚感情,并为之付出了全部心血。尽管他谦虚地说自己"不是专职研究教育的",但他多年坚持不懈的探索和实践创新形成了宝贵的经验。例如,他在美国求学、任教十余年,对加利福尼亚州的高等教育系统颇为熟悉,他建议有的地方可以学习借鉴加州,构建金字塔式的有层次的高等教育体系。他在汇丰商学院开创性地引入了常态化的素质拓展训练,采用了双学位、"主修+辅修"的学生培养办法,在专业课程和日常班会中融入思政教育等,探索出了一条研究生专业人才培养的新模式。这些做法萃取出的思想都在本书中有所体现。

海闻常说,一个人没有十年时间做不成一件大事。他说到,更做到了。这就是真正干事业、办教育的态度。

当然，书中的很多内容，不仅仅是海闻个人的思考，更展现了北大十多年来全面深化改革的"集体智慧"。既记录了很多重要的历史，也是一代又一代北大人接续奋斗的宝贵精神财富。我相信，只要坚持改革创新、埋头苦干，只要全校师生团结一心、同舟共济，几代北大人的梦想就一定能够实现，北大就一定能够为国家、人民做出更大的贡献！

郝平

2022 年 6 月于燕园

郝平，北京大学教授，曾任教育部副部长。2016 年 12 月至 2018 年 10 月，任北京大学党委书记。2018 年 10 月至 2022 年 6 月，任北京大学校长。2022 年 6 月任北京大学党委书记。

前　言

2022年，是我人生中值得纪念的一年：大学毕业40载，人生跨越古稀年。回顾往事，唏嘘感慨，想起了一首歌——《我们这一辈》。作为20世纪50年代初出生的人，我这70年与共和国同行，几乎亲历了所有的大事："大跃进"、三年困难时期、"文化大革命"、"上山下乡"、恢复高考、改革开放、出国留学、辞职海归、深圳"创业"……我当过农民，做过学者，打过小工，当过领导，但我这辈子最重要且坚守如一的职业是——教师。

我的教学生涯是非常丰富多彩的，相信没有几个人有我这样的经历。**首先，我教过的学生数量很多**。从1971年当乡村教师开始，到留学回国在北大任教，即使担任校领导，我也始终站在教学第一线。我指导过的硕士、博士有三百多人，不算讲座和培训类的课程，上过我的课的学生至少有数千人。我在北大开设的"经济学原理"，每次都有五百名左右的学生选课，算是全校最热门的通选课之一。**其次，我教过的学生类型很多**，有中国的、外国的，有全日制的、在职的，有学位的、短期培训的等。从学龄前儿童（当时叫"红孩子"班），到小学、初中、高中、本科、硕士、博士、博士后，我都教过。在美国，我甚至还在社区大学教过比我大十几岁的老年学生。再次，我教过的课程门类很多,从当乡村教师时教的语文、数学、政治、历史、地理、体育,到在经济学专业教的经济学原理、统计学、会计学、宏观经济学、微观经济学、国际贸易、国际经济关系、发展经济学等。在不同的情况下,为了满足学生的需求,我不得不尽可能地提供各种课程。**最后,我创办的教育项目也很多**。其中令我感到自豪的主要有四项:一是1994年与林毅夫、易纲、张维迎等创办了北京大学中国经济研究中心(China Center for Economic Research,CCER,现国家发展研究院);二是2004年创办了北京大学深圳商学院(现汇丰商学院);三是2008年与杰弗里·雷蒙(Jeffery Lehman)创办了北京大学国际法学院,启动了中国第一个J.D.(Juris Doctor,法律博士)学位项目;四是2017年在英国牛津郡创办了北京大学英国校区,在发达国家建立了第一个自有校园、自主管理、自授学位的中国大学海外校区。

因此,同事们认为,与其说是经济学家,我更像是教育家。在去年(即2021年)卸任汇丰商学院院长一职后,有同事建议我出一本书,谈谈我的教育理念。说实在的,我没有觉得自己有什么理论,更多的只是教育实践。不过,如果认为我在讨论教育方面有哪些特殊的话,我想可能有以下四点:第一,我是始终站在教学第一线的教育工作者;第二,我一直保持着跟学生的零距离交流,一直把提高学生的综合素质作为教育的核心任务;第三,作为一个经济学家,我从经济增长和社会发展的角度讨论教育问题;第四,我在国内外高校都任过教,能从国际比较的视角考虑中国的教育发展。

我告诉同事,我不是专职研究教育的,也没有专门论述教育的理论文章。他们则对我这些年来各种场合的讲话很感兴趣,建议我将这些讲话稿整理出版,虽不算理论专著,但可以作为对中国经济发展及社会转型背景下高校人才培养，特别是商学教育的一种探索和实践，与公众分享。于是，我就把这些平时的讲话和相关的采访报道进行了系统梳理，集中呈现在这本《海闻浅论：教育卷》中。

全书主要分为三部分。

第一部分主要收录我对中国教育包括高等教育与科研、高端人才培养、企业家培训、劳动力职业技能提升等方面的一些观点。如何改革教育体制，以满足经济发展到新阶段后对创新型和国际化人才的需求？在城镇化和产业转型中，如何增加教育投入，加强农民工再就业培训和农村基础教育？深圳作为改革开放的前沿，如何加快高等教育的发展？这些都是我长期以来非常关注的问题，我也对解决这些问题的可能路径做了一些分析。这部分的文章包括我在不同场合的演讲以及接受媒体采访的相关报道。其中，《经济发展与教育改革》是一篇主要的文章，我从经济发展的趋势谈到对人才的需求和对教育的挑战，讨论了教育改革和发展的重要性。在《庆祝北京大学110周年华诞，共创深圳研究生院美好明天》的讲话中，我提出了北大在深圳发展的具体定位——交叉学科、应用学术、前沿领域、国际标准，这也可以作为深圳近阶段高等教育发展的主要特色和方向。

第二部分主要是我2004年创办汇丰商学院以来对如何打造一所世界一流商学院的思考。常言道，十年树木，百年树人。创办一所一流学院比创办一家一流企业更难，因为学校的声誉取决于学生的素质和口碑，而教育培养学生本身就是最具挑战性的工作。十几年来，我们一边计划着学院的发展，一边探索着对学生高标准严要求的培养模式。在学院十几年的创立、发展、壮大过程中，我借鉴国内外商学院的经验和商界对人才的要求，提出了打造中国"商界军校"的目标。创新创业，不仅需要能力和智慧,更重要的是,需要军人般的拼搏精神和团队精神,需要为国家为社会服务和付出的荣誉与责任。汇丰商学院每年的新年晚会,我都会对当年的工作进行总结,对新一年的工作提出新的目标。细读这些按时间顺序收录的讲话,可以看到我们是如何有理想、有目标、有计划、有步骤地将一个从零开始的新学院,打造成国内一流、国际知名商学院的。

  第三部分主要是我作为院校领导在历年开学典礼或毕业典礼上的讲话,也有跟学生座谈的记录以及写给学生的信件等。教育的核心是育人,而育人的关键是培育他们的理想、境界、智慧、责任。具有了这些素质,他们自然会努力学习、认真实践、克服困难、创造奇迹。当然,育人也是最难的,学校教育只是一部分,影响学生素质的还有家庭和社会。由于近年来社会的浮躁和竞争的压力,学校对学生的严格要求和耐心引导更显重要,也更具挑战。"未来属于青年,希望寄予青年",面对青年学子,我结合自身成长经历,以学长、师长、院长等身份,与学生们分享人生经验。院长的毕业致辞是学生离开学校走上社会前的"最后一课",每年的毕业典礼,我都会认真准备,并根据当年的环境强调不同的主题。2020年新冠肺炎疫情大规模暴发,经济下滑,国际关系紧张,学业不能正常进行,学生们经历了从未有过的不安和迷茫。在确保安全的情况下,我们正常举办了毕业典礼,作为临别赠言,我希望学生们"心中永远要有个太阳",永远充满温暖和力量,努力奋斗,乐观向上,用智慧和勇气驱散迷雾,为世界带来阳光。

  除致辞外,我还会题词祝贺学生毕业。有些题词是应学生要求的,如2014届的"我勤超你想"。这是他们在写论文时互相鼓励的一句话,意为"我的勤奋超出你的想象"。这样的现代网络语句,很难用传统书法表达，于是我就用卡通文字加插图的形式呈现，送给他们作为毕业纪念品，带给了学生别样的惊喜。从此，学生的期望值越来越高，我也不得不像家长给孩子准备礼物一样，每年需要绞尽脑汁，用一份毕业的"彩蛋"，既满足他们对惊喜的期待，又表达对他们未来的期许与鼓励。这些历届毕业题词被收录在本书的附录中。此外，附录中还收录了我每年新生开学第一课"北大历史与北大精神"的主要内容、我在2013年卸任北大深圳研究生院院长时的"离职抒怀"，以及三篇对我的专访报道，这些报道有助于读者了解前三部分文章中我对教育和办学的理念和实践。

苹果（Apple）公司创始人史蒂夫·乔布斯（Steve Jobs）曾提到："人们在展望未来的时候，不会将生活中的点点滴滴串联起来；只有回顾的时候，才能将其连接（connecting the dots）。"人生经历的"连点成线"可以汇成更清晰的历史图景。本书中的文稿时间跨度近20年，翻阅和整理这些文稿时，往事历历在目。而今，这些散落在不同时节的"点"被结集成书，产生了新的意义。回首来路，也让我更坚定地相信自己在每一个路口都做出了遵从内心的选择。

本书的出版并不只是满足我教育生涯的"连点成线"，书中探讨的话题也并不只限于北京大学和北京大学汇丰商学院。文章中的一些理念、观点和实践，涉及中国教育改革和发展的重要话题，希望对关注中国教育的读者有启发意义。书中的开学和毕业致辞、与北大学生的对话，也希望能启迪更多青年学子，帮助他们把握人生方向，努力成为有理想、有智慧、有能力、有担当的社会栋梁。

本书的出版，要感谢历年来支持我教育工作的领导、同事和学生们。20世纪90年代初，吴树青校长力排众议，支持一批海归在北大创办了中国经济研究中心，开启了我回国从事教学科研的生涯。我要感谢许智宏、闵维方、韩启德、迟惠生、郝平、林建华等北大校领导的信任和支持，让我有机会到学校工作并负责深圳研究生院的发展、汇丰商学院和国际法学院的创建，以及英国校区的设立等，让我积累了很多办学的经验和教训。很多教育工作的体会和醒悟，也是从与同事和学生的交流中获得的。

本书得以出版，还要感谢北京大学出版社总编辑助理兼经济与管理图书事业部主任林君秀、责任编辑裴蕾，以及汇丰商学院的绳晓春和曹明明的辛苦付出，他们对本书的策划、编辑、出版提供了宝贵的专业指导和帮助。

北大蔡元培老校长曾言："教育者，非为已往，非为现在，而专为将来。"对于一名教育工作者来说，一切努力的缘由也是如此。未来，我将继续站稳三尺讲台，继续中国商学教育的实践，继续为中国高等教育发展探索路径。

思，无边界。创，无止境！

2022 年 3 月

于南国燕园

目 录

一、谈高等教育 ········· 001

一个主流经济学机构的中国使命

（2004年9月20日）········· 003

积极培养学生国际视野与包容精神

（2006年4月）········· 008

大力提倡职业教育，培养更多蓝领

（2007年3月）········· 014

庆祝北京大学110周年华诞，共创深圳研究生院美好明天

（2008年5月4日）········· 021

深圳高等教育的跨越式发展与教育改革

（2011年2月27日）········· 026

内外环境共同促进中国教育发展

（2013年10月29日）········· 032

我们最需要的人才从哪里来？

（2013年11月6日）········· 036

借力国际化促进教育变革

（2014年10月24日）········· 041

让年轻一代做好未来领导者的准备是商学院最重要、最迫切的工作

（2014 年 10 月 24 日） ⋯⋯⋯⋯⋯⋯⋯⋯⋯⋯⋯⋯⋯⋯⋯⋯ 049

创新和教育是中国转型升级关键

（2016 年 4 月 5 日） ⋯⋯⋯⋯⋯⋯⋯⋯⋯⋯⋯⋯⋯⋯⋯⋯⋯ 052

经济发展与教育改革

（2017 年 7 月 22 日） ⋯⋯⋯⋯⋯⋯⋯⋯⋯⋯⋯⋯⋯⋯⋯⋯⋯ 060

教育事业需要改革创新

（2018 年 12 月 19 日） ⋯⋯⋯⋯⋯⋯⋯⋯⋯⋯⋯⋯⋯⋯⋯⋯ 078

用更加开放的思路发展高等教育

（2019 年 9 月 6 日） ⋯⋯⋯⋯⋯⋯⋯⋯⋯⋯⋯⋯⋯⋯⋯⋯⋯ 081

谈粤港澳大湾区高校合作

（2019 年 10 月） ⋯⋯⋯⋯⋯⋯⋯⋯⋯⋯⋯⋯⋯⋯⋯⋯⋯⋯ 086

粤港澳大湾区需要一流商学院

（2020 年 1 月 17 日） ⋯⋯⋯⋯⋯⋯⋯⋯⋯⋯⋯⋯⋯⋯⋯⋯⋯ 094

学术组织创新发展的五个关键

（2021 年 9 月 19 日） ⋯⋯⋯⋯⋯⋯⋯⋯⋯⋯⋯⋯⋯⋯⋯⋯⋯ 102

关于金融人才培养的几点看法

（2021 年 10 月 15 日） ⋯⋯⋯⋯⋯⋯⋯⋯⋯⋯⋯⋯⋯⋯⋯⋯ 106

高校异地办学的思考

（2021 年 12 月） ⋯⋯⋯⋯⋯⋯⋯⋯⋯⋯⋯⋯⋯⋯⋯⋯⋯⋯ 109

中国经济发展需要培育更多的企业家

（2021 年 12 月 24 日） ⋯⋯⋯⋯⋯⋯⋯⋯⋯⋯⋯⋯⋯⋯⋯⋯ 113

二、论"商界军校" ……………………………………… 121

2008：北大深圳商学院的腾飞之年
（2007年12月23日） …………………………………… 123

努力打造世界一流商学院品牌，为中国和世界进步做出贡献
（2008年8月30日） …………………………………… 130

谱写百年北大新篇章
（2008年10月22日） ………………………………… 132

2009：踏上打造中国"商界军校"的历史征程
（2008年12月20日） ………………………………… 134

2010：使命·责任
（2009年12月19日） ………………………………… 140

在世界一流的商学院大楼，继续中国"商界军校"的征程
（2010年1月6日） …………………………………… 146

2011：在创建一流"商界军校"的征程中继续前进
（2010年12月18日） ………………………………… 150

2012：荣誉·责任
（2011年12月17日） ………………………………… 155

2013：传承·跨越
（2012年12月22日） ………………………………… 160

2014：筑新·致远
（2013年12月22日） ………………………………… 165

以更加优异的成绩，开启新的更加辉煌的10年
（2014年10月25日） ………………………………… 170

商学院教育为地区发展培养商界精英

（2014 年 10 月 27 日）·················· 174

2015：理想·笃行

（2014 年 12 月 21 日）·················· 179

2016：信念·情怀

（2015 年 12 月 20 日）·················· 183

迎接商学教育的新变革

（2016 年 3 月）······················ 188

2017：勇敢·执着

（2016 年 12 月 21 日）·················· 192

就北大汇丰创建英国校区答《北大青年》学生记者问

（2017 年 4 月）······················ 198

专业学位侧重就业导向，但是同样需要注重理论培养

（2017 年 4 月 26 日）·················· 203

中国教育国际化的 3.0 版本

（2017 年 9 月）······················ 213

2018：聚力·奋进

（2017 年 12 月 18 日）·················· 220

继承和发展北大体育传统

（2018 年 4 月 14 日）·················· 226

"10 年"的故事

（2018 年 12 月 1 日）·················· 229

2019：远见·坚卓

（2018 年 12 月 17 日）·················· 237

北大汇丰就是这样一所"注重综合素质,强调远见坚卓"的商学院
(2019年4月21日) ·········· 244

15年来,我们因远见而进步,因坚卓而发展
(2019年10月26日) ·········· 247

2020:笃学·明志
(2019年12月16日) ·········· 253

2021:创!无止境
(2020年12月21日) ·········· 259

提升人文素养,陶冶道德情操
(2021年1月) ·········· 265

以健康的体魄和抖擞的精神迎接挑战,开创未来
(2021年4月17日) ·········· 270

展示"商界军校"磅礴画卷
(2021年9月5日) ·········· 273

2022:智领未来
(2021年12月20日) ·········· 276

三、致青年学子 ·········· **283**

管理与领导艺术
(2005年10月) ·········· 285

北大人不仅要有梦,更要有魂
(2008年6月7日) ·········· 293

珍爱北大

（2009年6月26日） ··· 298

海阔天空地想，脚踏实地地干

（2010年6月20日） ··· 302

开启苦难辉煌的人生

（2011年6月25日） ··· 306

挫折的时候记住我们曾经的梦想

（2012年6月23日） ··· 309

在研究生生涯中将自己锻造成才，奠定未来工作学习基础

（2012年9月6日） ··· 313

高远的心，乐观的心

（2013年7月6日） ··· 317

你们不必急于获得成功

（2015年7月4日） ··· 321

谈"海阔天空地想，脚踏实地地干"

（2015年11月5日） ··· 325

满不在乎，而又全力以赴

（2017年6月3日） ··· 330

学校不仅是学知识的地方，更是培养人、锻炼人的地方

（2017年9月2日） ··· 334

虚心劲节，贞志凌云

（2018年6月2日） ··· 339

心与沧浪，志在青山

（2019 年 6 月 1 日） ………………………………………… 344

致北大新同学的一封信

（2019 年 7 月） …………………………………………… 348

心中永远要有个太阳

（2020 年 6 月 3 日） ………………………………………… 351

高瞻远瞩，行稳致远

（2021 年 6 月 7 日） ………………………………………… 355

坚守理想信念，发挥专业特长

（2022 年 7 月 3 日） ………………………………………… 359

附　录 ……………………………………………… 363

"种子"寻找"森林"前奏曲 ………………………………… 365

寻找国际化的"北大森林" ………………………………… 372

这一切，值得！——离职抒怀

（2013 年 11 月 7 日） ……………………………………… 380

在北大的讲台上站到 80 岁 ………………………………… 385

心系家国，追求卓越——北大历史与北大精神

（2021 年 9 月 17 日） ……………………………………… 396

一、谈高等教育

中国正在面临一个新的历史阶段，社会需求已经进入一个追求生活质量的阶段。在这个阶段里，有两个目标是比较重要的，它们也分别代表了两个产业：一是服务业的发展，二是制造业的提升。中国如何达到这两个目标，能否跨越"中等收入陷阱"，改革创新和发展教育是关键。

一、谈高等教育

一个主流经济学机构的中国使命[①]

（2004年9月20日）

海闻是北京大学中国经济研究中心（CCER，简称"中心"）初创元老之一，1995年，他放弃了美国大学终身教职毅然回国。这其中最重要的目的，就是与同为"海归派"的林毅夫、易纲和张维迎等共同发起组建CCER，完成他1982年作为第一批自费出国留学生所发的宏愿——"学成归来报效祖国"。

这位曾在黑龙江省虎林县屯垦戍边整整9年的经济学人，至今还带着知青特有的坚韧和乐观。CCER成立以来的10年间，海闻协助中心主任林毅夫将CCER办成了享誉海内外的中国主流经济学研究机构。目前已经升任北京大学校长助理的海闻，在CCER十周年纪念到来之际接受了《商务周刊》的访问。

记者：CCER成立之初，就被看作中国经济学家冲击诺贝尔奖的

[①] 本文原载于《商务周刊》。海闻. 一个主流经济学机构的中国使命：访北京大学中国经济研究中心常务副主任海闻 [J]. 商务周刊，2004（18）：54-55.

"孵化器"，但10年来，CCER发挥的作用似乎不止于此。在您看来，10年来，CCER的学术角色、社会角色发生了什么样的变化？

海闻：中心初办的时候有两个目标：一个是搞政策研究；另一个是普及和促进中国的经济学教育。中心是在中国走上中国特色社会主义市场经济道路这个大背景之下成立的，走市场经济道路对中国来讲是一个里程碑。

1993年，中国留美经济学会在海南召开了一个"中国走向市场经济进程中的理论与现实问题讨论会"。会上热烈的讨论激起了我们这一代海外经济学者的热情，我们认为该是回国效力的时候了。因为走向市场经济，对我们来讲，是最有用武之地的大好时机。国家创造了这么一个好的环境，我们也该为国家的转型做出贡献。希望能够在我们研究的基础上，对改革开放提出一些建议，让中国的转型更加顺利，让中国的发展更加平稳和迅速。

同时，我们也希望搞好中国的经济学教育。中国经济研究中心为什么要放在大学里呢？我们认为，中心不应该仅仅是一个单独的研究机构，我们是大学里的一个研究所，不仅有研究人员，还有学生，这样就可以使中国经济学的研究在更大的范围内薪尽火传。

推动经济学教育有两个目的：第一个目的是普及经济学的知识。市场经济不是靠几个经济学家就能搞得好的，市场经济需要所有人都懂得市场经济的规则。市场经济的理念和知识需要普及，除了经济学家和从事经济工作的人，读法律、读政治、读新闻的人也都应该懂得市场经济的机制和规律，然后知道去保护什么，反对什么，宣传什么，限制什么。

第二个目的是培养比我们更能达到世界先进水平的经济学家，包括未来能获得诺贝尔经济学奖的人。获诺贝尔奖需要几代人的努力，我们这一代人由于各种条件的限制是不太可能了，那么需要为下面一代或者下面几代人做好铺路的工作。拿诺贝尔经济学奖必须是主流经济学理论上的突破，因此要拿诺贝尔经济学奖，首先就要掌握这套主流经济学。这是几代人的努力，首先就是要正确认识经济学的理念，我们如果仍然将经济学划分为东方的、西方的，带着这种排斥的态度，就永远学习不到世界上其他优秀的文化。

记者：林毅夫教授说，要将 CCER 办成一座像世界经济学"重镇"芝加哥大学经济系那样的学术机构。CCER 一直是经济学教学与研究国际化、规范化的倡导者，把国外经济学教学、科研的管理体制复制到中国。现在看来，CCER 已经成为享誉海内外的中国主流经济学研究机构，这是 CCER 的最成功之处。

海闻：10 年来，我们在促进经济学学术研究和提高经济学教学水平等方面确实做了最大的努力，也做了许多被社会和学界认可的工作，比如普及经济学教育，我们的影响力不仅仅限于北大。通过我们举办的"中国经济学年会"，通过我们创办的"中国经济学教育科研网"，通过我们办的学术刊物，通过我们举办的师资培训，也通过我们编辑出版的"经济科学译丛"和教科书等一系列的途径，我们的工作扩展到了全国。这样，我们可以更加全面地实现我们追求的目标和使命。

我们在很多领域引进了大量国外优秀和成熟的经验。比如说，我们的课程设置，现在很多学校也跟着学了；我们早就实行了的教师聘用和考核制度，现在北大的人事改革中也在考虑了。我们还做了像举办"中国经济学年会"这样具有开拓性的工作，我们和美国国家经济研究局（National Bureau of Economic Research，NBER）共同主办了 6 届 CCER-

NBER 年会，让国外许多主流经济学家认识了中国，也让中国经济学家了解了世界经济学研究的前沿成果。

记者：CCER 在各个层面积极地参与了中国经济改革，为国家经济决策部门做了大量的政策研究。在做这些重大工作时，如何把握决策建议的建设性？与其他类似的政策建议机构相比，CCER 的特点在哪里？

海闻：我觉得最重要的一点就是我们的独立性。跟别的研究机构特别是政府的研究机构相比，我们最大的特点就是比较独立。我们提的很多分析和研究，不会受某一个部门的影响。

这个独立的特点主要有两个方面的含义：一个是我们机构上的独立，我们不是政府机构的下属单位，我们不从属于任何的政府机构，所以我们能够独立地做出我们的研究，这一点很重要；另一个是我们学术上的独立，特别是我们这些在国内成长又在国外接受过训练的博士们，能够把政策建议和政府的实际操作与学术研究分开。

在进行学术研究的时候先不考虑政策，然后通过学术研究的结果再提出政策含义。这是两个不同层次的问题，学术研究应该追求一个社会的最优选择，即社会福利最大化，但现实中还有其他目标和约束条件。然后我们再来设计政策建议，分析这个问题为什么和怎么样，以及什么样的政策会导致什么样的问题。通过这个研究，特别是分析各种实践的结果，才能提出政策建议。至于实际操作，我们还要考虑具体操作措施和方法及社会影响等。

我们的政策研究不只要考虑具体问题怎么解决，还要从理论上证明为什么，这可能就是我们的不同之处。我们希望所提出的建议不仅有建设性，也有前瞻性。

记者：CCER 频繁的国际学术活动也令人印象深刻，这些活动促进了理念、思想和知识的交流。您如何评价这些努力？

海闻：要建立有效的社会主义市场经济体制绝非易事，我们不仅需要从自己的实践中总结教训，而且要从别人的实践中获取经验，还要用理论来指导我们的改革。

市场经济虽然对我们来说是全新的，但市场经济的运行在发达国家已有几百年的历史，市场经济的理论亦在不断发展完善，并形成了一个现代经济学理论体系。虽然许多经济学名著出于西方学者之手，研究的是西方国家的经济问题，但他们归纳出来的许多经济学理论反映的是人类社会的普遍行为，这些理论是全人类的共同财富。要想迅速稳定地改革和发展中国的经济，我们必须学习和借鉴世界各国包括西方国家在内的先进经济学理论与知识。我想这足以说明我们这些年为什么对国际学术交流倾注了如此多的心血。

积极培养学生国际视野与包容精神[①]

（2006 年 4 月）

为配合"北京大学国际交流与合作战略研讨会"的召开，记者采访了主管北京大学深圳研究生院工作的海闻副校长。海闻副校长以他独到的观点、精辟的分析向记者介绍了在全球化大环境下北大的应对之策，指出应努力培养学生的国际视野和包容精神，并且要以积极主动的姿态，走出国门宣传北大的风采，同时学习国外的先进经验，而对于国内外的褒贬，也应理性对待，关键在于完善自身。海闻副校长还总结了深圳研究生院和中国经济研究中心在国际交流与合作方面的特点，并对今后的国际交流工作做了期许。以下是采访内容。

记者：海老师，我上学期刚选修过您的"经济学原理"课程，知道您平常工作就已非常繁重，却还特地安排了每周一次的 office hour（即答疑时间），在这个时间内学生可以自由地到您的办公室请教问题，交流想法。由此也可以看出，您特别重视与学生的交流。那么您认为，在

[①] 本文为接受北京大学国际合作部学生记者田禾采访稿件。

学校的国际交流与合作中,学生应该如何更好地完善自我?

海闻: 20世纪八九十年代以来,不断深入的全球化已经成为世界的大趋势。在这样的环境下,我认为中国学生一定要有国际视野。中国仍是发展中国家,世界上很多发达国家的发展历史非常值得借鉴。我们的学生要努力去了解发达国家的优势,并通过对比中国的自身情况,结合对未来的分析,形成准确独到的见解。所以,国际视野和前瞻性对于一个北大学生非常重要。我也希望北大的学子们能通过国际交流活动,更好地培养这方面的素质。

记者: 确实像您说的,在不可阻挡的全球化趋势下,各个国家对于人才的争夺也是空前激烈。北大有着创建世界一流大学的目标,那么该如何应对全球化带来的机遇和挑战呢?

海闻: 中国是一个世界大国,在国际上有着举足轻重的地位。北大要创世界一流,所培养的学生必须是世界一流的学生,这样才能更好地适应中国的国际地位。在全球化的环境下,这就意味着北大的学生要在全球范围内都有竞争力,也就是说,不管在任何地方工作,都有能力脱颖而出,而交流是培养这种能力很好的手段。通过国际交流,学生不但能拓宽眼界,还能培养自信心,毕竟见多识广,这样不管在哪个环境都能保持平和的心态,都有办法去适应。美国人就特别重视学生的国际交流,他们身上有许多可借鉴之处。我在美国福特路易斯学院执教的时候,参与过学生出国交流的工作。学院位于美国科罗拉多州,是一所不大的学校,但校方很积极地鼓励学生走出去,赴欧洲、大洋洲,以及拉美地区和中国交流访问,其中不少是一学期的交换计划。而哈佛、耶鲁等名校就更不用说了。由此可见,即使是自我感觉极好的美国,其大学也非常重视通过对外交流推动人才国际视野的培养。中国应该开始这样的工作了，现在时机已经相对成熟，学生的家庭条件有相当的改善，国家又非常支持学生走出去。通过参加国际交流活动，学生不仅能锻炼语言方面的技能，还能在生活和学习的过程中，通过对当地风土人情的体验，拓宽眼界，培养一种兼容并包的心态。"海纳百川，有容乃大"，面对全球化的大环境，北大师生应胸怀世界，在国际交流中保持开放积极的态度。

记者：前两周在北大成功地举行了"北大－哈佛交流营"和"哈佛世界模拟联合国大会"（Harvard World Model United Nations Conference），这是北大和世界一流名校哈佛的精彩互动。而耶鲁大学的暑期学校，以及斯坦福大学、加州大学、伦敦政治经济学院等名校在北大开设的课程，也都是这种互动的体现。请问您如何看待与国际顶尖学府的互动？这对北大创建世界一流大学又有何意义呢？

海闻：交流的根本目的是相互学习。世界名校所拥有的是一流的老师和学生，我们在和他们的交流中能够取得感性和理性两方面的认识——不仅可以学习名校师生身上优秀的地方，还可以了解这些国家的教育体制。交流是双向的：我们既要学习别人的长处，又要让别的国家了解中国。要建设世界一流大学，我们要更加重视对外宣传。2005年我负责策划组织了北大学生艺术团首次访美的活动，访问目标对准美国一流大学，目的就是让它们了解北大，从而营造一个更好的平等交流的平台，同时也吸引更多的人来到北大。访问由许智宏校长带队，访问了斯坦福、耶鲁、哥伦比亚、康奈尔、马里兰大学等美国顶尖学府。其中值得一提的是，在访问耶鲁和康奈尔大学时，北大学生与美国学生在一起就餐或住宿，使得学生们的互动非常直接有效。以往申请那些名校的学生送去的仅仅是纸面上的信息，而这次艺术团访问活动，不仅生动展示了北大师生的才艺，还有许多面对面的直接交流。美国师生对北大学生的印象尤其深刻，一改认为中国人只会埋头读书的刻板印象。总之，访问效果相当好，并且对于宣传北大也起了积极作用。

记者： 北大在历史中一直扮演着中国思想库的角色，在中国的近现代史中起着非常积极的作用。这一点得到了国际上的很多肯定。百年校庆之后，30多位元首对北大的访问，以及超过200所大学与北大建立起交流关系等。请问应该如何看待国际上对北大的褒贬？

海闻： 褒是一种鼓励，贬是一种鞭策。我们要清醒地认识到自己的目标——目标是高标准的。尽管别人觉得我们不错，把我们排在前面，但我们应该认识到我们的差距还是很大的，还应该加倍努力，进一步提高学术水平。北大是中国历史最为悠久的综合性大学，对中国的社会发展有很深的影响。"泰晤士高等教育世界大学排名"（Times Higher Education World University Ranking）前年把北大排在第十七，去年上升到第十五，原因之一是排名中包括了学校对社会的影响，还增加了用人单位对学生的评价，这体现了北大在历史上的贡献，也说明了北大学生勤奋和创新的精神得到了好评。当然排第十五并不说明我们已经是世界一流了，其实国内对北大贬的声音还是不少，对北大的排名不服气的也很多。这些声音也有一定的道理，我们还没有在学术上让人不得不佩服。北大应清楚地认识到，我们学术国际化的水平仍有不足，在国际学术杂志上发表的文章并不是很多，前几年北大在学术上的排名仅是两百多位。所以我们既要看到鼓励，也要看到鞭策。不仅要传承辉煌的历史，还要创建一个师生共同组成的创新型的团队。

记者： 应该如何改善目前学术国际化水平不足的问题？

海闻： 我们的各个学科应当融入国际学术大环境中，在国际主流学术领域有所创新突破。有的人可能认为 SCI（Science Citation Index，科学引文索引）没什么了不起的。我想对他说，发表之后，再说没什么了不起吧。就像奥运会，中国队要取得上佳的成绩，首先就应该融入世界奥运体系，适应国际上的游戏规则，要在大的项目上和别人敢拼敢打。如果仅仅在自己擅长的项目上固守，就无法成为真正的一流。另外，中国是世界的一部分，不能与其他国家割裂开来，不能排斥西方的文化和西方的学术标准，因为西方的文化也是人类的共同财富。中国可以成为世界的领袖，引领世界潮流，而仅仅固守自身的价值是无法做到这一点的。先进其实也隐含着一个条件——被主流接受，所以学术国际化的第一步，就是适应国际上的学术标准，争取在国际主流中占有一席之地。

记者：您现在担任分管北大深圳研究生院工作的副校长，同时兼任北大深圳商学院院长。北大在深圳的发展势头很好，请点评一下深圳研究生院国际交流合作方面的工作。

海闻：深圳研究生院刚刚起步，在国际交流方面和本部比差距还是较大的。不过我们也有一些学科直接聘请国外的学者参与教学科研，比如深圳商学院在金融学、经济学方面就与国际有较密切的合作，效果可圈可点。我认为国际交流很重要的一点，就是把自己的事做好，这样别人来交流才有积极性。深圳研究生院的目标定在国际一流的研究生院，秉承北大传统，达到国际水平。不过在现在的起步阶段，建设自己的师资力量是第一要务，这里国际合作也将起到重要作用。等我们的教师队伍建设好了，国际交流才会成为一个有效手段。不能为交流而交流，交流的目的在于发展自己，宣传自己。连自己的事都没做好，怎么向外界宣传？人家来了能学到什么东西？所以国际交流不能流于形式。

记者：中国经济研究中心举办过很多场诺贝尔经济学奖获得者演讲

会,我听过好几场,觉得对学习经济学很有帮助,相信许多同学甚至老师也从中受益匪浅。中心的国际交流可以说是全校领先的,可否请您总结一下中心的经验?再延伸一下,谈谈社会科学方面国际交流的特点?

海闻: 中心的国际合作我觉得有两个特点:起点高和积极主动。选择的国际交流合作的机构都是当地最好的,比如美国的NBER(美国国家经济研究局),它是聚集着美国最优秀经济学家的组织。社科方面的交流也是一样,首先是自己本身具备较高的学术水平,然后还要有敏感度,能够抓住机会。七八年以前,NBER的主席马丁·费尔德斯坦(Martin Feldstein)来华访问,本来他是到社科院做讲座的,那时我抓住机会跟他聊了一次。他对中心很感兴趣,觉得中心是一个很好的平台,可以交流。于是就有了CCER-NBER年会,到现在已经成功地举办了7届。请诺贝尔奖得主则是中心的一贯传统了。中心成立10周年时请了10位,影响颇大。而早在1995年中心的成立大会上,我们就开始请诺贝尔奖得主。我们的成立大会不仅会请领导讲话,还会请国际上有学术地位的学者来——我们请了道格拉斯·诺斯(Douglass North,1993年诺贝尔经济学奖得主)和陈岱孙老先生做演讲,在当时少有诺贝尔奖得主访华的环境下,可以说是独树一帜。邀请诺贝尔奖得主的意义在于,站在巨人的肩膀上,能看得更高、更远。借助他们的研究成果,加深自己的思考,形成自己的见解。我们不需要重复做别人已经做过的事,也不能仅仅站在巨人的脚下,仰望巨人的高大但无所作为。同样地,北大需要借助国际上先进的经验,需要先站在巨人的肩膀上,然后再积极创造自己的特色。希望北大在国际交流领域取得更好的成绩,早日建成世界一流名校!

大力提倡职业教育,培养更多蓝领[①]

（2007 年 3 月）

2006 年 8 月举行的"大学校长国际论坛"上,北京大学副校长海闻和中国科技大学校长朱清时在发表演讲时,提出大学今后应该大力提倡职业教育,培养更多蓝领。

海闻直截了当地把观点归纳为,我们的大学要培养更多蓝领。这无疑是我们听到的 2006 年的最有力量的声音之一。然而他的观点一发表,也引来诸多讨论,有支持者,也有反对者,有人在网上发帖子说：大学培养蓝领？有着百年精英教育传统的北大能不能做到？如果北大都不能做到,那凭什么要求别的学校做到？

海闻到底是在什么样的思考背景下提出这个观点的,又如何回应反对者的声音呢？记者专访海闻校长,请他对这一观点做深入阐述。

[①] 本文发表于《大学生》杂志。方丹敏,许诺安. 北京大学副校长海闻提倡"大学应该培养更多的蓝领"引发讨论 [J]. 大学生,2007（3）：32-33.

一、谈高等教育

北大不做，不等于北大的人不能说

记者：我们很想知道，您当时是在什么样的思考背景下提出这样的观点的？

海闻：当时论坛的主题是"大学与区域经济发展"，我也是从这个角度提出大学的职能的。一个地方要发展经济，就要有大量的人才，不仅需要科研人才、管理人才，还需要很多第一线的技术人才。如果我们的大学不能培养实际操作的第一线的人才，就无法为社会经济的发展提供足够的急需的人力资源。过多地培养研究型的、管理型的学生也有可能出现这类人才供大于求、就业困难的问题。

中国的社会已从传统的农业经济转向现代工业经济。与农业不同，工业，尤其高端的制造业，需要大量受过高等教育的技术工人。他们所需要的知识与技能已经远远超过原来中等技术学校所能提供的水平了，现代技术工人的培养是中等教育无法完成的。我们的教育必须为此做出调整，满足经济转型对人才的需要。

有人说，这些人可以由高等职业技术学院而不是现有的大学来培养。首先，高等职业技术学院也是大学的一个组成部分。我说的大学要培养更多蓝领也包含要办更多的职业技术学院的意思，但并不一定要叫职业技术学院，也可以用普通大学的名称。另外，蓝领也不能只由职业技术学院培养，他们也需要综合的知识与素养。

高等教育应是一个整体——包括研究型的，也包括应用型的。我之所以提出来我们需要培养更多的蓝领，是因为我们现在已经有很多的培养研究人员的学校，也有很多培养白领的学校，但我们确实缺乏培养蓝领的学校，以及培养蓝领的意识和培养蓝领的课程。目前高校的很多专业是从师资来设计的,而不是从社会需要出发的。这些专业偏重理论,缺乏应用性,导致大学在经济改革中成为落后的一环,这也是很多学生对所学专业不满意的原因。

记者:您也听到了一些不同看法吧。他们说北大的副校长提出这个,那北大能不能做到呢?

海闻:这是误解。我谈这个问题的时候并不是在谈北大的问题,也不是说北大应该培养更多的蓝领,我说的是整个高等教育。在讨论地区经济发展的时候,地方大学是更为重要的因素。我觉得大学应该面向社会需求调整自己的定位。至于北大要培养什么样的人才,要根据北大的定位和条件来决定。北大作为中国最重要的研究型大学之一,当然应该主要培养科研人员和管理人员而不是生产第一线的技术人才。但不是北大做的事,不等于北大的人不能说。我是作为一个经济学家和一个高等教育工作者在讨论大学与地方经济发展的问题,而不是在谈北大应该干什么,别人应该干什么。我觉得这种质疑没什么道理。我们谈高等教育的发展,并不能只站在自己学校的角度,**各个学校的定位取决于各自的条件和面对的市场。大学之间,只有定位的不同,没有贵贱之分。**作为各个大学的领导,我们要对社会负责、对学生负责,而不要花精力争那些没有实质意义的虚名。

我们可以借鉴美国的经验

记者:我看到您提出的解决方法里提到了美国的社区大学的经验,您能不能具体谈谈?

海闻:我对美国加州的高教系统是非常熟悉的,因为我在加州州立大学和加州大学都读过书，也都教过书。加州的公立高等教育分为三类：第一类是研究型的大学，如加州大学，有10个校区，包括伯克利、洛杉矶、戴维斯等著名的校区，主要培养尖端的研究型人才。第二类是以培养管理人员和技术人员为主的大学，即加州州立大学，有23个校区。加州州立大学就到硕士学位为止，不设博士学位，硕士也多为应用型的，不是搞理论研究的，可以不写论文，只要修满一定的学分就可以毕业，属于本科往上的继续教育。第三类是社区大学，遍布加州各地，教学点也分布得非常广，有100多所。社区大学不一定叫"社区学院"，通常就叫"某某学院"。这类学院为两年制，修完规定的学分后也可以拿一个学位，叫"准学士"或"副学士"（Associated Bachelor，AB）。社区大学的学生大多是工作在第一线的，有开卡车的、当兵的，还有在商店当售货员的，也可以称他们为蓝领。

社区大学里除了基础课程，还有一些专业技术方面的培训，但这个技术不是我们传统的车工、钳工的概念，因为美国现在制造业并不是很多了，所以它的课程设置里更多的是一些现代的科技知识。各系各不相同，如农学系、电子工程系，会开不同的课程，相当于给学生们提供很多的工作技能。我教过的大学里，就有学酿葡萄酒的、化妆的、摄影的等。这些学生在两年之后如果要工作的话可以去就业，如果还想继续学的话，可以到州立大学或其他四年制大学修满学分拿学士学位。社区大学里多数人是边工作边读书的。美国社区大学这个层次可以说就是培养蓝领的，社区大学每年培养的人数相当多。

记者：您觉得在中国哪一块现在可以担当起这个角色？

海闻：我建议应该更多地发展一些以培养蓝领为主要目标的大学。具体说来，有两个途径：一是现有的一些大学调整自己的目标；二是有条件的地方政府新办更多的职业技术学院或社区大学。一些省份，如浙江、广东，经济已经很发达了，但是针对蓝领的高等教育还很缺乏。其实我讲这句话（大学要培养更多蓝领）有两个意思：一是高校要培养更多的蓝领；二就是蓝领需要更多的高等教育。

"陪聊"为什么不行？我很欣赏学生的各种创意

记者： 您怎么看前不久北大学生摆地摊"陪聊"的事？为什么北大的学生出来做普通劳动者的工作，如卖猪肉、卖糖葫芦、"陪聊"，会受到这么多社会和媒体的关注？

海闻： 社会对大学生的预期或定位到了一个需要改变的时候了，因为整个社会在发生变化，大学的功能也变得更为复杂。但是现在很多人仍然认为大学生出来以后就必须有很好的职位、有高薪，否则就认为是高校的失败或学生的无能。其实现在的大学生有很大的自由选择权，他可以去工作，但如果他觉得找不到理想的工作，也可出来做其他自己更感兴趣的事情。学生有自己的想法，敢于做出自己的选择，我认为是北大的一个长处或优点，说明我们的学生不是随波逐流的，是很有个性的。我们的确应该努力帮助学生找到理想的工作，但也不意味着北大学生不能做普通劳动者。"陪聊"为什么不可以？说不定他以后可以创造出一种新的职业，成为一种新的产业的发明人、带头人。卖猪肉为什么就不行？卖猪肉也可以卖出一种新的经营方式。为时过早地去评论这件事对还是不对，意义在什么地方？也可能他失败了，"陪聊"只是一种无奈之举；也可能他确实想尝一尝螃蟹的味道。我很欣赏学生的各种创意，他能够提出来"陪聊"就很有创意，这么大的社会不能只有一种想法，社会必须容忍差异的存在。**容忍不同，宽容差异，这是一个社会具有创造力的基本保证。**

记者：说到研究型大学，比如说北大，我们经常听到有用人单位说，北大的学生还不如其他学校的好用。这里的"好用"，更多是指操作技能这方面。在这种就业压力下有这样的声音，您觉得有没有什么应对之策？

海闻：第一，我们的确存在不足。大学不仅要传授知识还要培养能力，包括与人协调的能力。我觉得这可能是我们北大需要努力的一个方面。人家说北大学生不好用，其实很多时候不是说他的知识不够，而是他的实际操作能力和团队协作能力需要一个适应的过程。因此，我们需要在培养学生动手能力和解决问题的能力上下功夫。**第二，社会对北大的预期与北大的培养重点有差距。**人们对人才的期望值往往很高——既要聪明能干又要温顺听话，但二者事实上是很难同时做到的。北大学生的一个特点，就是自己有独立的见解和独立的思想，经常会提出一些不同的意见。当你刚进社会，处于一个被领导的地位，处于做基础工作的阶段时，这种特点并不会被欣赏。**第三，有些单位用人不当。**用人并非学历越高越好，名声越大越好，而是要量才适用。什么样的岗位招什么样的人，招得不适合，当然不好用。

记者：从这个意义上，我想您提出的"大学要培养更多蓝领"引来那么多讨论，也是大学应该培养精英的这种思想在作怪。您觉得实现的难度在哪里？

海闻：首先，政府要重视。地方政府要有更多的投资去创办社区大学类型的高等学校。美国加州的社区大学都是政府建的，并且学费很低。美国一些地方政府将40%左右的财政支出用在教育上。而中国最发达的地区，比如广州，2005年教育支出也只占政府总支出的14%左右。2004年，中国财政性教育经费为539亿美元，不到GDP（Gross Domestic Product，国内生产总值）的3%；美国财政性教育经费占GDP的7%，超过8000亿美元，中国财政性教育经费仅相当于美国的6.6%。

其次，大学的理念要更新。很多人希望读大学以后能够进入所谓的白领阶层。虽然社会在急剧转型，但我们理念上还有尊贵卑贱的概念。这不但影响着学生的就业，也影响着办学的理念——只看重学位高低，不愿以市场需求为导向。

最后，师资队伍结构要改变。研究型大学需要教授，但在社区大学或者培养蓝领为主的高校中，老师不一定都要有博士学位或有研究能力。老师只要在某个领域有专长，如是某个领域的工程师，达到一定水平，都能成为社区大学的教学主力。现在大学只想聘研究型的教师，而工程师们往往没有教授课程的资格。在这方面，教育部也应该出台相应的政策。

记者：在当前政府投入不能一下子到位的情况下，比如说3%的状态可能还会维持5年，我们应该在哪个点进行突破？

海闻：现有的高等学校，尤其是非研究型院校应该努力增加应用型课程，聘用社会上的应用型人才，这是一个比较快的解决办法。比如说银行的经理可以来院校开设一门银行运行的课程，大企业的工程师也可以开设相关领域的工程技术课程。地方学院和企业的产学合作也值得提倡，这有点像定向培养，但学生不仅能拿学位，还能获得更多的实习机会。另外，大学在招生时，还应该招更多的理科和工科的学生。大学教育并不是拿一个文凭就可以的，也得适应社会的产业结构。我们现在工科的学生不够多，工程专业还是少，应该允许工程技术学院扩大招生。

庆祝北京大学110周年华诞，共创深圳研究生院美好明天 ①

（2008年5月4日）

今天，我们北大深圳研究生院的全体教职员工欢聚在一起，庆祝北京大学110周年华诞。刚才大家也看了新闻报道，知道胡锦涛总书记昨天视察北大的情况。我荣幸地参加了胡锦涛总书记在北京大学召开的座谈会，并参加了北京大学建校110周年庆祝活动。在北京大学110周年校庆之际，胡锦涛总书记考察北大，充分体现了党和国家对北京大学的重视。胡锦涛总书记考察时高度评价了北京大学在中国近现代史上的突出贡献和特殊地位，充分肯定了北京大学在创建世界一流大学过程中所取得的成绩。胡锦涛总书记要求，面临新形势、新任务，北京大学一定要肩负起崇高使命和历史职责，加快推进创建世界一流大学的步伐，谱写北京大学发展的崭新篇章。

今天，深圳研究生院全体师生在深圳以饱满的热情庆祝北京大学

---

① 本文为在2008年北京大学深圳研究生院全体教职工大会上的讲话。

110周年华诞,我们应该以此为契机,增强使命感、责任感,着重思考如何办好深圳研究生院。

我今天主要讲两方面:一是回顾北大历史,重温北大精神;二是展望未来,思考深圳研究生院的发展。

在纪念庆祝北京大学110周年华诞之时,我们非常有必要回顾北大历史,重温北大精神,这对于我们今后办好深圳研究生院有着至关重要的意义。当年创办北京大学的目标就是要赶超先进,不甘落后。作为戊戌变法的一个重要成果,创办现代大学也反映了国人在图强、维新的过程中已经不再只重视"物",而开始重视"人"。兴办北京大学是一个重要转折,即从简单在物质、技术方面的追赶,转变为在体制、人才方面的追赶。

北京大学从建校第一天起就是按照国际化标准来办学的,虽然时过百年,但是追求国际化的目标仍然没有改变,北大的历史就是追求世界一流大学的历史。追赶国际先进水平的途径是什么?简言之就是开放和改革。蔡元培早年提出要"仿世界各大学通例,循思想自由原则,取兼容并包主义",这是非常重要的理念,即开放的理念。今天北大怎么走?回想当年蔡元培提出的"仿世界各大学通例",即把好的办学经验吸取过来,我们要学会站在巨人的肩膀上,学会借鉴别人先进的东西,在此基础上发展和超越。不断改革也是北大的重要历史。当时蔡元培做了多个方面的改革:不拘一格,聘请名师;改革领导机制,实行教授治校等,这些都是开中国高等教育风气之先并且与国际接轨的重大举措。今天我们回顾历史对现在的办学仍有启发。

回顾北大历史,就要触摸到北大精神,那么什么是北大精神?北大与其他学校到底有什么不一样?我认为北大精神最集中地体现在以下两个方面。

一是肩负社会责任。 胡锦涛总书记在 5 月 3 日考察北京大学时强调，北京大学始终与民族共命运，与时代共前进。这是我们北大的精神，也是我们北大的骄傲。从北大创办的那天起，我们就与国家的命运、民族的命运联系在一起。五四运动、一二·九运动、抗日救亡运动等，表现出了北大的重要特点。我们现在说要建设世界一流大学，也是一种社会责任。作为中国的最高学府，我们如果不是世界一流，又怎能使中国的高等教育成为世界一流？

二是追求创新和卓越。 鲁迅说："北大是常为新的，改进的运动的先锋，要使中国向着好的，往上的道路走。"创新体现在科技和体制上，当然也包括教育体制的改革上。今天我们谈创新最重要的是要有卓越的意识，绝对不能有"还行"的惰性思维，我们要在意识和理念上争做最好。卓越的意识是创新的动力，同时创新也需要自由的氛围，自由的环境是为了让新的东西能够不断出现，自由的目的是创新。

回顾北大历史，重温北大精神，我们每一位教职工都要认识到我们在深圳办学代表的是北京大学，我们每一位领导、每一位教师、每一名员工都是在为北大做贡献，实际上也是在为国家做贡献。

我要谈的第二个方面是深圳研究生院今后的发展。我们的使命是什么？我们的奋斗方向是什么？

深圳研究生院从无到有，已经走过 7 个年头。当初的目标从深圳方面讲是希望在经济发展之后，更好地发展教育；从北大方面讲是有责任帮助深圳发展教育。此外，北大有一些学科的发展条件在深圳比在本部更好。7 年来，经过全院师生的探索和思考，学校对深圳研究生院的发展方向基本已经达成了共识，就是我们一定要办好深圳研究生院，使之成为北京大学建设世界一流大学的重要组成部分。深圳研究生院的使命就是立足深圳这一改革开放的特区，努力成为北京大学乃至全国高等教育改革创新的试验田，成为中国高等教育面向全球化的改革特区，所以我们担负的使命要比我们想象的更重大。

我们立足深圳办学绝对不是对本部学科的复制，更不是搭便车或拖后腿，而是要与本部学科形成互补，并形成自己的特色和优势，为北京大学创建世界一流大学做出我们的贡献。与北京大学本部比，深圳研究生院好像一张白纸，但我们只要大胆规划，细处着手，就能在这张白纸上描绘最新、最美的图画。我认为，深圳研究生院今后要在以下几个方面办出特色。

一是交叉学科。现代科技发展中，交叉学科越来越重要。交叉学科已经在国外发展得相当成熟，而在国内发展较慢。目前，我院化学基因组学实验室就是生物、化学、医学学科之间的交叉实验室，发展势头非常好。将来我们可以把环境与法律、经济与法律、环境与经济等学科进行交叉，设立交叉学位，建立交叉学科研究中心。与本部比，深圳研究生院具备建立交叉学科的开放条件。

二是应用学术。大学的使命在现代社会发生了很大的变化。在传统以农业为主的社会里，大学主要培养的是研究者或管理者，与生产的结合并不紧密；而当一个社会进入工业化阶段后，技术将与生产有更多联系。我们身处的深圳也是中国经济最有活力的地区，与本部在基础理论研究方面的建树相比，我们在应用研究方面更具得天独厚的优势，但我们应不同于一般院校，我们的应用研究也要有学术价值。比如化学基因组学实验室的研究就既有理论价值，又有应用价值，而且理论价值在不断凸显。

三是前沿领域。 深圳研究生院要办出特色必须突破传统学科的束缚，大力探索前沿领域。我们现在要更多地着眼未来，作为一个一流大学，我们必须看5年、10年之后社会需要什么。我们的目标是培养不仅懂得业务，更懂得发展方向的一流人才。

四是国际标准。 地域上深圳研究生院虽然远离北京，但是离香港很近。香港是个国际化的城市，深圳也是个很有朝气的城市。我们从办学目标上就要把深圳研究生院办成国际化的校区。我们的师资队伍要国际化，学科建设、行政服务都要达到国际水平，相应地，薪资待遇也要达到国际可比水平。

我们全体教职工要充满信心，深圳研究生院是完全有可能实现上述目标的。在未来的5到10年里，一个具有数百人规模的高质量的师资队伍以及10个冒尖学科的北大校区一定会在深圳出现。

今天借此机会，我也对全院行政管理服务提出一些具体要求。随着越来越多的国际化元素进入深圳研究生院，全院的管理服务水平也应与国际接轨。全院行政系统应有提高管理和服务水平的意识，各部门要以讨论会的形式探讨建设世界一流校区应如何改进和提高行政工作水平。在此期间，各部门和个人要找差距，提意见，广开言路，集思广益，对深圳研究生院硬件、软件、体制、政策进行深入探讨。各部门除了思考本部门的工作，也要对其他部门的工作进行思考。从现在开始，全院上下要高标准和严要求地做好每一项工作，对一部分工作难点要理清思路，分批解决。

让我们一起努力，共创深圳研究生院的美好明天，谢谢！

深圳高等教育的跨越式发展与教育改革[①]

（2011年2月27日）

我们一谈深圳，就是"改革开放的前沿"。前30年我们有很多东西跑在别人前面，是因为有很多别人没做的事我们做了。30年过去了，深圳还有什么地方可以走在别的城市前面？我想至少有两个地方：一个是教育；另一个是卫生。中国到目前为止尚待改革的领域就包括教育和卫生，较大的问题是上学难和看病难。这里的上学当然不是普通的上学，是要上好的学校。我们现在在高等教育方面还是相对落后的。我觉得未来国际上的竞争就在于教育，比如美国就强在它的科研和教育上，所以我今天主要谈教育。

对深圳的教育问题，我想谈三个方面：一是为什么深圳高等教育要跨越式发展？二是深圳应该构建一个什么样的高等教育体系？三是深圳的高等教育应如何改革？

[①] 本文为在"第二届中国经济50人论坛"深圳经济特区研讨会上的演讲。

为什么深圳高等教育要跨越式发展？

第一，深圳高等教育跨越式发展是深圳继续发展的需要。早年很多人来到深圳，是因为深圳有创业的机会，包括灵活的人事制度等。现在全国都已经改革开放了，所以深圳并不存在太多制度上的优势了，灵活的制度对人才的吸引力在减弱。我们知道，大多数学生选择的就业地是母校所在的城市。比如在北京上学，可能就在北京就业；在上海上学，可能就在上海就业，因为母校在这座城市，同学资源在这座城市，对这座城市也比较熟悉。现在要让他无缘无故到深圳来，他可能宁愿在北京当"蚁族"，也不愿意到陌生的深圳来。所以一个城市的长远发展，一定要有当地的高等教育配套，仅靠从外部吸引是不够的。还有，没有很好的大学，就不能为下一代提供很好的教育，也很难吸引和留住一流的人才。

第二，深圳高等教育跨越式发展是创新和转型的需要。深圳不是要维持现状，而是要加快实现产业转型，要从原来的以制造业为主的经济转化为以现代服务业为主的经济，这是一个必然的趋势。美国的服务业占经济总量的80%，深圳的未来也要这样发展，从制造业慢慢向服务业发展。传统制造业需要的高学历的人才可能不多，但产业一旦发展到以服务业为主的阶段，就需要大批的高素质人才，所以必须通过高等教育来培养更多的人才，尤其是创新型和国际化的人才。

第三，深圳高等教育跨越式发展是改变自身高等教育落后现状的需要。根据2010年官方发布的相关统计数据，北京市常住人口为1961.2万人，GDP为13777.9亿元，普通高等院校及科研机构在校生超过80

万人；深圳市常住人口为 1035.8 万人，GDP 为 9510.91 亿元，普通高校在校生仅有 7.65 万人。相比之下，深圳的高等教育太落后了，所以我们提出要跨越式发展。

深圳应该构建一个什么样的高等教育体系？

深圳的高等教育体系，**首先应该是一个有层次的金字塔体系，而不仅仅是一两所大学。**深圳可以参照美国的加州。我在加州读过书，在加州的一些院校也教过书，对加州比较了解。加州早年跟深圳差不多：美国东部的人瞧不起加州人，认为加州人都是暴发户、西部牛仔，没有文化，缺少教育；深圳也是这样的，早年间，有很多人认为深圳很浮躁，缺少教育资源。但这只是过去，只要深圳重视，教育就会突飞猛进。加州现在的公立教育是美国最好的，它的公立教育系统是分层次的，第一个层次是很有名的研究型大学——加州大学，共有 10 个校区，包括伯克利、洛杉矶等分校。第二个层次是加州州立大学，有 20 多个校区，不设博士项目，就到硕士为止，主要以培养白领为主。第三个层次是社区大学，有 100 多所，遍布整个加州。这些大学是两年制的，主要培养有知识、有技术的蓝领。

我想我们现在要规划深圳未来 10 年或 20 年的高等教育的蓝图，就要有这样的意识，要包括两三所一流的研究型大学、五六所以培养技术人才或者白领为主的大学，同时还可以考虑五六所大专性质的学校，不一定都叫职业技术学院，可以只叫学院，这样可以让多数人都有上大学的机会。深圳不一定像北京那样有百余所大学，但至少要有十几所大学，每年也可以有十几万名大学生。

其次是要有多种形式。不要仅把教育集中在公立上,这也许是深圳教育改革和发展的突破点。目前中国的教育资源是稀缺的,尤其缺少好学校,然而,我们的私立大学最多只能招三本,完全发展不起来。所以,改革的思路是,一方面公立学校通过高考解决公平问题;另一方面还有一部分人不一定要用高考的方式来上大学。我认为深圳的高等教育体系不一定完全局限于公立学校,可以开办一些私立的高等学校,一些不仅仅是为了赚钱的私立学校。我们不妨在未来 20 年里,在深圳搞一个中国高等教育的改革和创新。

最后是分布要合理。不一定要集中在某个区域,尤其是普及性的教育,可以分布在很多区域;也不一定都放到深圳市区,可以放到深圳郊区;甚至不一定都放到深圳市内,还可以放到深圳和东莞的交界处,这样两边都可以受益。但是研究型的大学要相对集中,因为这会有利于交流。

深圳的高等教育应该如何改革?

深圳的高等教育发展不应简单地复制中国现有的高等教育,而应在改革中发展。很多教育改革在历史悠久的大学里很难进行,而深圳则可以成为高等教育增量改革的试验田。为什么呢?因为深圳的高校和学院大部分是新建立的,比如南方科技大学、北京大学深圳研究生院等。我认为改革要在以下几个方面进行。

第一个是高等教育管理体制的改革。不能再把学校当作政府部门看待和管理。我们现在讲去行政化,去行政化真正重要的有两点:一是减少政府对高等教育的干预;二是高等教育的行政系统必须为教学科研服务。高校教师也不能继续实行"铁饭碗",要有一个考核标准。高校的行政系统也是如此,应该取消事业编制。如果都拿着"铁饭碗",就很难保证有效服务。行政系统就是一个服务系统,因此,即使是科研处或教务处的处长,也不应该进入编制。还有科研的改革,科研的钱不应该是学校给的,学校最多提供一个启动经费。科研的钱要教授们申请,申请国家、各级政府、基金、企业等的科研项目或研究经费。经济利益可以跟科研成果挂钩,一旦科研成果成功转化,研究人员可以获得一定的收益或更多的研究经费。此外,我们还要进行财务改革、学籍改革等。比如,我们可以放宽入学的门槛,但是把住出口,让更多的人得到接受高等教育的机会。

第二个是学生培养模式的改革。 现在本科生的教育到了必须进行改革的时候。我认为现在高等教育改革无须把重点全部放在招生上,高考制度肯定要改革,但是在高考制度改革之前,一定要改革高校学生的培养模式。我这里提出两种方式:一是通才教育。现在已经到了单一的专业不能满足需求的时代,而我们的专业划分又特别细,专业院系之间很难互相打通。目前,已有一些高校在进行试验,通过双学位或辅修的方式,拓宽学生的知识领域。我想我们深圳要做的话,可以规定凡是新建的学校一定要搞通识教育。二是自由选择。我们现在大多是根据考分和院系的师资决定学生的专业,而不是通过激发兴趣来吸引学生学习。如果学生不喜欢自己的专业,怎么谈得上创新?我们要通过培养模式改革,在学生中实现自由的专业选择。

第三个是办校模式的改革。 美国创办高等院校的经费很大一部分来自企业和个人捐赠。美国联邦政府没有设立国立大学,公立大学全部是州立大学,由地方政府负责,一些地方政府甚至拿出财政收入的30%

至 50% 用于各类教育。所以，我觉得，一方面深圳政府要进一步加大对高校的财政支持；另一方面，整个社会要关注高等教育。我们希望再过 20 年，深圳不仅有制造业的"深圳质量"，而且在高等教育方面也能有"深圳质量"，办出多所知名大学。北大在深圳，也将为深圳高等教育的跨越式发展做出努力和贡献。

内外环境共同促进中国教育发展[①]

（2013 年 10 月 29 日）

记者： 海校长，您好，首先感谢您接受搜狐教育的专访。此次会议主题是绿色教育与生态教育，我们也想听听您对这个主题的理解。

海闻： 这两者都很重要，但生态教育跟绿色教育还是有区别的。绿色主要从环境等角度出发，生态则要超越绿色，可以说，生态教育包括绿色教育。生态教育不仅涉及自然环境和物质生活，还包括公平、法治、生活质量、社会和谐等。生态教育一方面更多地考虑综合的教育；另一方面还考虑为子孙创造更好的环境。我们不仅要考虑我们这一代人的幸福，而且要考虑下一代人的幸福。

记者： 最近在线教育呈现井喷式发展，非常火热，甚至有人预言，未来只有几所超级大学做教育。在线教育的兴起对于中国传统的高等教育，甚至教师会不会带来一些冲击和挑战呢？

海闻： 这个问题不是新问题，20 世纪 90 年代末互联网刚刚兴起的

---

① 本文为"2013 亚洲教育论坛年会"期间搜狐教育的独家专访。

时候，就曾经讨论过这个问题。一些人认为，将来整个教育可能会被少数几所大学控制，大家可以在线获得这些大学的优质教育资源。但是我认为这不太可能，因为教育不仅仅是获取知识，教育的一个重要特点是互动，而不是单方面的接受，不是仅看录像或者视频就能完成的。教育还包括老师和学生的交流、同学之间的交流等，所以我相信在线教育不可能完全替代传统教育。在线教育可以作为一种补充，但绝不能完全替代同学之间的这种朝夕相处的生活，不能完全替代同学之间朝夕相处建立起来的感情。在线教育缺乏同学间共同探讨问题的机会。比如，我们都听了同一个教授的课，在家里自己听和在学校与同学们一块听，效果是完全不一样的。所以我不认为，也不相信将来所有教学都可以在线进行。

记者：一些外国商学院来中国做一些合作项目招生，您觉得这对中国本土商学院教育有没有带来一些冲击和影响呢？

海闻：冲击是有的，冲击也是好的，因为一个系统如果永远是封闭的，将来就无法真正发展得好。所以我觉得中国现在不用担心外国学院进来。比如，前些年有高考成绩很好的学生放弃了北大、清华而选择了外国大学，有人因此说我们的教育落后了。实际上，这并不是坏事，也并不意味着北大、清华不如外国大学。这个社会本身就是多元的，每个学校都有其特点，开放可以给学生更多的选择，实际上是一件好事。所以我觉得现在很多外国高校到中国来，对中国高等教育是一种良性的冲击，对我们自己办学也是一种促进。中国早年通过经济改革，引进外资。技术外溢的过程，使我们很多企业得到了更好的发展，这对我们是一件好事。同样地，我觉得高等教育现在到了一个类似的阶段。希望不仅外国大学可以到中国办学，将来中国大学也可以办出去。

记者：前几年的商学院排名，亚洲的商学院入围的较少，排名也不是特别靠前。但是最近《福布斯》（*Forbes*）的调查表明，亚洲有几所商学院已经进入排名靠前的位置，也有人认为亚洲商学院教育已经开始繁荣了，对此您是如何看的呢？

海闻：我觉得这是必然的趋势，因为商学院的发展很大程度上反映的不仅仅是教育的成功，还是经济的成功、企业的成功。经过这30多年的改革和发展，中国的企业本身有很多的经验和教训，所以中国商学也发展出很多理论。同时，中国的商学院现在大部分是比较开放的，像北大汇丰商学院，教师是全球招聘的，学生也是全球招收的。所以，亚洲商学院在国际上的排名不断上升，也是必然的趋势。

记者：您如何看待中学教育实行文理分科这种人才培养模式呢？

海闻：中学的文理分科本来只是一个权宜之计。改革开放恢复高考以后，急需一些理工科人才来发展经济，发展科技，所以当时中国科技大学开了少年班。这些专门培养理工科尖子生的计划，都是在当时的历史背景下的安排。但是，从长远看，我们的人才应该是综合的、全面的。过早地分文理，会让学生过早偏科，对学生的创新发展是不利的。创新需要各方面的素质，比如乔布斯就不是一个纯粹的理科生，他喜欢艺术，喜欢宗教。美国有很多创新，不是单纯的理科生完成的。创新首先要有想象力，基本上是一种学科交叉的综合结果。

未来，我们的高等教育、中等教育，以及初等教育都需要改革。我认为中学文理分科要尽快结束，因为这种模式是苏联计划经济教育模式的延续。在计划经济体制下，人才是根据国家计划培养的。计划经济下的教育，目的不是让人去创新创业。但是中国已经到了一个新的历史阶段，教育，特别是本科教育，要以激发学生兴趣为核心，培养有想象力和创造力的人才。十来岁的小孩还不知道自己将来会对什么感兴趣,要让学生通过通识教育去了解什么是自己真正感兴趣的。理科成绩好就把学生分去学理科,但如果这个学生文科也很好呢?或者文科方面的研究潜质更强呢?还有一些人虽然在中学时理科成绩不怎么好,但是他可能有很强的理工科潜质,未来说不定能有很大的作为。总之,我认为中学就分文理科的现象应该尽快结束。

记者: 近期各地都在酝酿新的高考改革方案,尤其以北京为代表,语文分数提高,英语分数降低,您怎么看待?

海闻: 我认为一科分数降低,另一科分数升高,只是调整了过去一段时间不重视语文的问题。但高考仍然是一个指挥棒,学生大量的时间还是在准备考试,并没有改变我们"千军万马走独木桥"的现象,没有解决我们很多人想进一流学校而进不去的问题。所以现在核心的问题不在于高考哪科分数加多少,哪科分数减多少,而在于创建更多的一流大学,这样才能让更多的人进入一流学校。要更多地支持民办或地方政府开办高等学校,并也办成一流学校。公立学校讲公平,分数面前人人平等,但一流的民办学校可以有一些灵活性,可以选择一些虽然考分不是那么高但是有潜质的学生。这样,大家有更多的学校可以选择,这是解决现在高考主要问题的办法。

记者: 海校长,再次感谢您接受我们专访,谢谢您。

我们最需要的人才从哪里来？[①]

（2013年11月6日）

要得到我们最需要的人才，大致有两条路径：一条路径是我们必须在世界范围内更好地吸引人才。我们需要的人才不一定全靠国家自己培养，发达国家很多人才是来自全世界的。美国今天的科技领先和经济发达，靠的并不仅仅是美国人，美国始终是全球人才的聚集地。不仅美国，还有许多发达国家也是这样做的。它们吸引人才不仅靠提供好的生活条件，还靠提供创新创业的经济基础、社会环境、法律制度等。它们为人才提供了发挥才能的机会，让全世界的人才能在那里实现梦想。

除了创造条件在世界范围内吸引人才，我们获得最需要的人才的另一条途径当然是靠自己培养。那么，怎样才能更好、更快地培养出我们最需要的人才呢？

[①] 本文根据在2013年"深圳论坛"上的发言整理。海闻. 我们最需要的人才从哪里来？[J]. 国际人才交流，2014（1）：53-54.

培养创新人才的核心是培养创造力

首先，培养创新人才的核心就是培养想象力和创造力。怎么培养想象力和创造力呢？这就涉及教育体制改革的问题。中国虽然进行了30多年改革，但我们的大学基本上还保留了计划经济下的模式，学校根据计划招生，培养目标也是在某个领域能工作的人，而不是创新人才。这个模式有它的可取之处，但从当前最需要的创新人才的角度来讲，这个模式是有缺陷的，它不能很好地激发学生的想象力和创造力。

我们的大学需要怎样的改革呢？**我认为大学教育，尤其是本科教育，必须以激发学生的兴趣为核心，而不是一开始就进行非常具体的专业培训**。到了本科高年级，或者到了研究生阶段，学生基本知道自己的兴趣所在了，再在某个领域深入研究。如果从找工作的角度看，本科毕业后可以读专门的商学院、法学院、医学院等，但对初入大学的本科生的教育，应该是一种以激发学生兴趣为核心的教育。我们目前的教育体制，还达不到这一点。

以激发学生兴趣为核心的本科教育有两个前提：**一个前提是通识教育，就是给学生一个学习浏览的空间，不做硬性限制**。大学教育跟中学教育不一样，大学的学科很多，细分专业则更为宽泛，要想激发学生兴趣，就必须给学生一个了解学科、了解自己兴趣所在的机会，让学生到各个领域学习浏览，寻找自己真正感兴趣的学科。很多外国大学，在本科阶段并不细分专业，也不强求学生一入学就决定专业，学生可以去学文科、理科、工科的课程，有时学校甚至要求学生在各个领域里都选一些课。这一方面给了学生许多机会去了解和寻找自己的兴趣，另一方面也培养了学生创新所需的综合素质。

学生找到了自己的兴趣，还要允许学生做出选择。所以，**自由选择是实行以激发学生兴趣为核心的另一个前提**。比如学生对物理感兴趣，就要允许他学物理，对化学感兴趣，就要允许他学化学。如果他既想学艺术，又想学计算机，就要允许他修双学位或辅修，这需要教育体制来保证。要想培养创新人才，教育体制不改革的话，是很难实现的。

中小学教育也非常重要，因为中小学是孩子开始培养兴趣的时候，而我们现在的中小学都在应试教育的指挥棒下运转，这样到了大学再讲创新就很难了。为了应付高考，高中还分为文科班和理科班，这也是急功近利的做法，是培养专业"螺丝钉"的思路，不是培养创新人才的路子。

比如乔布斯，他本身是一个复合型人才，阅历十分丰富，所以他才能具有综合的创造力。再比如电影《阿凡达》（*Avatar*），既有严谨的科学知识，又有丰富的想象力，这才是具有时代影响力的优秀创作。

培养创新人才的关键在教育改革

为了培养更多具有综合创造力的人才，我们的高等教育要改革。高校改革中很重要的一项是建立更多的优质大学，而不是只有北大、清华这样一两所名校，造成考生"千军万马"都来争过"独木桥"的局面。那怎么来建立更多优质大学呢？就是要打破学校的等级制，这种人为的等级划分扼制了活力，扼杀了学校之间的竞争。只有鼓励竞争，才会竞争出更好的学校来。

高校改革还要放权，要允许各省去办学，以及开设私立学校，私立学校可以有自己的一套录取标准，可以给更多个性化人才以机会。电影

《危险行业》（Risky Business）讲了一位年轻人想读哈佛商学院的故事。他为筹学费搞了聚餐活动，请了很多人，结果请来了哈佛商学院的面试官，但他并不知晓，还把面试官当成客户灌醉了。当他知道这个人是面试官时，心想："完了，我一定不会被录取了。"结果恰恰相反，商学院面试官对他说："你被录取了！因为你有企业家的精神和才能。"虽然这只是电影，但也说明哈佛大学确实有一套自己选择学生的标准，而且这套标准经得起市场竞争，使哈佛大学始终保持世界一流大学的地位。

每个学科对所需人才的要求是不一样的，这样的要求无法在公立学校广泛实施，所以要允许有更多的私立民办学校。其实很多人非常愿意创办一流学校，但是有许多阻碍，让这些私立学校招不到一流学生，这也是我们的私立学校办不成一流的原因，而国外许多优秀的大学就是私立学校，如哈佛、斯坦福等。

培养国际化人才，也是高校的主要任务。一流的高校必须走国际化道路，包括人才培养的国际化、使用国际语言进行教学等。在非英语的发达国家，像日本、法国、德国等，高校里有大量国际留学生和来自各国的教师，因此会用国际语言进行教学。我们不仅要鼓励学生走出去，还要吸引各国的教师和学生走进来。从我们的现状看，请一些外国教师来中国教书是常见的做法，而外国学生来中国的高校学习就不那么常见了，因为我们的教学语言主要是中文。我们的高校要扩大招收外国留学生，不仅要有来学中国语言的，还要有来学化学、物理、数学、工程的，他们能够在中国高校里用国际语言进行交流。而这种人才之间的碰撞，对我们的人才培养非常重要。国际化人才不仅要英语好，还要了解和熟悉别国的文化，只有充分地了解和熟悉，才能在国际交往中从容自如。所以说，国际师资和国际学生，不仅有利于培养国际化人才，也有利于培养人才的创新性,有时候创新就来自思想的碰撞。

中国正进入一个新的历史阶段,人才是决定我们能不能成为一个创新大国和一个国际化大国的关键条件,这一点怎么强调都不会过分。我们做事必须看到今天,准备明天,想着后天,所以现在的人才问题,是中国未来发展的关键,如果没有足够的创新人才和国际化人才,我们就不能成为一个真正的国际化大国。

借力国际化促进教育变革[①]

（2014年10月24日）

2014年10月24日，来自英国、美国、俄罗斯、印度、新加坡、澳大利亚、中国等国家的几十位商学院院长齐聚北京大学汇丰商学院，参加全球商学院院长论坛，探讨商学院教育及全球经济的未来。这一论坛是北京大学汇丰商学院（原深圳商学院）10周年庆典的一部分。

北京大学深圳商学院创办于2004年。2008年，在获得汇丰银行1.5亿元捐助后，北京大学深圳商学院正式更名为"北京大学汇丰商学院"，由时任北京大学副校长、北京大学深圳研究生院院长的海闻教授兼任院长。也是在2008年，为了在全球化时代为中国培养具有国际视野和全球竞争力的跨国法律人才，搭建高层次的国际性学术交流平台，北京大学国际法学院隆重创院，康奈尔大学前校长、密歇根大学法学院前院长雷蒙教授担任创始院长。

两个全新学院的诞生，是海闻主政北大深圳研究生院后进行的一系

[①] 本文原载于《21世纪经济报道》。叶渔，伍倩倩. 海闻：借力国际化促进教育变革[N]. 21世纪经济报道，2014–10–24.

列改革中的代表作。"让中国高等教育走向世界"是海闻的一个梦,将深圳研究生院办成一个国际化的北大新校区是他圆梦的着力点。海闻说:"因为没有本部那么多历史文化包袱,平地起高楼,相对会容易一些。再加上深圳本身就是一个国际化程度很高的城市,它所处的环境和社会文化氛围使我们的众多变革会比较容易实现。"

创新人才培养是一个系统工程

记者: 目前,中国正在进行产业升级与发展转型,因此对于创新人才的需求更加迫切。在您看来,创新人才培养需要哪些条件?

海闻: 创新人才培养是一个社会文化问题,也是一个系统工程。它不是单靠高校能解决的事情,要从中学、小学甚至幼儿园开始,比如,我们要能接受孩子们的异想天开,不能要求他们循规蹈矩。高校招生方式也要改革,不要再把分数作为唯一的录取标准,这些改革对创新人才的培养非常重要。我们当然需要高考制度,但应该允许高校录取学生方式存在多样化。公立大学强调公平,但要允许其他类型的学校,比如私立学校,有录取学生的灵活性,那样就会给其他的创新人才同样接受高等教育的机会,而不是达不到某些标准连大学都不能上了。这涉及整个教育体系的改革。

对高等教育而言,创新人才培养需要在三个方面做出努力。

第一,给学生宽广的知识领域。 每个人的能力、特长是什么,其他人,包括老师都无从判断,必须让他自己去了解。比如乔布斯,曾经关注过艺术、宗教、IT(Information Technology,信息技术)等领域,最终找到了自己喜欢的东西。所以在大学阶段,学校需要给学生提供一个宽广的知识领域和眼界，大学不仅仅是教知识的地方。在信息时代，很多知识学生都可以自己去学习，不需要老师按书本教，有些信息类的知识，学生去网上查一查就知道了。大学课程需要改革，要让学生有更宽广的眼界，包括与国际的接触，以便学生找到适合自己发展的领域。

第二，教师的引导和榜样的力量也很重要。学校最重要的作用就是引导和激发学生的兴趣，比如当年的陈景润之所以对数学那么感兴趣，就是因为他的小学老师说，解决了哥德巴赫猜想就如同摘下了皇冠上的明珠，这就激发了他对数学的兴趣。我在美国教书时，学生进来是不分专业的。学生如何选专业，完全靠各个院系的老师对课程的设计，需要老师来吸引学生选这个专业。在北大，每年都有很多学生选修中国经济研究中心的双学位，其实并不是每一位同学都想挣钱，而是因为我们中心最优秀的老师都会给本科生开课，比如林毅夫、周其仁和我都会给本科生上通选课。有些学生开始只是听听而已，但在听课的过程中，许多学生对经济学产生了兴趣。所以，教师的引导和榜样的力量对学生兴趣的激发特别重要。

第三，要给学生自由选择的机会。如果一个学生对物理感兴趣，你要允许他学物理；另一个同学对化学感兴趣，你就要允许他学化学。这样，他们才能按照自己的兴趣去尝试，去发现适合自己的发展道路。所以我认为中国的高等教育，尤其是研究型大学的本科教育，必须以激发学生的兴趣为核心，这样才能培养出创新人才。

记者：您曾经提出，在本科阶段，通识教育是学生发掘和培养兴趣的基础，而自由选择专业则是激发学生兴趣和创造力的保证。如果专业选择不是个人兴趣的结果，学生就会被各种社会概念所胁迫，去选择自己并不喜爱的专业，如此一来，也就不可能获得真正的创造力。那么，高校实行通识教育和学生根据兴趣选专业难在何处？

海闻：这里面有理念问题，有社会影响的因素，也有利益问题。比如有人会担心，一旦自由选择，大家都会选择金融、管理等热门专业，没人选数学、物理怎么办。我认为，一开始可能会出现这种情况，但只是暂时的，因为社会发展有一个过程，需要动态地看问题，之所以大家现在都喜欢选金融和管理之类的专业，是因为中国现在有大量的需求，但不会永远是这样。我们知道，美国大学里的专业或课程也有热门和冷门之分，这一阵子热门的专业或课程，过一阵子可能就变成冷门了，这符合市场规律。反过来讲，如果一开始我们强迫学生学数学、物理，但这些专业不是他真正的兴趣所在，到了研究生阶段他仍然可能会选择学金融或管理。现在，我们很多学生找工作，还是奔着挣钱的职业去的，学校老师花了那么多精力培养他，如果他没有兴趣，那么其实是在浪费他的时间，也是在浪费老师的时间。

另外，如何来扭转这种局面？我相信并不是所有学生都这么功利。很多中学生刚刚进入大学之门，对物理、生物、化学等基础学科很感兴趣，问题在于如何继续激发他的兴趣。相对冷门的学科的教师，有没有在这方面真正下功夫？比如，我们的数学老师有没有让学生感到数学的伟大？我们的化学老师有没有让学生感到化学的神奇？学校也可以有一些相应的调节措施，比如金融和管理等学科不设奖学金，同时加大冷门学科的奖学金力度，以达到一种平衡。

还有一个就是学校内部不同部门、不同院系之间的利益问题。比如有些院系现在老师比较多，就担心：如果自己有200个老师而结果只来了100个学生，该怎么办？这也是需要从学校层面考虑的问题。可以暂时不减少老师的人数，让这些老师去开通选课——当我们允许学生自由选课之后，也许选化学专业的人变少了，但是全校的学生，无论是学金融的还是学历史的，都要学点化学知识。可以把学生与院系的隶属关系分开，本科生不属于任何院系，英美的大学大多如此。

现在通识教育既然成为共识，就不再是一个教学模式的问题，而是一个利益的问题。困难在于，现有的学院、师资结构和理念等使得在绝大部分高校通识教育难以推广。困难确实很多，而困难的解决主要在于决心和理念。

以国际化促改革，做增量改革

记者：北大国际法学院创办以来，由于师资力量雄厚（多位教授曾任教于哈佛、耶鲁等大学的法学院），教学方式与国内法学院也甚为不同（采用苏格拉底式教学等），从而备受关注。请问，北大深圳研究生院创办国际法学院最初是出于怎样的考虑？

海闻：国际法学院当时的目标是培养有国际视野和能力的法律人才。中国在世界上的重要性日益凸显，中国融入世界的程度也日渐加深，但中国的国际化人才却十分匮乏。几年前我参加"世界经济论坛"议程委员会的会议，有600多人到会，分成大概七八十个小组，大部分小组都讨论了中国问题。但参加讨论的中国人只有20多人，与学者们对中国问题的关注度严重不匹配。

具体来讲，中国在融入世界的过程中，会遇到很多法律问题，尤其是经济领域的法律问题，比如遭遇了反倾销，但我们的企业却不知道怎么去应诉，中国本土能在国际上打官司的人特别少。在美国，法律是一个非常重要的领域。哈佛大学法学院是一个培养法律精英的学院，它每年的招生规模要达到 500 人。法律人才，尤其高端的法律人才，是将来国家特别需要的。而去美国学法律的学生，由于成本太高，多数人都不会选择回国。从这个意义上讲，在本土迅速地、大量地培养国际法律人才，是中国的当务之急。

当时正好有这样一个机会，美国康奈尔大学前校长雷蒙非常喜欢中国，跟我私交也较好，所以我飞往纽约，跟他谈这件事对中国的意义、对美国的意义以及对全球的意义。我们整整聊了两天，从国际发展的高度来看待这个问题，比如，中国拥有更多懂美国法律的人才，将来跟美国的关系就能通过更好的办法来处理；中美之间以什么方式处理问题很重要，方式选择不当容易产生误会，甚至把很小的事情弄得很大……这是一个初衷。幸运的是，我说动了雷蒙，创办了国际法学院。2011 年，雷蒙荣获"中国政府友谊奖"。

记者：北大深圳商学院更名为北大汇丰商学院的初衷又是什么？

海闻：我们的商学院为什么接受捐赠冠名汇丰？作为一个后起的学院，我们需要支持，而接受一个公司或者企业家的大笔捐赠后冠名，也是商学院通常的做法。

对于汇丰银行的捐赠冠名，我们也是做了很多工作的。汇丰银行与中国的渊源很深，这也是我们选择汇丰的一个原因。另外，当时汇丰银行刚刚进入中国，也想通过支持高等教育来发挥自己的影响力，于是双方就走在了一起：对汇丰银行来说，想扩大在中国的影响力；对我们而言，想借助它的资金来迅速发展我们的学院，这是双赢。

冠名之后，就如企业上市一样，会受到更多的监督。汇丰银行会关注商学院做得好不好，这对我们来说也是一种压力。这件事对汇丰银行来说也是有风险的，它捐助过许多项目，但是从来没有把名字拿出去。

如果汇丰商学院做得不好，对汇丰银行也是有影响的。这使得我们有一定的压力，但也有助于我们走国际化的道路，毕竟汇丰银行在全球还是很有影响力的，这会使我们发展得更快。而接受汇丰银行捐赠，也使得我们的目标更容易实现了。

记者： 在您看来，北大汇丰商学院和北大国际法学院的创新经验对于中国高等教育改革有哪些借鉴意义？

海闻： 我想，北大汇丰商学院和国际法学院的一些经验对中国高等教育改革有三方面的启发。

第一，以国际化促改革。 大家知道，国际法学院院长雷蒙本身就是美国著名法学家。汇丰商学院虽然由我兼任院长，但是我们引进了很多外国老师，也招收了很多留学生。目前学院的53名全职教师中，外籍教师共有24人，占总数的45%；在读国际留学生达到120名，招收留学生总数累计达到195名，遍布全球49个国家。来自不同文化背景的教师和学生在一起生活学习，一定会带来观念上的碰撞，也会促进文化上的交流，这对我们国际化人才的培养非常重要。

另外，外国老师的一些想法和行为，跟中国老师很不一样，前者大多不认同权威，敢于发表意见。比如开会，他们会要求提前计划，不能临时通知。所以我们现在会提前把下学期的安排做出来。他们的言行，也促使我们做了很多改革。因此，国际化师资和留学生，不仅有利于培养国际化人才，而且也有利于培养我们的创新性，帮助我们创建新的机制，形成一种新风气，为国家承担起创新研究和培养拔尖人才的历史责任。

当然，我说的国际化不是那种同化了的"国际化"。现在很多商学院或学校聘请国际化师资，也吸引外国留学生，但很多所谓的"国际化"

师资是在海外有教职的中国人,而吸纳的留学生也大多是学了中文、对中国的文化有认同感的学生,他们会迁就中国的文化。我觉得,这是被同化的国际化,而不是真正的国际化。

第二,增量改革。由于各种原因,要在现有的法学院和商学院进行改革非常艰难,而我们的国际法学院和汇丰商学院都是增量改革。当年创办中国经济研究中心,对北大而言也是增量改革。中国经济研究中心的成立,最初对光华管理学院和经济学院形成了很大的压力,但客观上讲,也起到了相互促进的作用。所以增量改革,引入竞争,会推动高等教育的整体改革和发展。但中国经济研究中心毕竟还是中国人在做事,我们现在更进一步,直接国际化办学,不仅对原有院系有触动,同时也能够借助国际的力量冲击我们自身。从国家层面,就是建立新的学院;从学校层面,就是设立一些有新机制的院系。

第三,要充分发掘国际教育资源。目前,中国高等教育缺乏一流的师资,从北大国际法学院的经验来看,可以充分利用发达国家的优质师资来为我们服务。比如,我们可以聘请国际一流的院长。一些学院聘请过具有外国国籍的华裔当院长,但是很少有学院真正请老外当院长,其实聘请这些国际化的外籍院长,把这些人变成我们的教授,比把外国学校请到中国来办学效果更好。比如雷蒙办国际法学院,全球招聘教授,不是代表美国学校,而是代表北大。让外籍院长去整合资源、聘请师资,更有利于中国高等教育的发展。

让年轻一代做好未来领导者的准备是商学院最重要、最迫切的工作[①]

（2014 年 10 月 24 日）

女士们、先生们：

早上好！

非常高兴看到在座有这么多嘉宾和与会代表，欢迎大家！

欢迎来自各个商学院的院长！欢迎你们不远万里来到我们的校区！这次论坛的代表来自十几个国家的 40 多所大学，能够跟这么多商学院院长聚首一堂探讨商学教育的发展，我感到非常荣幸。同时，我们也非常荣幸地请到许多商界领袖参加我们的论坛，包括论坛主旨发言的汇丰银行王冬胜先生、一号店创办人于刚先生，以及中国证监会首席顾问沈联涛先生。我们这一次也请来很多商界的代表，有来自美国商会华南分会的代表团，还有来自丹麦的 EMBA（Executive Master of Business Administration，高级管理人员工商管理硕士）学生。参加论坛的有很多

---

① 本文为在 2014 年北京大学汇丰商学院主办的"全球商学院院长论坛"上的致辞（原文为英文）。

学生，我希望你们能够仔细地聆听论坛中一些杰出的教育者和商界代表的发言，领悟他们的真知灼见。他们是行业的精英领袖，也是我们学生未来事业的楷模。

今天，我们的世界发生了巨变。我刚开始大学求学生涯是在20世纪70年代末，那时候的中国跟今天的中国完全不同。我当时无法想象，有一天我可以在美国大学攻读博士学位；我当时也不可能想象到，有一天我会成为北大汇丰商学院的创院院长，在这里主办一次国际高规格的院长论坛；我当时更无法想象，中国会有这么快和这么大的变化，无法想象中国在这么短的时间里，能够从一个贫穷的国家成为一个全球经济发展的引擎而自立于世界之林！今天，改革开放的中国，给所有的年轻人创造了一个美好的环境，展示了光明的前景。他们现在可以任意大胆地想象他们的未来！作为大学，我们需要做的事，就是帮助年轻人做好准备，在今后的人生中实现他们的梦想。来到北大的学生都是有梦想的，帮助他们实现丰富多彩的梦想，也给我们的工作带来了崇高的使命感和无限的想象力。

但同时，**我们必须面对现实，面对今天的商业环境，要让年轻人做好未来领导者的准备，这是我们商学院最重要的，也是最迫切的一项工作。**正因为如此，我们举办了这一届的"全球商学院院长论坛"，让商学院和企业界的一些顶尖专家，来给我们分享一些非常重要的、必要的、现实的见解，来提升我们的教学科研水平，让我们能够更好地完成新时代商学教育的使命。

中国自20世纪70年代以来，坚持改革开放，现在不仅拥有世界上最大的市场，也是世界最大的对外投资国之一。过去10年中，中国的对外投资额已经增长了近40倍，互联网和一些新技术的发展，让中国日益融入世界，也给人与人之间带来更多的合作机会，而所有这些可能性都是前所未有的。然而，当今世界发展得太快，当互联网时代来临，我们以为短期内可能不会再有新的商业思维的时候，又出现了各种各样新的商业模式。商业在21世纪将如何演变？我们将怎样帮助商界人士应对经济全球化的挑战？我们怎样培养未来具有社会责任感的国际商业领袖？我们如何平衡学院的理论研究与实践指导？商学院未来的角色将会是什么？面对变幻莫测的未来世界，我们必须未雨绸缪，及时做好准备，探讨发展模式，迎接未来挑战。这是商学院院长们现在必须思考的问题，这也是我们主办这次"全球商学院院长论坛"的主要目的。所以，我希望我们的论坛与会者能围绕这些重要问题，各抒己见，畅所欲言，共同努力，探讨答案。

女士们、先生们！今天将会是令人兴奋的一天，我希望大家都能够在论坛上充分交流，并从中获益良多，会后满怀信心，充满动力，带着新的思维，回到我们的岗位！

再次感谢各位的出席，希望大家能够享受这一次的论坛，谢谢！

创新和教育是中国转型升级关键[①]

（2016 年 4 月 5 日）

经过 30 多年的改革与发展，中国跃升为世界第二大经济体。人民生活水平大大提高，已进入了中等收入阶段。同时，中国经济也遇到了在中等收入阶段的特殊挑战，即所谓的"中等收入陷阱"。过去 5 年来，中国经济增长速度持续下跌，去年为 6.9%，低于 7%。那么，中国经济现在的问题到底出在什么地方？是因为过去的发展有问题，还是因为现在到了一个新的历史阶段，遇到了新问题？中国能跨过"中等收入陷阱"吗？

"中等收入陷阱"产生的根源

要避免跌入"中等收入陷阱"，首先要了解产生"中等收入陷阱"的主要原因。比较流行的说法是，经济发展后社会分配不公，收入差距

[①] 本文原载于《参考消息》，为该报"强国策：跨越中等收入陷阱"系列文章之一。海闻. 创新和教育是中国转型升级关键 [N]. 参考消息，2016-04-05.

太大，弱势群体消费不足，造成经济增长缺乏动力。也有不少人认为，跌入"中等收入陷阱"是因为过去的发展模式不可持续，那种资源扩张型的发展模式再也继续不下去了，所以需要有新的增长动力。

很多人把以上两点解释为产生"中等收入陷阱"的原因，但我认为它们都是现象或结果，而非原因。真正的原因是经济发展到中等收入阶段后产业结构调整的滞后。

具体来说，就是经济发展到中等收入阶段后，人们在基本的物质需求得到满足后开始追求生活质量，需要发展高科技的制造业和各类服务业，而这类产业没有得到及时发展，结果经济增长缺乏新的动力。传统产业萎缩和新兴产业不足造成结构性失业，从而扩大了收入差距。所以说，造成"中等收入陷阱"的真正原因是经济进入中等收入阶段后，产业结构没有及时调整。

中国现在的问题，就是经济已经到了中等收入阶段，但是产业结构还没有及时地进行调整。中国现在的问题不是消费能力不足，中国人在海外的购买力相当强，但在国内即使有钱也买不到很多商品和服务。中国目前的经济下行，不是普通的宏观经济周期现象，而是周期性的经济放慢和中等收入阶段结构调整的一种重合。周期性的经济下行或衰退的主要原因是总需求不足，通常表现为各个行业、各个地区都不太景气。而中国现在的经济是冰火两重天：一部分产业产能过剩，经营惨淡，例如低端的制造业；但是另一部分产业却欣欣向荣，供不应求，例如金融和电商等服务业。另外还有地域不平衡的情况。一方面，像华北地区，目前经济很不景气；但是另一方面，像深圳和重庆等地，一点儿也没有经济衰退的迹象。

需求升级倒逼产业转型

可以分析一下过去30多年来中国产业结构的变化。20世纪70年代末，人们的需求主要是温饱，所以农业最重要。到了80年代，温饱问题基本解决以后，人们开始要求提升吃穿的品质，需求就变成了服装、缝纫机、自行车、手表、玩具等。因此，轻工业和餐饮业拉动了80年代的经济增长。到了90年代，人们的需求又进一步升级，开始追求耐用消费品，于是冰箱、彩电、洗衣机、空调等耐用消费品成为发展最快的产业，拉动了当时中国经济的增长。21世纪以来，人们的需求又升级到了对汽车和住房的需求，房地产和汽车工业成了支柱产业。

中国现在处于从传统的农业经济向发达的工业经济转换的起飞阶段，产业结构不断变化，在每一次产业转型的过程中，经济增长的速度总是会放慢一点。不过，目前的产业结构转型与以往不尽相同。1978年改革开放以来的几次产业结构转型都还只是在不同的物质生产之间，即从服装等轻工业到耐用消费品再到汽车、住房，这种转型对企业来说相对容易一些。现在人们的物质生活需求基本得到了满足，人们开始追求生活质量，主要体现在对高质量、高科技的制造品和对健康、文化、环境等的要求。这种转型升级就不那么容易了，不仅需要大量的资金和技术，还需要优质的劳动力。这种转型只有在达到中等收入阶段后才会出现，也就是"中等收入陷阱"的问题。

到了中等收入以后人们的需求是什么？是生活质量，是服务业。从以物质生产为主的产业结构到以提高人们生活质量为主的产业结构转型比较困难，要求比较高。中国经济正遇到这个"坎"，所以，经济放慢也是一个正常的或者可预见的情况。

应更大程度地开放服务业

中国应如何跨越"中等收入陷阱"呢？最根本的，中国要加快产业结构的转型升级，发展适应中等收入阶段的产业，调整制造业的技术和规模。从政府的角度来说，不是直接地去做这些事，而是通过改革开放，让市场来完成这一使命。

中国现在面临的产业过剩和结构畸形的问题是与政府的规划和行为有关的。当前过剩的产业，多是由政府，特别是地方政府的集体行为造成的。地方政府积极招商引资的行为在发展初期起了推动经济增长的作用，但是也造成了目前的产能过剩问题。地方政府的经济行为还带有浓烈的政治色彩，比如，中央提倡发展金融产业，各地就纷纷开始建设金融中心；中央说要发展汽车工业，各地就纷纷上马汽车工业。这种不顾客观条件、不考虑供求关系的行为是违背经济规律的，其结果是大量的重复建设和产能过剩。比如汽车行业，以美国、日本、韩国为例，这些国家只有三四家大型汽车公司，而中国的汽车企业有100多家，数十个省、直辖市和自治区都在生产汽车，这怎么可能不出现产能过剩？而且各地的企业还不同程度上受到地方政府的保护，消除这种产能过剩要用比其他国家更长的时间。

部分产业缺乏供给的问题也是这样。由于改革滞后，某些需求日益增长的产业没有得到及时发展。比如，到了以服务业为主、以提高生活质量为目标的发展阶段，医疗、文化、体育、休闲、教育等都成为非常重要的产业。美国的医疗与健康产业基本上达到国内生产总值的20%，与制造业的占比差不多。但现阶段中国的医疗健康、文化体育，甚至教育等产业都没有得到很好的发展。

中国的文化产业其实是大有前途的。美国也好，欧洲各国也好，日本也好，它们的文化产业都占国内生产总值的10%到15%。美国、日本的文化产业不仅面向本国，还向外出口。中国的文化产业现在受到的限制还很多，也缺乏人才、投资、创新。文化上的创新推动着科技和制造业的创新。相比之下，我们的文艺创作则主要集中在历史上，比如宫廷剧，对创新和未来发展的作用甚少。

当然，还有金融业的改革，最关键的是一方面要放开，另一方面要管住。金融业是一个很特殊的行业，它不同于其他行业，是牵涉整个经济的一个系统，我把它称为"经济的血液系统"，所以对它的监管与对别的行业的完全不一样。

总而言之，改革和开放对整个服务业的发展是非常重要的。目前，在世界贸易组织（World Trade Organization，WTO）的框架下，中国实行了较为开放的商品生产和贸易政策，但是对服务业的开放还有很多限制。这也是目前中国受到一些发达国家质疑的一个主要方面。我们现在必须更大程度地开放服务业，不是为了应对别人，而是为了自身产业结构的调整。只有通过进一步改革开放，中国的服务业才能高质量、高速度地发展并成为经济增长的主要动力。

以创新推动制造业升级

中国能否成功跨越"中等收入陷阱"，还取决于制造业能否成功完成转型升级。制造业的转型升级，一要靠科学技术，二要通过兼并重组。

目前中国的制造业企业多、规模小、科技含量低、产品质量差。要提高产品质量，企业必须搞研发。但是，最根本的创新，尤其在原创技术方面的创新，既要有大量的科研人才，又要有大量的资金投入。

美国的制造业企业有很多核心技术，除了长期积累，它们每年都有大量的研发投入。根据几年前的报道，美国大公司每年的研发投入都十分可观，例如辉瑞（Pfizer）公司约为 100 亿美元，福特（Ford）公司约为 80 亿美元，IBM 公司约为 55 亿美元。目前中国的制造业企业很难有这种意识和魄力，也很难有这种实力。

中国的制造业企业必须加强研发投入，而获得这种实力的途径之一是加快行业内的兼并重组。中国的制造业企业普遍小而全，现在到了需要兼并重组的时候。只有通过兼并重组，企业才能够有实力去搞研发、搞技术升级，同时也可以淘汰低效率的企业，获得规模经济，降低企业的生产成本。

企业的科技创新还需要科研体制和教育体制的改革：科研体制要鼓励和保护创新，教育体制要培养创新人才。跨越"中等收入陷阱"不仅是产业结构转型的问题，背后还有人才的问题，这里的人才不仅包括高科技人才，也包括从事新兴产业的普通劳动者。

我们的教育如何激发学生的创新精神？如何为学生的创新准备必要的知识技能？我们的高等教育，尤其是本科教育，应该以激发学生的兴趣和创造力为核心，而不是让学生仅仅被动地去考试，去单向学习技能和知识。新型制造业和服务业的发展需要大量有知识、有能力的员工。为了适应未来产业的需要，中国必须有高质量的医学院、商学院、法学院、工学院。现在这类学院很多，但是总体质量不高，普遍存在急功近利的情况。在发达国家，这几个学院都非常重要，因为它们是服务业和高端制造业发展的基本保证。现在金融界既掌握专业技术又具备广阔视野的人很少。服务业的发展，除了要进行改革和开放，人才的培养也非常重要。

还有一个极其重要的方面，就是对农民工或者说对现有制造业工人的职业培训。在产业结构转型中，如果没有一个系统的人才培训体系，那么一方面会没有足够的人去从事服务业或高科技的制造业，另一方面又会造成大量的结构性失业。为什么南美洲一些国家没有成功转型，而东亚的国家和地区——包括日本、韩国等，则成功地跨过了"中等收入陷阱"？其中一个很重要的原因，就是这些国家和地区的教育非常普及，非常受重视。

中国现在的教育远远不能满足需求，一方面是高等教育仍然不足，另一方面就是对农民工的培训严重缺乏。2.5亿名农民工到城里来，原来从事的多是劳动密集型的物质生产。物质生产虽然需要各种技能，但基本性质差不多：无论是生产自行车还是盖房子，甚至是生产电视机或手机，工人大多在装配线上工作，是与物质打交道。但是现在工人要转到高科技制造业或服务业领域来工作，则需要培训，因为这些行业对从业者的素质要求不一样：高科技制造业从业者需要必要的技术知识；服务业，尤其高端服务业从业者，除了技术知识，还要与人打交道，哪怕到一个酒店当服务员，也需要基本的素质。

所以对转型而言，针对农民工的培训非常重要，千万不要小看，否则会导致新兴产业招不到合格的人，而以前从事物质生产的人又找不到新的工作。正如前面讲到的，陷入"中等收入陷阱"而出现的贫富差距，很重要的一个原因就是一部分人找不到工作，他们由于没有能力来适应这种新的产业和行业而陷入贫困。

总之，中国正面临一个新的历史阶段，社会需求已经进入一个追求生活质量的阶段。在这个阶段里，有两个目标是比较重要的，它们也分别代表了两个产业：一个目标是服务业的发展；另一个目标是制造业的提升。中国如何达到这两个目标，能否跨越"中等收入陷阱"，改革、创新和发展教育是关键。

经济发展与教育改革[①]

（2017年7月22日）

我今天讲座的主题是教育。当然，教育可以从很多角度来谈，比如从人文、从社会，但今天我想从经济的角度来谈教育。

中国经济发展的趋势

首先，讲一讲中国未来的经济发展具有什么样的趋势，即未来10年或20年，我们主要面临的是什么样的经济发展。我把它概括为三个重要方面。

第一个是城镇化。 任何一个国家，发展到一定的历史阶段，都会出现经济的起飞，这实际上是工业化和城镇化的过程。英国和其他欧美国家在18世纪和19世纪基本上实现了起飞。第二次世界大战后起飞的主要是南美洲和东亚的国家和地区。中国在20世纪80年代实行改革开放，

---

① 本文根据在深圳图书馆"市民文化大讲堂"的讲座整理。

但是真正发生质的变化是在 20 世纪 90 年代，90 年代以后中国整个经济就起飞了。起飞过程中，最重要的是产业结构的变化和社会结构的变化。产业从以农业为主变成以制造业为主，这是工业化；社会结构方面，原来大部分的人住在农村，现在很多人来到城镇，这是城镇化。中国的城镇化始于 20 世纪 90 年代，现在完成了差不多一半。未来的 10 年到 20 年里，城镇化会继续加快和深入。这是一个非常重要的现实，也是一个不可逆转的趋势。

第二个是国际化。中国在政治上是联合国（United Nations）的常任理事国；经济上，中国于 2001 年加入 WTO，现在日益融入世界。中国现在已是世界第二大经济体，也是第一大贸易国，吸引外资全球第二，对外投资也是全球第二。作为一个世界大国，中国必须进一步推动世界经济的发展，同时要承担起引领世界的作用。习近平主席今年在"世界经济论坛"（World Economic Forum）上做了一个非常重要的发言，提出要"共担时代责任，共促全球发展"。中国提出了"一带一路"倡议，旨在引领一个国际合作发展的新阶段。

第三个是产业结构调整。过去 20 年，中国的产业结构基本上是为了满足基本的生活要求，发展的多为比较低端的制造业。出口主要是为了创汇，产品也主要是发挥我们具有比较优势的劳动密集型制造品。随着收入水平的不断提高，现在我们正面临经济结构的深度调整，那么，产业结构调整的方向是什么？未来对制造业的科技含量和质量要求将越来越高，高端服务业会越来越成为经济的主要组成部分。

我们来看世界各国服务业所占的比重：发达国家服务业的平均比重是 70%，美国服务业的比重接近 80%。大家不要小看服务业，不要以为服务业是一种不创造价值的虚拟经济，其实服务业不仅能够提高制造业的附加值,也是拉动经济的一个重要部分。以前我们主要靠投资拉动经济,现在我们谈消费拉动经济。投资和消费拉动经济的区别是什么?计划经济主要靠投资拉动经济,我们称之为"生产者主权"经济。企业根据计划投资,然后生产出产品,人们购买产品,从而拉动经济。市场经济则主要靠消费拉动经济,是一种"消费者主权"经济。消费者通过市场购买商品,反映了人们的需求。消费者想买什么,需要什么服务,企业就围绕人们的需求来生产商品和提供服务。消费能否拉动经济,还取决于一国居民的消费能力。一个国家到了一定的发展阶段,人们的收入水平提高了,消费能力增强了,消费对经济的拉动能力就越来越强。消费对美国经济增长的贡献大约为80%,对中国经济增长的贡献也已达到近60%,消费正逐渐成为拉动中国经济的主导力量。

那么,消费靠什么拉动?很大程度上要靠服务业来拉动。服务业本身是一个产业,同时也是拉动消费的一个平台,还能够帮助制造业提高附加值。我们现在生产高质量产品的能力是有了,但是并不清楚如何让产品有品牌,使产品的附加值更高。路易威登(Louis Vuitton)的包为什么卖得那么贵?品牌的建立,很大程度是通过对产品的设计、宣传、服务等。所以,当服务业更好地和制造业结合在一起的时候,产品的附加值便会不断提高。

中国现在服务业比重还较低,而且特别缺少两个方面的服务:医疗健康和教育。我们都知道,生活水平达到一定程度以后,物质生活满足了,我们还需要健康。而目前来讲,大家对医疗服务的需求远远没有得到满足。我们的医疗健康在国内生产总值中的占比不到6%,但是发达国家起码在10%以上。教育也是一样,收入水平提高了,人们更愿意也更能够花钱接受更好的教育。同样,对文化、艺术、体育方面的需求也越来越大，因此文化、艺术、体育等也是潜力非常大的服务业。

概括一下，中国经济未来发展的三个主要趋势是持续的城镇化、进一步的国际化、产业结构的转型升级。

中国的教育现在面临四个挑战

那么，在这样一个背景下，中国的教育现在面临什么挑战呢？我认为挑战主要有四个方面。

第一个是农民工的职业培训。为什么说农民工的职业培训要摆到议事日程上？因为现在有约2.8亿名农民工，城镇化过程当中，还会有更多的农民工进城，农民工进城的趋势在10年之后也不会消失。这些农民工进城以后，最初是从事比较简单的工作，包括生产玩具、鞋子、服装等，后来生产电视机、手机、家具等，但基本上也是从事装配线上的工作。现在，随着劳动力成本的不断上升，一方面，很多劳动密集型制造业在中国逐渐失去比较优势而转移到了越南、柬埔寨、印度等国；另一方面，很多制造业企业提高了自动化程度，很多工作可以由机器完成。在产业不断调整的过程中，很多原来农民工从事的工作逐渐消失或被替代。农民工失去了这些传统的工作以后，如果没有新的技能，如何能找到和适应新的工作？现在大量的农民工在做配送，如果将来配送的工作也逐渐减少，甚至能由机器完成，那么这些农民工怎么办？

任何一个国家在发展的过程中，都有一个产业转型升级的过程。比如，美国一开始也有很多制造业企业，生产服装、汽车、电视机等，后来这些企业逐渐失去了竞争力，一些行业消失了，另一些行业提升了技术，于是原有的工人不得不从事新的工作。但美国很早就建立起一套成人接受继续教育的系统,各州的公立高等院校(尤其是社区大学)随时可以接收学生,以便工人在产业转型中能够及时进行学习,提升技术和能力,降低失业率。中国目前不仅面临产业转型升级的问题,还面临持续城镇化中农民不断进城的问题,因此农民工的职业培训体系的建立至关重要,但目前这一问题并没有得到很好的关注,也没有系统全面的措施。

第二个是农民工子女的基础教育。2.8亿农民工,他们的孩子在哪里?留守儿童和随迁儿童的教育都存在较大的问题。

首先看一下留守儿童的教育问题。由于农村人口不断减少,村一级的学校已逐渐消失,优秀的师资也非常短缺,相对于城市的各种教育资源,农村的教育就显得更加跟不上经济的发展和技术的进步。此外,家庭对孩子的教育也非常重要。中国的城镇化并不是举家前往城市,在没有城镇户籍、没有很好的经济条件时,农民工一般不会带学龄儿童进城。父母不在,这些孩子仅靠爷爷、奶奶来管。一方面,我们都知道,爷爷、奶奶对孙子、孙女有的时候不会管太多,有的时候也不知道怎么管。另一方面,父母长期不在身边,对孩子的心理健康也会造成一定的负面影响。更严重的是,根据我们的调查,一些社会上的黑网吧、毒品等也渗透到了农村,毒害留守儿童。

美国斯坦福大学的罗斯高(Scott Rozelle)教授最近在"中国经济学年会"上做了一个报告。听了以后,我非常震惊,我认为我们的各级政府必须引起注意。斯坦福大学这位教授的团队,在中国陕西南部农村做了一个调查,发现初一学生的辍学率约为11%,初二达到23%,初三高达30%。相比之下,韩国在20世纪80年代,高中的普及率就已经超过95%。我们现在城市的高中普及率大概为90%,而农村高中的普及率只有37%。中国还有将近一半的人口在农村,如果没有达到高中知识水平,这些人将来就很难掌握新知识、新技术,甚至找工作都很难。

更严重的问题是农村婴儿的营养和教育问题。世界银行（World Bank）发布的报告指出,3岁之前是婴儿大脑发育的关键时期,这时婴儿需要摄入足够的营养,足够的蛋白质,而不应仅吃米汤,吃饱了事。还要有教育,要给婴儿听音乐,要与婴儿聊天、玩游戏等,通过这些方式促进婴儿大脑的发育。在城市的家长基本能做到这些,可是很多农村家长并不知道怎样进行智力开发。罗斯高教授的调查发现,按照国际标准,陕南农村0—3岁婴儿中营养不良的达到49%,教育行为差的约占80%,智力和运动能力滞后的约占53%。说得严重一点,如果这种情况不改善,中国有近30%的人可能无法完成高中教育,即使国家实行12年的义务教育,他们也读不下来。

我们对农民说,这样养孩子不对,很多人肯定不以为然,因为他的祖祖辈辈都是这样养孩子的,而且现在的营养条件已经比过去好多了。可是,未来的情况跟"祖祖辈辈"不一样了：以前孩子长大了还会务农,不需要读高中,只要身体强壮就行了。而现在和将来,我们的农民会越来越少,绝大多数的人,包括现在农民的孩子将来不会再从事农业了。即使从事农业,也不再是用体力、用牛马,而是用科学、用机械。未来的制造业和服务业也一样,人力正在被科学技术替代。没有一定的智力和知识,是很难胜任新型工作的。

另外,随迁儿童在城市里面有没有得到很好的教育？像深圳这样的城市在这方面可能做得不错,但其他城市呢？总之,几亿农民的孩子能不能得到很好的基础教育,能不能适应城镇化、国际化、产业转型,是一个非常严峻的问题。

第三个就是创新人才的培养。我们现在讲创新创业,不仅要有政策鼓励、有资本支持、有知识产权保护,更重要的,创新需要人才。创新人才的培养不是一朝一夕就能完成的,需要相应的环境、教育,需要从小培养人们创新的理念和能力。为什么欧美发达国家的创新较多?因为它们的文化和制度允许学生异想天开,也允许年轻人进行创业和创业失败。创新人才的培养,不仅仅要对创新进行鼓励,更要从整个教育体系的课程设置等开始考虑。中国改革开放的前30年,发展模式比较简单,主要是发挥劳动力等资源的比较优势,技术上跟发达国家学就行了。可是,中国现在成了经济总量世界排名第二的制造业大国,我们继续模仿学习的空间不是很大了。中国产业的转型和未来的发展,很大程度上要靠自己的创新。因此,从长远考虑,我们的教育体制需要改革,需要为培养更多创新人才而改革。

第四个是国际化人才的培养。中国融入世界,落实"一带一路"倡议,建设人类命运共同体,需要大量的国际化人才。国际化人才并不只是能说流利英语的人,还要对世界各国的历史、文化、宗教、思维方式、法律制度等有深入的了解和理解,还要能够用他们可以理解的方式去沟通和合作。当然,学好英语是国际化人才的必要条件,但还远远不够。

达沃斯的"世界经济论坛"每年都会讨论国际上最重大的问题,现在每次讨论都会提到中国。我参加过一次"世界经济论坛"议程的讨论会,数百人的会议上,中国人只有不到20位,这与我们的国际地位很不匹配。所以说,我们需要大批的国际化人才,而国际化人才的培养也涉及我们教育的改革和发展。

中国教育存在的问题

经济发展的未来趋势,给我们的教育带来了一系列挑战,既涉及基础教育,也涉及中等教育和高等教育。面对未来的人才需求,我们的教育体制、教育质量、教育规模是否能够满足这些需求?我们的创新人才、国际化人才、高素质劳动力的培养存在哪些问题?

第一,高等教育发展不平衡。各地区人口和经济状况不一致,大学的数量有多有少,这本是一个正常现象,但是,中国各省大学的分布,并没有反映当地人口和经济发展的状况。比如,广东是一个经济和人口大省,但大学数量和质量却与经济、人口体量不成比例。通过对比中国各省每万人高等院校的数量,不难发现,四川、河南、广东、山东这些人口大省都排在倒数几名,大学主要还是集中在北京、上海、天津等少数几个大城市。中国的大学,还是计划经济体制下的布局,没有反映经济格局的变化,也没有反映经济发展的需求。以深圳为例,深圳的人口总量和经济总量都接近北京,但大学相比之下就少得可怜。

另外,我们特别好的大学太少,目前主要还是北大和清华,并且都在北京。大家拼命考入少数一流大学,有些人甚至上不了最好的学校就干脆出国。在美国,哈佛大学和麻省理工学院虽然非常好,但是大家也并不是非要上这两所学校不可,因为同类的学校很多。上不了哈佛也没有关系,可以上斯坦福、芝加哥、耶鲁、普林斯顿、加州大学,这些学校并不比哈佛差,学校排名还经常变化。美国最好的学校起码有一二十所,而且并不都集中在东部,中部和西部也有很多好学校,也不都集中在政治中心,发展比较平衡。

第二，教育公平和效率无法很好兼顾。我们现在一直强调教育公平，但是公平和效率有时候会发生冲突。从效率上讲，我们可能会破格给一些人更好的教育机会，但是要从公平角度来讲又不能这样。比如创新人才的培养。创新人才很特别，很多创新人才的考试成绩可能不怎么样，但是他们在某些方面特别突出。那么这些人，有没有资格去读好大学呢？

国外的某些大学有自己的宗旨，要培养什么人，学校可以自己选择，自己监督。学校有基本的成绩要求，但不是简单地用分数来选拔学生。中国学生申请国外一流大学，成绩再好，托福分数再高，学校也不一定录取。是否录取一个人，除了成绩，还要看其他方面，包括社会工作、志愿者活动、体育特长等。各个学校都很关注自己的声誉，有一套制度来防止腐败。不过，这个问题其实很难解决。把创新人才的选拔和培养与公平兼顾起来，是我们高端人才尤其是创新人才培养面临的一个挑战。

第三，初等教育过于注重应试。说到现在的教育，大家都有体会，要说家长们也很辛苦，从幼儿园开始就在为孩子准备高考，除了要学好"数理化"，还要去学钢琴等特长。为了"不输在起跑线上"，大家从小就拼命准备各类考试。到了高三的时候，没日没夜地准备考试，而一旦考上了大学，不少人觉得一下子解放了，学习的劲头都没了，不想再学了。为什么中小学会这样呢？因为受到高考"指挥棒"的影响。这样的应试教育模式，能够培养出大批敢想敢干、充满想象力的创新人才吗？

我参观过美国的幼儿园和小学，觉得挺有意思的。上课时，大家不必整整齐齐地坐在那里。幼儿园的教室里面，有一个个小圆桌，小朋友们围着上课。教室上方挂着很多星球模型，旁边养着各种植物和动物。

幼儿园的作业是什么呢？回家做一个冰块。小孩回家问怎么做，家长就告诉他准备一些水，然后放在冰箱的格子里面。通过很简单的事情来培养孩子们的动手能力，让孩子在很小的时候就开始自己找资料做 project（项目）。虽然我们的中小学现在也在进行一些改革，我们的中小学教育也有自己的长处，但一定要从完全应试的模式中解放出来。中国的未来需要大量的创新人才，而创新的理念和能力不是到大学才培养出来的，一定要从幼儿园开始就培养小朋友们的兴趣，鼓励他们异想天开。当然，如果高考制度不改革，或者没有足够多的一流大学让优秀的学生选择，初等和中等教育的应试模式也很难改变。

中国教育的改革和发展

面对中国未来经济发展的人才（包括劳动力）需求，面对目前存在的问题，中国教育应该进行哪些改革和发展呢？

第一，高等教育的培养模式要逐渐改变。我们现在的教育模式基本上还是苏联模式。原来各个大学都是综合学校，1952年中央对原有高校进行了一次院系调整，学习苏联搞计划经济，把文科、理科并入一些学校，把工科并入另一些学校，还成立了一些专门的学校。多学科的综合性大学在高校中所占的比重由1949年的23.9%降至1952年的10.9%，到1986年这一比例更跌至4.3%。同时，各高校的招生专业和指标都由国家下达计划：首先定好每个专业招多少人，然后根据这个计划招收学生。在每年的招生简章里你都可以看到这个专业招多少人，那个专业招多少人。学生一进大学就按专业学习，毕业以后按专业分配工作。

改革开放以后,各大学根据发展需要做了一些学科的调整,理工科院校增加了人文社科专业。20世纪90年代末政府又将一些不同学科的院校合并,成立综合性大学,学生毕业后也不再按专业要求分配工作了。这些改革大大促进了学科之间的交流,丰富了学生的综合知识,也促进了学生的自由择业。但是,大学本科的招生仍然按专业确定名额,按考试分数分配专业。可是我们怎么知道这个学生究竟喜欢什么呢?又怎么知道这个学生在哪方面有天赋呢?大学里学科门类很多,学生一进学校,专业琳琅满目,多数学生不一定清楚自己究竟对什么感兴趣,却不得不在给定的专业里一学就是四年。如果对自己学的专业都不感兴趣,又何来创新?

大家知道,徐迟有一篇著名的报告文学叫《哥德巴赫猜想》,讲的是数学家陈景润几十年如一日地解决数学难题的经历。陈景润当时为什么有这样一种执着的精神呢?就是因为在上学时,一位数学老师给他讲了"哥德巴赫猜想",说这是数学皇冠上的明珠,从而激发了他的兴趣,点亮了他的心中的梦。因此,帮助学生寻找和激发兴趣是很重要的。美国有一些本科大学被称为文理学院(Liberal Art College,又称人文与科学学院),提供文理全面发展的通才教育。学院要求每个学生必修自然科学、社会科学以及外语和艺术等课程。学生入学之后,到各个学科走一圈,修两门化学课,修两门生物学课,修两门政治学课,再修两门经济学课,一圈下来,看一看自己究竟喜欢什么,想好了,再决定自己最终的专业。如果一开始对化学感兴趣,读了一半以后兴趣变了,还可以去读生物学。总之,这种通识教育对于学生激发兴趣和提升创新所需的综合素质很有帮助。

但是也许有人担心,如果这样的话,那么大家都学金融赚钱去了。

其实不见得,因为很多孩子并不是我们成年人想的那样,并不是所有人都要学金融,或者对金融很感兴趣,其实很多人就对数学、物理,或者说对自然科学很感兴趣,关键是老师怎么去点燃他的兴趣。如果老师们只顾自己做科研,只顾自己发文章,只顾让学生帮助做实验,不把教学放在第一位,那么学生肯定没有兴趣。所以,大学培养模式的改革是一个综合的改革,学校一定要把培养人作为首要任务。建立激发学生兴趣的通识教育和自由选择的学科体制,是将来大学本科改革发展的一个重要方向。

第二,教育体制要去行政化。大家都在讲教育要去行政化,很多人指的是取消行政级别,但我认为取消行政级别并不十分重要。真正的去行政化主要包括两个方面。

一是减少行政部门对教育的干预。我们现在的教育,行政干预还是太多了。招多少学生、设什么专业等,都要由行政部门来管。谁是教育专家?应该是教授,是学校。政府应该在把控基本原则的基础上给大学更多的自主权,让学校用自己的科研教学声誉来决定自己的发展,而不是由并没有多少教育经验的行政部门来制定决策。

二是加强学校行政部门对教育科研的服务。学校的各级行政部门不应该只作为管理部门,行政部门很重要的功能是服务。以前大学办公条件不是很好的时候,通常是行政人员一人一间办公室,老师们一个教研室一间办公室。现在应该改过来,老师是学院的主体,应该首先满足老师的工作需要。行政应该为教学科研服务,让老师更有效、更顺利地搞好教学科研。

第三,高考制度要改革。高考制度的改革是一个非常大的挑战。肯定有很多人反对,说现有高考制度是最公平的制度。我并不是说要取消高考制度，每一个国家都会通过一个平台来检验学生的知识水平以便各学校挑选学生。这不仅是因为优质的教育资源有限，也是鼓励学生努力学习的必要机制。但是，我们能不能设计一种补充方式，让一些虽然考分不高但有特殊素质的人仍然有机会去上大学甚至上好的大学？

改革的办法之一，是给予学校更大的招生自主权。除了高考分数，还可以有另外的明确反映特殊人才的衡量指标，通过专业委员会评估。当然有人会说，出现腐败怎么办？这是另外的一个问题，需要用另外的方法来防范。也可以通过一年多考的形式，给学生多个机会来展示其最好的成绩，而不是一考定终身。

改革的另一个办法，就是办更多的私立或民办大学。公立学校讲公平，分数面前人人平等。同时，我们应该允许存在一定规模的私立或民办大学，比如上海的上海纽约大学、宁波的宁波诺丁汉大学，以及深圳的香港中文大学（深圳），这类学校招生更加灵活，有多种录取方式，不是完全按照分数。教育部要给私立和民办学校一个公平发展的机会，让它们能够跟公立学校公平竞争，平起平坐，而不是处在一个只能招三本学生的地位。

还有一点，就是要办更多的大学，尤其是本科和专科学校。有足够的学校，大家就有更多的机会接受高等教育，一些具有特殊才能的学生也不会因为综合考分低而失去上大学的机会。虽然过去几十年间中国高等教育快速发展，但我们的大学生比例仍然相对较低，还有很大的发展空间。

需要更多的资源投入教育

无论是增加高校数量还是提高质量,都需要投入更多资源。资源从哪来?主要是政府、社会、个人三个渠道。

首先是政府投入,包括中央政府和地方政府投入。教育是一个特殊的行业,既有符合市场规律的部分,也存在"市场失灵"的部分。所谓"市场失灵",指的是不能用市场的办法来解决问题和促进发展。具体来讲,一个是外部性,另一个是公平性。提升全民教育水平有正外部性,即产生的社会价值大大超过投入;反之,教育不足会出现负外部性,即出现更多的低效、无序,甚至犯罪,对社会的破坏会远远超出未投入的教育成本。另外,接受基本的、必要的教育,也是一个公民的基本权利。教育的投资,基本上是不盈利的,所以不能依靠企业通过市场来发展教育,很大程度上需要靠政府来投入。即使在美国这样高度市场化的国家,政府在各类教育上的投入也是非常大的。我再举一个美国加州的例子。加州有很好的公立教育体系,包括有10个校区的加州大学、20多个校区的加州州立大学,以及100多所社区大学。公立大学的学费相对较低,尤其对本州居民。社区大学承担着普及大学基本教育以及不断提升蓝领就业能力以适应产业转型的使命,学费更是低廉。20世纪80年代我在美国社区大学教学时,每学分的学费甚至不到10美元。但老师的工资并不低,与其他学校差不多。公立学校主要靠政府拨款,否则无法正常运营。

我在澳门访问时也参观过当地政府委托大学开设的职业培训学校。澳门的产业比较简单,主要是博彩业和其他服务业。没有酒店所需技能的人要找工作，酒店不一定愿意支付培训费用，因为培训是一个公共品——说不定员工接受完培训就走了。澳门当地政府就拨款委托一所学校，专门负责博彩业和其他服务业的基本技能培训，包括如何发牌、掷色子、监控等，还包括怎么做饭、铺床、打扫卫生等。培训合格后，学生可以获得一个证书，然后就可以去找工作。这种学校不但不用学生交学费，还为学生免费提供午餐。

我说的政府，不仅包括中央政府，还包括地方政府。中国很多大学是公立的，但中央政府没有那么多财政资金满足各地的需求，所以应该放权，应该允许和鼓励地方政府办大学。比如深圳，经济实力很强但大学不多，就应该鼓励深圳大力办学。对广东、山东、浙江、河南、四川这些高考大省，应该支持它们多办一些各种类型的大学，用地方政府的资源发展高等教育，满足未来经济与社会发展的需求。美国联邦政府没有设立国立大学，公立大学都是地方政府出钱办的，国家充分利用地方政府的积极性发展高等教育。我刚才讲的加州大学，是美国公立学校系统里最好的大学，其中伯克利、洛杉矶、圣迭戈、戴维斯、旧金山等分校在国际上都名列前茅。加州政府每年要花多少钱来搞教育呢？要用州财政的将近30%。这个比例在美国各州中还不是最高的，有些州甚至将接近50%的财政支出用于各类教育。我们有哪一级政府能够和愿意拿出这么高的一个比例用于教育？

总的来讲，中国政府在教育上的投入已经在增长了，但还是低于世界平均水平。2015年，政府公共教育资源投入占GDP的比重，高收入国家平均为5.1%，丹麦甚至达到8.6%，美国算低的，只有4.9%，低收入国家平均为4%，世界平均水平为4.7%，中国为4.22%。因此，中国在教育上的投入还有增长空间。

其次是社会投入，应鼓励社会资源办大学。其实国内外有很多有识之士有兴趣办大学，很多公益基金或企业基金希望投入高等教育，也希望办出一流的民办大学。但是，目前大学被分成三六九等，"985""211"，一本、二本、三本，然后分先后批次录取学生，三本排在最后。这种做法虽然有利于学生根据考分填报合适的志愿，也能够确保各类学校有较为明确的生源，但最大的问题是固化了各类学校的地位。名义上是招生批次的不同，实际上在社会公众的心目中就是一流、二流、三流。

这种做法的最大伤害是，一本大学没有了竞争压力，三本学校则没有了改进的动力和机会。其实，每个学校都应该有机会成为一流学校，但若是一开始就被定为三本，只能招收前面一本、二本大学剩下的学生，那么这些学校就永远没有机会成为一流大学！为什么呢？因为如果没有机会招到一流的学生，这些学校就没有机会招到一流的老师；没有一流的老师，也就不可能成为一流的学校！要知道，学校能否很好地发展不仅仅取决于是否有钱，还取决于有没有好的学生。得天下英才而教育之，不亦乐乎。越是好的老师，就越在乎学生的质量。如果教的学生，都是最后一批录取的，那给再高的工资，一流的老师也不会愿意去。目前，民办大学大部分是三本，被规定为三流了，基本上就没有希望办成一流，就没有真正的有志之士愿意去办民办大学，就没有办法利用社会资源办一流大学。因此，要鼓励社会资源创办一流大学，就要废除这种人为的等级划分，给民办大学在招生、学位、职称、申请政府科研基金等方面与公立大学平等的待遇，相信至少有一些民办大学会努力提高教学科研质量，跻身一流大学。

最后是个人投入。教育从某种意义上讲也是一种服务业，部分教育，如商学、法学等高端职业提升教育，也可以通过市场行为来完成。

当收入到了一定阶段，人们有能力也有意愿支付更高的学费，有意愿通过高学费得到更好的服务，个人对教育的投入就会逐步增加。这不仅是一个正常的趋势，也是有利于教育事业更好发展的趋势。政府资源毕竟有限，而且很多"市场失灵"之处需要公共支出。因此，除了公立基础教育和高等教育中贫困人口的学费，学校可以通过逐步提高学费来支持学校的运行和发展。教育存在"市场失灵"的部分，政府要保证人人都上得起学，但没有必要对收入很高且完全有支付能力的学生或家庭收取很低的学费。经济在不断发展，人们的收入在不断增加，学校的运营费用也在不断增加，但大学和研究生的学费却被严格限制，多年不涨。其实学费一直不涨，真正获得好处的是富裕的家庭。如果人们的收入增长10%，学费增加5%，贫困学生的助学金也增加5%，那么对贫困学生实际上没有影响，对一般家庭也没有实质性的影响，而学校的教育经费却增加了。总之，在教育中，政府真正要管的，是那些没钱支付学费的学生。

下面我再谈一下深圳的教育。我知道深圳的中小学做得还是不错的，政府投入很多，同时还有不少民办学校，基本解决了外来务工人员孩子上学的问题。这对深圳来说是不容易的，因为深圳的非户籍人口比例相当高。但是，深圳的大学还远远不够，需要加速发展。原来人们有一个认识误区，认为只要经济发展得好，制度宽松，就能吸引人才，自己办不办大学不重要。早年的深圳确实如此，自己没有大学，人才也滚滚而来，因为作为特区，深圳确实比其他城市更开放，有更多机会。但现在不同了，其他城市也开放了，其他城市的条件比深圳还好，深圳的吸引力就下降了。在条件相似的情况下，大部分大学毕业生会首先选择在学校所在的城市工作。所以，现在深圳想吸引人才，首先要吸引他们到深圳来读书。几年下来，他们对这个城市熟悉了，母校也在此，自然会留下来。其次，人才的培养不是一次性的，很多人在工作后需要通过在职培训继续学习，深圳必须有这样一批大学来满足这种需求。最后，创办多所一流大学，不仅仅是为了培养人才，实际上也是为了留住人才。如果当地有不少一流大学，这些人才的孩子们有更多的机会考上一流大学，那么人才也更愿意在这里扎根，愿意在这里发展，否则，大家会更希望到北京、上海。

我总结一下今天演讲的主要内容。我从经济发展的趋势分析了我们的人才需求和对教育的挑战。我比较重视和关注的是农民工再就业培训和农民工子女的基础教育，特别是留守儿童的问题。这些问题如果处理不好，将来不仅仅会带来就业问题，还可能成为社会问题。面对这些挑战，我们需要改革和发展教育。无论是初等教育还是高等教育，我们都不仅要增加投入，还要在培养模式和教育体制上进行改革和调整。

教育事业需要改革创新[1]

（2018 年 12 月 19 日）

2018 年是中国改革开放的 40 周年，在这 40 年的风雨历程中，一批传奇人物在各自的领域逐浪前行，成为各自领域的领军人物，带领行业飞速发展。2018 年 12 月《第一财经》2018 年专访系列"领军人物"，分享受访者对于改革开放的真知灼见。12 月 19 日，北京大学汇丰商学院院长、北京大学汇丰金融研究院院长海闻教授接受《第一财经》专访，深入解读教育事业面临的机遇和挑战。

记者： 您如何看待中国改革开放 40 周年教育事业发展的成果？

海闻： 教育事业在这 40 年得到了飞跃性的发展，特别是在高等教育方面，可以从几个方面来看。首先是普及性，1977 年恢复高考时招的大学生是 27 万人，而 2018 年毕业的大学生有 820 万人，这让高等教育成了普及教育。其次是质量的提升，现在很多大学的教师是在国际一流大学获得博士学位后回国任教的，这大大提升了高校的教学水平。而

---

[1] 本文根据《第一财经》的采访整理。

且中国高校的国际排名也有了显著的提升，北大、清华更是进入了全球前 30 的队伍。

记者： 改革开放给教育事业带来的最大机遇是什么呢？

海闻： 最大的机遇在于人们需要知识。改革开放让大家更加了解到知识的重要性，也正因为这样，对于高校的需求和教育事业的需求也大大增加。在这样的大背景下，公立学校和私立学校都得到了很大的发展，甚至在成人继续教育方面，也能看到这样的变化。除了正规的学历教育，很多培训性质的教育也发展得很快。这正是改革开放 40 年来市场需求给教育事业带来的机遇。

记者： 从北大副校长到创办商学院，是什么样的契机让您决定离开北京，来到深圳创办北大汇丰商学院呢？

海闻： 这是北京大学和深圳市政府在 2001 年的共同决定，也就是创办北京大学深圳研究生院。我当时作为学校领导来到深圳主抓这个项目。我认为深圳在改革开放中，尤其在改革开放初期的确起到了引领作用，在经济发展、改革方面，为中国的发展提供了很多经验。但是深圳到了一个新的阶段，高等教育成为制约其发展的一个瓶颈。这么大的一座城市，这么高的经济总量，却没有几所大学。所以我们当时的定位非常明确，一方面是为了促进深圳的进一步发展：我们不仅有商学院，还有国际法学院，还有信息工程、新材料等一系列前沿学科，这些对于深圳能否继续引领改革开放非常重要。另一方面也是希望在深圳进行教育改革，这在原来的体制里是比较困难的，而在增量上就比较容易。在这样一个开放的、高等教育比较匮乏的城市做改革就变得很重要。于是，我们决定尝试一些新的措施和新的制度。我们创办北大深圳研究生院，包括北大汇丰商学院，更多是在高等教育改革上的创新尝试。

记者： 在这么多年的教育改革创新中，令您印象最深的事情是什么呢？

海闻： 在这些年间，我们制定了一个比较高的目标，我们希望通过教育帮助国家进一步融入世界，进一步实现国际化，也希望吸引更多的优秀学生来中国学习。这些年教育改革创新的一个重要成果就是去年我们在英国的牛津郡成功建立了自己的校园，而且在今年北京大学建校120周年的时候，成功启动了这个校区。所以我们的国际化不仅是"请进来"，更是"走出去"。在英国这样一个教育产业非常发达的国家建立我们的校区，是一个很大的机遇，对我们提出了更高的要求，也是把北京大学办成世界一流大学的一种尝试。

记者： 现在越来越多的人选择线上教育，您怎么看未来线上教育和线下教育的融合发展？

海闻： 线上教育的发展是非常重要的，一方面提升了效率，另一方面也提升了教育的普及性。但是线下教育的独特性是线上教育无法替代的，比如线下教育的实践能力，一些理工科的实验目前只能通过线下教育实现。一些团队协作能力也需要线下的场景才能获得，例如在线下与同学共同完成一项任务，在这个过程中可以向同学学习，也可以和同学一起讨论。培养领导力也必须跟人打交道，需要社团活动和一些有组织的校园生活。这些都需要线下人与人的交往，所以线上教育和线下教育各有所长，这样的融合会是未来的大趋势。

用更加开放的思路发展高等教育[①]

（2019 年 9 月 6 日）

"42 年前，像你们一样，我也接到了北京大学的录取通知书。但与你们不同的是，我不是一个刚毕业的中学生，而是一个在祖国边疆农村下乡 9 年、已经 26 岁的'知识青年'。"2019 年与北大录取通知书一同寄出的，还有来自不同年代的 7 位"北大新生"亲笔书写的 7 封信，北京大学前副校长、北京大学汇丰商学院院长海闻便是其中的一位撰写者。在信中他写道："'宽口径，厚基础'是北大人口口相传的学风，学习不是为了考试和毕业，而是为了积累知识与才能，为未来的发展奠定深厚的基础。"

从下乡知青到海归学者，再到北大副校长，海闻的职业生涯见证了社会发展的进程。1977 年他考入北京大学经济系，并于 1982 年赴美留学，成为恢复高考后北大自费留学第一人。1994 年，他与林毅夫、易纲、张维迎等人创办了北京大学中国经济研究中心，2002 年又从北

[①] 本文首发于《经济》杂志。张军红，王德民.海闻：用更加开放的思路发展高等教育：访北京大学前副校长海闻[J].经济，2019（9）：22–24.

南下深圳，探索北大深圳研究生院的改革与发展，推进中国高等教育改革创新。

多年来，海闻一直致力于国际经济学、发展经济学等领域的研究，始终站在教学的第一线，2004年创办北京大学深圳商学院（现汇丰商学院），又在2018年创建汇丰商学院英国校区，把教学科研平台搭到现代经济学的发源地。谈到现阶段经济学和商学人才的培养问题时，他认为，经济学作为一门社会科学，既要注重经济学理论的系统训练，也要有其他学科的基础；对于商学院来说，商业道德和社会责任是培养人才的最高层次。

高等教育不只是教育问题，还关乎改革开放

记者：1994年您与林毅夫、易纲、张维迎等人联合创办的北京大学中国经济研究中心，现如今已发展为国家级智库机构，请问创办的初衷是什么？

海闻：易纲和我是北大本科同学，北大精神对我们的影响很大——忧国忧民，肩负社会责任；追求卓越，不断改革创新。当时我们的目标很明确，希望到国外学一些对中国发展有益的理论和经验，再回来进一步推动国家的改革和发展。

1992年邓小平南方谈话后，中国迎来了改革开放的新高潮。当时我们有两个想法。

一是推动经济学理论和政策的研究。 中华民族几千年的历史中，从来没有真正搞过市场经济。如何更好地去总结和运用市场经济的经验、理论、政策？经济学者有责任推动理论和政策的研究。

二是推动经济领域的人才培养。 如何在市场经济的环境下,做好企业和管理,推动经济发展?基于这样的思考,我们决定成立一个经济研究中心,隶属于北大。这个中心既不是一个纯粹的理论研究所,也不是一个纯粹的教育机构。经过 20 多年的发展,有些目标达到了,同时也产生了一些新目标,还需要新的发展。

记者: 您当时为什么选择从北京南下深圳?如何评价这些年在深圳的工作?

海闻: 2001 年北京大学创办深圳研究生院时遇到了很多困难。2002 年我到学校工作后,学校希望我去深圳研究生院推动相关工作。当时去深圳更多是出于国家的需要,深圳引领了改革开放,要让其继续站在改革开放的前沿,就要有更好的高等教育,这也是北大人的一种社会责任。因此,高等教育不仅是教育发展的问题,还涉及改革开放的问题。

在研究生院工作的 8 年里,我们做了很多改革。在人事制度方面,率先引进了国外比较通行的 tenure(常任轨)制度;在行政管理方面,最早取消了行政人员的寒暑假,采用带薪年假制度,保证学院和学校的正常运行;在财务制度上也做了很多改革。这不仅关乎深圳研究生院的发展,也是对中国高等教育改革的一种尝试。

记者: 在经济学和商学人才培养上,您认为现阶段中国需要什么样的人才?

海闻: 经济学和商学人才是有区别的。作为社会科学的一部分,经济学以理论为主,而商学更多是应用层面的,培养人才的应用能力。一流商学院的标准是什么?不是学校排名,而是既能够吸引世界上最优秀的人才到这里工作和学习,又能够为世界输送优秀人才。

因此，商学院在教学中应该注重四个方面的能力培养：一是"能"，即要懂得如何管理、营销、投资等。二是"智"，即不但要知道如何管理、营销和投资，还必须明白为何要这样做。除了经济学理论，商学院还会开设很多其他理论方面的课程。三是"体"，即精神状态，现在很多商学院都会参加戈壁挑战赛等活动，让师生们身体力行，并且有团队精神。四是"德"，包括商业道德和社会责任，这是商学院培养人才的最高层次。现在国际上也越来越强调企业家在发展企业时，不仅要有个人行为底线，还要将社会责任、对人类的贡献放在非常重要的位置。

先行示范，深圳最顺理成章

记者：2019 年 8 月 18 日，《中共中央 国务院关于支持深圳建设中国特色社会主义先行示范区的意见》发布，被视为"干货多、硬货多"的重大政策红包。中央为何会选择在深圳先行示范？深圳的优势是什么？

海闻：深圳是进行改革开放先行示范的最好城市，有着改革开放的文化、传统和基因。深圳人没有历史包袱，敢于"吃螃蟹"，允许试错，比较包容，政府干预也比较少，这也是近年来深圳在技术创新方面引领发展的重要原因之一。

深圳作为中国最先实行改革开放的城市，若能够在建设中国特色社会主义先行示范区方面取得成功，将进一步肯定过去 40 余年改革开放的正确性，在继续深化改革开放的同时，更好地促进与港澳的融合，促进大湾区的发展。

记者： 要推动建设先行示范区，深圳还需要完善哪些方面的建设？

海闻： **第一，法治建设。** 尤其要重视对知识产权的保护，以及与国际通用规则的接轨，同时要完善促进市场建设和社会发展的法律法规。

第二，城市文明建设。 应当进行更加合理的城市规划，精细化城市管理，并继续加强道德文明建设，营造国际化的生活和工作环境。

第三，可持续发展建设。 一方面，要继续推动市场经济体系的建立与完善；另一方面，要加强基础科学研究。深圳将来能否形成强大的基础科研力量，包括能否不断创新，基础科学研究非常重要。与此同时，应加强人才培养，并扶持各类教育的发展。虽然近几年深圳的高等教育发展得较快，但高等教育能否办成世界一流，还需要接受时间的考验。加大人才引进力度，以更加开放的思路去发展高等教育，对深圳未来的发展至关重要。

谈粤港澳大湾区高校合作①

（2019 年 10 月）

2019 年 2 月 18 日，中共中央、国务院印发了《粤港澳大湾区发展规划纲要》（以下简称《纲要》）。其中提出，支持粤港澳高校合作办学，鼓励三地高校探索多种形式的合作交流。日前，北京大学汇丰商学院院长海闻教授就粤港澳大湾区教育合作这一话题接受了采访。

记者：《纲要》提出，支持粤港澳高校合作办学，鼓励联合共建优势学科、实验室和研究中心，并鼓励三地高校探索开展相互承认特定课程学分、实施更灵活的交换生安排、科研成果分享转化等方面的合作交流。请对目前粤港澳高校的合作情况做一评价。

海闻：关于粤港澳高校合作办学，我觉得科研合作可能是相对来说比较容易开展的。就科研合作而言，在学校层面上进行的通常并不多，其实国外也很少由学校出面组织合作，大多数合作是在老师之间的、院

---

① 原文发表于《深圳信息职业技术学院学报》，采访者为该刊特约编辑毛军吉。北大汇丰商学院海闻院长采访实录[J]. 深圳信息职业技术学院学报，2019，17（5）：77-80.

系之间的。老师们对一个科研问题有共同的兴趣，他们自由地去结合，自然而然就有了合作。粤港澳大湾区的建设可能让不同大学老师之间的合作更加便利，各高校也应该在理念上、体制上、政策上推动这样的合作。

与科研合作不同，不同高校在教学上或者说在学生培养上的合作是比较困难的。由于不同学校发展不平衡，合作的需求可能不是很强烈，或者说合作的空间有限。以不同学校之间互认学分为例，且不要说粤港澳大湾区涉及广东、香港、澳门的学校，就是同在北京的学校，如北大、清华之间，真正做到学分互认都比较困难。不同发展水平或不同定位的学校之间的学分互认，则更加是一个很复杂的问题。互认学分就像找对象一样，合作的学校要"门当户对"，但这里面永远存在着不平衡的因素。

除了互认学分，学校之间交换学生也是一样，譬如北大跟国际上一些大学有学生交换项目，对于比北大更有名的大学，北大学生中愿意去的人很多，但对方学校的学生可能不一定愿意到北大来；对于相对较弱的合作学校，这种局面可能又正好相反，这是一个普遍现象。我们汇丰商学院也有这种情况，现在总体上每年想来我们这里的国际学生很多，但我们学院愿意出去交换的学生却越来越少。将来粤港澳大湾区不同高校之间的合作也是一样，不是说随意给粤港澳大湾区的高校之间规划一个交换生项目，就一定会怎么样，这些合作本身要充分尊重学校和学生自身的意愿。

记者：海闻院长，刚才您提到汇丰商学院，能否深入介绍一下商学院的国际生项目情况？这可能对我们更好地开展粤港澳大湾区的高校合作有一些启示。

海闻： 我们汇丰商学院的学生主要是研究生，下学期将有70多名国际交换生和50多名攻读学位的留学生，生源主要是欧洲。来自欧洲的学生比较多，除了因为学校的发展层次要对等和匹配，也与不同国家或地区高校的学制有关。美国和英国的硕士研究生的学制大多为一年，所以学生一般很难出来交换。欧洲（除了英国）的高校硕士研究生学制大多为两年，所以学生可以安排时间作为交换生出来交流学习。

从学制的角度来看，本科生的交换其实是可以的，因为全球大多数高校的本科生学制都是四年。但本科生的交换，就粤港澳大湾区来看，不同学校之间肯定存在不平衡的问题，譬如香港科技大学等几所香港高校的学生可能不愿意到咱们广东的学校来交换，因为香港这几所学校的实力是比较强的，在全球排名也很好。综合来讲，制约粤港澳大湾区高校合作的因素中，除了发展水平不平衡的因素，还有体制不同的因素，比如课程学分的计算和认定，一门课算多少学分，不同学校之间也不一样。粤港澳大湾区高校的合作发展应该是长期的，短期而言，对于教师之间、科研人员之间的科研合作可能相对容易推动，尤其是合作申请科研经费。现在广东省愿意提供很多经费支持科研，这三地高校的学者可以更多地联合起来申请这些经费，这方面的合作可以很好地促进科研。至于学生之间的交换和学分的互认可能难度大一些，需要先做一些细致的准备。

记者：《纲要》提出支持珠三角九市借鉴港澳吸引国际高端人才的经验和做法，创造更具吸引力的引进人才环境，实行更积极、更开放、更有效的人才引进政策。请问目前您所在的大学在吸引国际高端人才方面进展如何，存在哪些困难，怎样才能有效解决？

海闻： 我们汇丰商学院在吸引国际人才方面，总体上做得比较好。

我们的老师中有 1/3 是外籍教师，分别来自韩国、美国、澳大利亚、土耳其、意大利、印度以及加拿大等国，其中来自韩国的居多。总体而言，我们师资的国际化情况还是相对较好的，但是在吸引国际高端人才方面，仍然存在一些问题。

第一，与香港等国际化城市相比，我们招聘国际人才的待遇还不具备优势，最主要的是税收问题。与中国香港相比，中国内地的个人所得税税率相对较高，如果考虑税收的话，我们的工资待遇缺乏竞争力。譬如，香港按税前年薪 200 万港元标准招的人，我们学院可能要支付更多工资才能招得到，因为国际人才是有国际标准的，而且关注的是税后的可支配收入。在工资待遇与国际接轨方面，企业在引进科技人才方面做得比较好，像华为、深航（深圳航空有限责任公司）等企业在招聘时便可以按照国际工资标准来。但我们做不到，毕竟我们是非营利的事业单位。所以，对于高校引进国际高端人才方面，希望政府能够加大补贴力度，或者给予税收优惠，以提高对国际化人才的吸引力。当然，这里还有一个与其他事业单位平衡的问题。

第二，总体而言，现在政府对引进国际化科技人才的重视程度是比较高的，但是在引进人文领域的高端人才，或者说引进国际知名的经济学、文学、艺术等领域的人才方面，政府的支持力度并不是很大。一般而言，这些学科并没有像科技领域那样的科研团队，在人才引进方面也没有优惠政策。

第三，深圳的国际化生活环境还有待提高，整个深圳在国际化城市的建设方面还要加快推进。我是深圳国际化城市建设咨询委员会的专家组成员，过去每年开会都会强调国际化城市指标的建设等，但这几年似乎不再提了，推进的力度明显下降。我认为，深圳要吸引国际高端人才，就要为国际人才提供一个比较好的国际化生活环境，至少大家来了以后生活上不会觉得特别困难。

第四，国际人才来这里后的一些资格待遇与福利保障也是重要问题。他们能不能在这里买房子？办理签证是不是能够更宽松方便一些？外籍教师能否交社保，能否享受退休待遇？还有国际人才的孩子能不能在这里上学？也就是说，引进的外国专家或者外国人才能否享受国民待遇是一个重要的问题。举一个例子，我们有一次参评深圳市的先进教师，当时我们上报了一位非常优秀的外籍教师，被告知其不可以参评，后来费了一番周折，才同意我们的上报方案。深圳要想成为一个真正的国际化城市，吸引国际人才，在政府的管理、公共服务等方面，首先就要树立国际化的理念，而不能仅仅根据传统做法，一旦碰到新问题就说不行，那样国际化之路就会很漫长。

记者：《纲要》提出要促进科技成果转化，创新机制，完善环境，将粤港澳大湾区建设成为具有国际竞争力的科技成果转化基地。请问从高校的角度来看，目前科技成果转化还存在哪些障碍？高校需要如何创新机制，以进一步促进科技成果转化？您所在高校有哪些好的经验可供借鉴？

海闻：总体上看，在科技成果转化方面，与美国、欧洲的大学相比，我觉得我们的高校还是有距离的。有两个重要问题需要考虑。

一是我们的高校目前有多少科学技术可以转化为产业。目前国内许多高校对自己的定位可能不是很清晰，都特别强调要发论文。学校应该明确定位——侧重于基础研究还是应用研究；侧重于以发表论文为导向的研究，还是以产学研为导向的研究——否则一样也做不好。

二是科研成果怎样转化为产业。我觉得高校确实需要进行体制上的创新，这里面一定要平衡好产学研与教学本业的关系。很多学校可能会担心，如果允许老师开公司，那么是不是老师们都会去开公司；如果老师都去开公司，那么教学怎么保证。这就需要考虑学校的实际情况，每所学校可以有自己的政策，主管部门也应该给学校一些自主权，毕竟每所学校都有自己的定位。学校如果是以培养学生的技能为主的，那么完全可以允许老师围绕学生培养开公司，这样不仅可以给学生实习的机会，还可以同时做好监管工作。美国有一些高校的做法就是这样的，学校付给老师薪酬的多少主要基于老师的教学，所以当老师保证质量地完成教学工作后，剩下的事情学校基本上是不管的，当然老师的职称是根据其科研水平来定的。

这里其实涉及高校的功能平衡问题。我们知道，高校一般具有教学、科研、服务等功能，学校付给老师薪酬的多少主要基于老师的教学和服务，因此这两个是必须保证的。研究型大学的要求可能更高一些，但大致思路也是这样。也就是说教学工作量必须完成，相关服务要有保证（比如，与学生的交流时间要有保证，学校的会议必须参加，毕业典礼、开学典礼等一些庆典活动必须参加，有面试学生任务的必须参加面试，等等），剩下发多少论文、拿多少科研经费，都是老师自己的事情，老师达不到标准就不得不离开，当然学校也会鼓励老师多做。按照美国一些高校的实际情况来看，开公司的主要是教授，很少有助理教授去开公司，助理教授要拼命做学问，同时学校对老师的科研经费是不管的。我们当时就参照美国一些公立大学的做法，要求老师必须保证教学与服务，同时鼓励老师做科研，达不到一定标准就不能晋升和续聘。同时，我们也会对老师的科研转化做一些制度安排，大致是老师的科研成果转化后，收益按老师个人、院系和学校各 1/3 进行分配，这样既保证了学校、院系的利益，又保证了老师个人的积极性。

记者：《纲要》提出要依托粤港、粤澳及泛珠三角区域知识产权合作机制，全面加强粤港澳大湾区在知识产权保护、专业人才培养等领域的合作。请问高校在其中可以发挥哪些作用？粤港澳之间如何合作？

海闻： 粤港澳大湾区的合作发展中，知识产权保护合作方面的确有空间。我觉得首先要重视高校的法律人才培养。现在粤港澳大湾区的建设中，关注比较多的是科技和经济，对人文社科建设、法律制度建设方面的重视还不够。就法律制度建设来讲，人才培养很重要，但从深圳几所大学的情况来看，法学院的数量并不多，实力也有待加强。此外，因为涉及中国内地法律与中国香港法律的差异问题，粤港澳大湾区的合作需要加大中国内地与中国香港合作培养法律人才的力度，也可以吸引香港法律人才来内地执业，这样将有助于促进粤港澳大湾区的法律专业人才培养。

记者：《纲要》提出要共建人文湾区。请问在塑造湾区人文精神、共同推动湾区文化繁荣发展等方面，湾区内的高校应如何携手共建？您所在的大学有哪些好的经验或建议？

海闻： 深圳在人文建设方面，我觉得确实需要下功夫。首先政府要重视人文建设，人文建设是需要时间积累的。深圳不像北京那样有深厚的历史文化底蕴，应该加大对人文社科和文化产业的重视。未来深圳有没有可能在某个人文或社科领域成为全国或者全球的一个中心？这是完全有可能的。我们学院现在正在打造一个宏观经济的研究团队，由诺贝尔经济学奖获得者领衔，与平安集团合作。我们要建立一套模型体系来分析宏观经济、国际贸易等，在这个领域打造国内甚至国际上的学术高地。另外，深圳也可能在现当代艺术研究领域有所作为。人文建设是一个潜移默化的过程，短期内很难看到实际成效，但在这方面深圳是有潜力的，关键是政府要真正重视起来。

关于粤港澳大湾区的高校如何携手共建，我认为政府要先重视起来，政府重视了，各个学校自己会去想办法。携手共建是需要的，但更重要的是鼓励每一所学校先把自己的人文学科办好，因为只有每个学校都达到一定高度，相互之间的深度合作才有可能。

粤港澳大湾区需要一流商学院[①]

（2020年1月17日）

今年的深圳市政府工作报告提出，要加快高等教育跨越式发展，其中包括推动北大剑桥深圳学院[②]落地。

北京大学和剑桥大学这两所世界知名高校有望在深圳牵手开展合作，外界对此充满期待和想象。

事实上，一个多月前，北京大学汇丰商学院与剑桥大学嘉治商学院合作办学项目就已启动。北大汇丰商学院院长海闻也是上述北大剑桥深圳学院项目的重要推动力量。

为何要牵手剑桥嘉治商学院？双方的合作未来将在哪些领域着力？日前，北京大学汇丰商学院院长海闻接受《南方日报》独家专访，详解与剑桥大学合作背后的故事、北大汇丰商学院未来发展以及其对深圳高等教育发展的思考等。

[①] 本文原载于《南方日报》。孙颖，刘越亚. 粤港澳大湾区需要一流商学院[N]. 南方日报，2020-01-17.
[②] 现定名为"前海中英研究院"。

谈与剑桥大学合作：围绕创新创业人才培养等方向展开

2019年12月20日，在位于深圳大学城的北大汇丰商学院报告厅里，该院与剑桥大学嘉治商学院合作的高管教育项目正式启动。该项目针对中国企业家和高级管理人员，率先推出"企业家创新能力提升""全球化中的企业战略创新与转型"等课程。

在外界看来，这是北京大学与剑桥大学在深圳合作的"前期版"。2019年9月媒体报道剑桥大学有望来深圳合作办学引发高度关注。当时，深圳市市长陈如桂在会见剑桥大学常务副校长马克·韦兰爵士（Sir Mark Welland）一行时表示，深圳将全力支持剑桥大学与北京大学在深联合办学，并以此为契机，进一步推动深圳与剑桥大学在高等教育、科技创新、文化交流等各领域的更广泛的合作。

海闻说："前期是两所大学商学院的合作，位于前海的卓越大厦八层及九层，将是双方商学院联合项目的所在地。"未来北京大学、剑桥大学和深圳还会有科技、教育等方面的合作，根据备忘录，深圳将在前海建立北大剑桥深圳学院。

剑桥大学嘉治商学院成立于1990年，是全球顶级商学院之一。北大汇丰商学院（北大深圳商学院）于2004年在深圳创办，成为世界一流商学院是其建设目标。海闻说，对于中国经济发展前景的看好，以及对于"一带一路"倡议的共识等，是双方能够开展合作的基础。经过一年多的研讨，最终决定在创新创业人才培养、全日制研究生合作培养、海上丝绸之路沿线国家高管培训等方向开展合作。

在海闻看来，如果说剑桥大学是英国的创新基地，那么嘉治商学院在其中发挥着至关重要的作用,"他们非常注重科学技术和商业的结合,培养孵化了很多创新企业。这方面非常值得我们学习和借鉴。"同时,随着中国的崛起,更多的中国企业家走向或希望走向世界舞台。扩大国际视野、提升商业模式及企业战略方面的创新能力等成为迫切需求。而深圳又是中国的创新之都,因此,创新创业人才培养成为双方合作的一大方向。目前率先推出的高管教育项目由双方共同设计教学,以实践互动方式授课,侧重管理理论在企业实际运营中的应用。

全日制研究生合作培养,则是指北大汇丰商学院金融学、经济学、财经传媒或管理学的硕士研究生,若通过剑桥大学相关考核,则可以在研二时去剑桥大学学习 9 个月,攻读该校管理学或技术政策专业的硕士学位。目前该项合作也已启动,首批学生将在 2020 年秋季前往剑桥大学学习,这意味着这些学生有望在 3 年时间里拿到北大和剑桥两所世界著名高校的双学位。"申请的双学位必须是两个不同的专业领域",海闻强调,此项规定是希望合作培养的学生不仅拥有国际视野、高素质和能力,也是复合型的国际化人才。

海上丝绸之路沿线国家高管培训是双方合作的另一大方向,学习者通过考核录取后,将在英国剑桥和中国深圳在职学习两年,完成学业要求后可分别获得剑桥大学的 EMBA 学位和北京大学的"中国研究"硕士学位。海闻透露,希望通过搭建上述平台,使丝绸之路沿线国家的企业家、投资者以及政策制定者等,不仅能够进一步学习提升,还能够进行融合交流,促进地区经济等方面的合作。

谈北京大学、剑桥大学与深圳的合作：或在前海建立开放的科研及科技转化平台

海闻透露，由北大汇丰商学院推动的北京大学与剑桥大学在深圳前海的科研与教育合作项目已签署备忘录。在今年的深圳市政府工作报告中，也明确提出推动北大剑桥深圳学院落地。

业内人士认为，尽管近些年深圳通过自办与引进相结合的方式，不断创新体制机制，高等教育实现了快速发展，但仍存在人才培养层次偏低、科研综合水平有待提升等不足，因此深圳对高质量大学尤其是像剑桥大学这样的世界名校来深合作办学有其内在需求，向其抛出"橄榄枝"也在情理之中。

位于英国、有着800多年历史的剑桥大学是公认的世界名校，其踏上海外合作征程，为何选择中国深圳？

在海闻看来，中国庞大的市场、资本优势，深圳优质的营商、生态环境，剑桥大学希望在科研、创新创业等方面取得更大成就等都是原因。剑桥大学常务副校长马克·韦兰爵士2019年9月访问深圳时，也曾对深圳优质的科技创新环境、营商环境、生态环境、宜居宜业环境表示赞赏。

而选择深圳前海，则因为前海是现代高端服务业、金融业对外开放的试验示范窗口。海闻说："如果是简单的研发合作就不一定放在前海，但是如果将科技研发和投资创业结合起来，那么前海就是最好的选择。"

"剑桥大学对零排放技术研究、医疗健康研究等很感兴趣。北京大学对生物技术、新材料研究以及大湾区研究比较感兴趣。"海闻介绍，

该中心或是一个开放的科研及科技转化平台,既有双方各自感兴趣的项目研究,也有联合研究项目,"未来也希望可以把商学和科技结合起来,进一步推动创新创业。"

谈北大汇丰发展和商学教育:深圳需要世界一流商学院

海闻笑着说:"与剑桥大学的合作,对北大汇丰来说,增加了培养国际化高端人才的平台,从某个层面来说,也证明我们已经进入世界一流。如果不是地位平等,剑桥大学不会选择与我们合作。"

15 年前在深圳创办北大汇丰商学院(北大深圳商学院)时,海闻就认为,"改革开放前沿的深圳,需要一个一流的商学院;北大在深圳创办的商学院,一定要成为世界一流。"

在他看来,创新包括引领产业的技术创新,以及市场导向的模式创新,"创新不仅仅是科技的事情,也不仅仅是理工科的事情,必须要结合人文、经济、金融等。光靠技术创新,创新的影响力不会发挥到最大程度。只有通过技术创新与模式创新的结合、科技研发与产业发展的结合、高新技术与资本市场的结合,创新才会持续,才能真正推动经济与社会的发展。"

2019 年 10 月 26 日,北京大学汇丰商学院建院 15 周年庆祝大会上,海闻提出,希望再用 5 年时间将北大汇丰建设成中国顶尖、国际知名、若干领域达到世界一流的商学院。

近年来,北大汇丰不断加快发展速度及其国际化步伐。2018 年到英国开办北大汇丰英国校区;在获得 EPAS(EFMD Programme Accreditation System,欧洲管理发展项目认证体系)、AACSB(The Association to Advance

Collegiate Schools of Business，国际商学院协会）的国际认证后，2019年又成功通过英国AMBA（The Association of MBAs，工商管理硕士协会）认证；与剑桥大学嘉治商学院开启合作……

在海闻看来，未来5年北大汇丰努力的重点包括加强理论与实践研究，提升在国际国内的学术影响力；为中国和世界培养引领经济发展和社会进步的高素质人才；进一步推进国际化等。

高端智库是北大汇丰重点发展方向之一，而海上丝绸之路研究以及宏观经济研究是其中两大重要内容。海闻说："在宏观经济研究方面，我们希望建立的智库，是将国家宏观政策、理论研究、企业微观数据等几股力量拧在一起的智库。"为此北大汇丰会建立配套的宏观经济与金融研究中心，招聘大量宏观经济学、金融学教授开展相关研究。同时，还会利用大数据和人工智能等现代科技，尽快完成中国企业信息库的建设，为加强对中国企业的研究、推动创新创业、引领未来商学教育搭建平台，奠定基础。

创新创业人才的培养孵化也是北大汇丰重点发展的方向之一。海闻说："我们坐落在深圳，创新创业是我们的比较优势。"与剑桥合作就是希望在创新创业人才培养孵化、科技研发与创新创业结合方面有所作为。

对于深圳这样的现代化、国际化创新型城市，商学教育的重要性更不言而喻。海闻认为，目前在深圳乃至整个粤港澳大湾区的商学教育都比较薄弱，需要政府重视并加大支持力度。

谈深圳高等教育：合作办学要注意学科平衡，要有调整机制

在剑桥大学有望来深圳合作的消息发布后不久，2019年11月12

日,耶鲁大学音乐学院院长兼管理学院教授罗伯特·布洛克(Robert Block)一行访问深圳,为耶鲁大学在深圳的合作发出积极信号。深圳市副市长王立新在会见罗伯特·布洛克一行时表示,希望进一步加强耶鲁大学和深圳在教学科研领域的深度合作,助力科技、文化、医疗等多元化领域的持续创新发展。

未来深圳高校版图仍将高质量扩张。根据2020年的深圳市政府工作报告,未来将开工建设中科院深圳理工大学、深圳创新创意设计学院、深圳音乐学院,基本建成中山大学深圳校区,推动北大剑桥深圳学院、电子科技大学(深圳)高等研究院等落地。梳理这些未来将出现在深圳的高校或研究机构可以发现,引进国外知名高校与国内高校合作仍是其中一条重要途径。

在海闻看来,国内外高校合作办学发展高等教育,一定程度上会引发"鲇鱼效应",有助于促进国内高校的改革创新。他同时建议做好项目辨别与顶层设计,"引进时要注意学科的综合平衡,不能引进的全是理工类的或者全是人文社科类的;还要有调整或纠错机制,应对'如果学校办不好该怎么办'的问题;此外还要进行后续跟踪,看看一些支持有没有落实,怎样帮助其更好、更健康地发展,而不是引进来就可以了。"

数据显示,目前深圳有13所普通高校(校区),全日制在校生达10.38万人。深圳建多少所大学合适?对此问题教育界人士有不同看法。海闻则认为,从深圳的人口比例、需求来看,建设四五十所大学不算多,但大学建设要有层次,而且要对学科进行科学布局。"从人文社科到工业制造,从应用技术到基础科学都要有。政府做好大的顶层设计和布局后,各个学校要自己根据经济、社会的发展和趋势去设置相关专业。"

在海闻看来,深圳可以少建那种几千人规模的专业学院,多建一些综合性大学,因为育人需要氛围,而且如今更强调交叉学科的创新。海闻说:"专门办一个小规模的设计大学,还不如在综合大学里开一个设计学院,因为设计学科与其他学科也会有交叉,这样更利于培养创新人才。"

学术组织创新发展的五个关键[①]

（2021年9月19日）

多年来，我一直在做学术机构的"搭台子"工作。因此，组织者给我布置的题目是《学术组织的创新发展》。我的工作主要在CCER，结合当初CCER和后来汇丰商学院的发展，我认为，学术组织的创新发展，主要有以下五个关键方面。

一、严格的学术标准

不久前，我和CCER首届校友曹雄飞聊起往事。在CCER首批招收的10个硕士研究生和2个博士研究生中，有1个硕士研究生和1个博士研究生最终没有获得学位。在当时研究生普遍很容易毕业的情况下，这个结果是很令人震惊的。因此有人说，CCER当时的学术要求很高，硕士生淘汰率为10%、博士生淘汰率为50%。这当然是一个玩笑的说法，

[①] 本文为在北京大学国家发展研究院暨南南合作与发展学院承泽园新院区落成启用仪式的讲话。

但足见 CCER 自建立之初就制定了非常严格的学术标准。

CCER 是国内最早在教师中实行 tenure（常任轨）制的学术机构。CCER 的教师，虽然都是海外著名高校毕业的博士，但到了一定的年限，如果其学术发表和教学水平不符合标准，也无法续约。总之，就学术组织而言，保持严格的学术标准非常关键。

二、一流的行政服务

初创时期，CCER 的行政人员不多，还有学生协助双学位项目的行政管理工作。当时，高校行政人员的服务态度普遍较差，甚至有人说："北大是一流的学生，二流的教授，三流的行政。"但是，CCER 强调行政必须为教学和科研服务，对行政服务工作的效率和态度都有很高的要求，甚至包括接听电话的态度和用语。据卢锋教授回忆，他在 1995 年回国求职时，给几个机构打电话都不太愉快，只有给 CCER 打电话时感受到了热情和专业，因此当即决定来这里工作。可见，行政服务水平对学术组织的影响有多么大。无论是 CCER、国家发展研究院（简称"国发院"），还是我在深圳创办的汇丰商学院，其行政服务团队都是一流的，这也是学术组织成功发展的基本保证。

三、民主的决策程序

多年前，在清华大学就职的一位教授想加入 CCER。但是，他听说林毅夫教授好像不太喜欢他，担心 CCER 不接受他。我对他说："CCER 是这样的——如果林毅夫喜欢你，其他人都不喜欢你，你也来不了；如果林毅夫不喜欢你，但其他人都喜欢你，你照样可以来。"这就是民主。从 CCER 到国发院，都有教授会制度。每一位教师申请晋升，都要经过所有教授的投票，在这个过程中，每位教授都可以表达自己的意见。重大发展战略或政策，都要经过教授会讨论。可以说，民主的决策程序对学术组织而言至关重要。

四、平等的师生沟通

CCER 从来不只是一个研究机构，还是一个教育机构。CCER 从 1996 年就开始招收研究生，同时还有大批双学位项目的学生，因此学生规模非常庞大。如何关心学生成长、与学生保持有效沟通，是每个具有教育职能的学术组织都应该重视的问题。有件事令我至今印象深刻：第一届双学位学生曾因学位不是教育部颁发的而质疑。为此，我与周其仁、张帆等教授与学生们一起开会，大家畅所欲言，平等沟通，消除学生们的疑惑，最终我们获得了学生们的认同。此外，作为常务副主任，我亲自主管学生工作，经常参加 CCER Club（俱乐部）的活动。近年来，教育部要求加强学生的劳动教育。事实上，早在 20 世纪 90 年代，CCER 的师生们就经常一起在朗润园开展大扫除等活动，希望未来这个传统在承泽园也可以传承下去。

五、创新的发展战略

在 CCER，我们一直在创新，一直在引领。

创院模式是创新的——当年我们这样一批海归经济学家创办学术组

织，在全国范围内"开了先河"。

引进教材是创新的——我们从国外首先引进了一批重要的经济学教材，这对中国经济学的发展产生了深远的影响。

培养模式是创新的——我们改变了当时国内普遍存在的"严进宽出""师傅带徒弟"的研究生培养模式，要求学生入学后，首先在宏观经济学、微观经济学、计量经济学等方面打下扎实基础。CCER 毕业生近年来在国内外学术界取得的优秀成绩与我们的培养模式息息相关。

双学位制度是创新的——这是易纲当年首先提出来的。现在很多高校都有双学位制度，因为这是一种有利于学生全面发展的教育模式。

我们还于 1999 年创办了中国经济学教育科研网；于 2000 年在中国高校中首创了夏令营招生模式；于 2001 年创办了"中国经济学年会"。此外，包括"讲席教授"等今天中国高等教育界中常见的名称或机制，都是 CCER 最早引进或创立的。

事实上，我在深圳创办的北京大学汇丰商学院也是 CCER 基因和文化的延伸。

当年朗润园的建设，我全程参与了：从设计到招标，从监工到装修，从购买家具到室内布置。承泽园的建设，我没有参与。但是，今天看到国发院的发展，看到承泽园的建成启用，我仍然感到非常高兴。在此，衷心祝福国家发展研究院和南南合作与发展学院未来取得更大的发展！

关于金融人才培养的几点看法[①]

（2021年10月15日）

尊敬的各位来宾、各位同学：

大家上午好！很高兴今天我们能够在美丽的南国燕园相聚，共同迎来2021年深圳市金融领军人才研修班的开学典礼。在此，我谨代表北京大学汇丰商学院，向各位来宾、各位同学表示热烈的欢迎和诚挚的敬意！

今年是深圳特区成立41周年。40多年来，这座充满朝气的城市，经济社会蓬勃发展，经济总量连上新台阶。在经济特区设立之前，深圳金融业基础薄弱，乏善可陈，然而历经几十年的发展，深圳金融业从小到大、从弱到强，取得了举世瞩目的成就，金融业也发展为深圳四大支柱产业之一。作为见证并且献身深圳发展的一分子，我们与有荣焉！

随着金融业的快速发展，经济科技领域的不断迭代创新以及粤港澳大湾区战略的推进，打造一支强大、有活力、高素质、能创新的金融

[①] 本文为在2021年深圳市金融领军人才研修班开学典礼上的致辞。

人才队伍，是当前极为重要的环节，也是深圳市政府始终高度重视的工作。因此，本次金融领军人才研修班的启动，具有重大而又深远的意义。在此，作为研修班承办方之一，我想谈谈关于金融人才培养的几点看法。

一、重基础

北大汇丰商学院自 2004 年创办以来就十分重视金融人才的培养，每年从全国一流高校中招收近 300 名硕士研究生，其中大部分是金融专业的。在金融人才培养方面，一是要强调文理结合。优秀的金融人才需要具备复合知识，仅仅懂金融是远远不够的。例如，在金融科技方面，我们要求学生有很强的计算机和数学基础，懂科技的人学金融可能比懂金融的人学科技更容易一些。二是要强调实践与理论相结合，尤其是理论。金融是一门技术性非常强的学科且在不断地发生变化，不是仅仅通过经验就能成熟掌握的。中国目前依然缺乏具有深厚理论功底的金融工作者。无论是学生的长期发展，还是金融人才的培养，都绝对不能急功近利，要重视理论基础。所以北大汇丰十分强调理论，特别是前沿的金融理论，同时学生还要懂得经济学等基础理论。急功近利或就事论事地进行金融人才培养是走不远的。

二、勤交流

2007 年，北大汇丰 EDP（Executive Development Programs，高层管理培训项目）中心成立，同年北大汇丰率先在国内推出私募股权投资与企业上市研修班，至今已为社会培养了两万多名金融人才，为深圳金融业的发展起到了不可磨灭的作用。EDP中心每年通过课程学习、班级建设、活动组织等，为来北大汇丰学习的企业家们打造一个既能拓宽视野又能深度沟通交流的平台。除此之外，通过校企合作来加强人才培养也很重要。例如，北大汇丰与平安科技进行了深度合作，通过理论和实践，开展金融、数字、计算机科技等方面的融合的一些探索。同时，北大汇丰还成立了萨金特数量经济与金融研究所，由2011年诺贝尔经济学奖获得者托马斯·萨金特（Thomas Sargent）教授主持，探索金融前沿理论，培养高级金融理论人才。这种交流平台的打造是高端金融人才培养的重要途径。

三、求创新

未来，技术创新或模式创新会成为经济发展的新动力。金融也需要大胆的创新。例如，现在很多金融企业和科技企业都在创新，如何将科技企业的技术创新更多地应用到金融领域；如何让金融领域根据自身的特点，充分发挥想象力与科技融合，是我们需要认真思考的问题。作为金融界人士，我们要大胆地想象，大胆地提出需求，从而促进金融科技的创新发展。

总之，深圳以及粤港澳大湾区未来在金融领域的发展潜力依然巨大，这是一个历史性的发展机遇。我希望在座各位能够努力学习，加强交流与合作，共同推动深圳金融人才的培养和金融行业的创新发展。

谢谢大家！

一、谈高等教育

高校异地办学的思考[①]

（2021年12月）

高校异地办学能否办好？理论上讲，应该可以。实践中，也有成功的案例。异地办学能否成功，关键取决于以下几个问题能否得到很好的解决：异地创办新校区的目的是什么？机制的设计能否保证异地校区得到好的发展？是否有足够的资源配备支持可持续发展？异地校区的领导是否有创新创业的精神和才能，并为之全力付出？

首先，异地办学的目的是什么？ 如果仅仅是为了帮助本部校区获得更多资源，促进本部院系的发展，那么异地办学就很难真正办好。北大深圳研究生院（简称"深研院"）是2001年由北京大学与深圳市人民政府共同创办的，最初的目的并不明确，既有帮助深圳发展高等教育的目的，也有帮助本部院系获得科研经费、实验室空间、学费收入的目的。后来经过几年的实践，学校将北大深研院定位为北京大学"扎根深圳的国际化校区""创建世界一流大学的重要组成部分""教育教学改革的重

[①] 本文是给燕山所著的《依赖与自主：异地办学校区模式演变研究》（即将出版）撰写的序言。

要试验田",由此,北大深研院一度得到了快速发展。许智宏教授任校长期间曾说:"北大深研院如果办得比本部好,也是北京大学的骄傲"。可见,只有坚持把异地办学作为大学整体发展的重要组成部分,甚至作为创新增量来推动整体改革,异地办学才有成功的可能。

其次,机制的设置至关重要。异地校区究竟算哪一级机构?异地校区的院系与本部院系又是什么关系?如果异地校区的院系都由本部院系来办,成为本部院系的延伸,学科发展、招生名额、学位审核等都必须通过本部院系和各个部门决定,那么异地院系就永远不可能超过本部院系,甚至在本部眼里永远只是一个三级单位。当年学校主要领导派我负责深研院工作时说:"深研院要想办好,只能用加州大学模式"。我认同这个观点,这个模式的特点是各校区保持相对独立,不仅异地校区的院系要独立于本部院系,异地校区的决策权也要相对独立,发展初期的政策也要相对宽松。虽然中国高校的体制与加州大学的不同,但在异地办学中,本部若能给予异地校区更多的独立自主,那么异地校区将获得更多的发展机会。

再次,异地办学的资源非常重要。高等教育尤其是理工科教育的发展,除了土地投入,还需要大量且持续的资金投入。一些地方政府急于引进"大院""名校",划拨土地,修建校区,设立大学城,但又缺乏可持续的资金。中国公立高校的学费标准和招生名额受到严格限制,学校基本上没有完全靠自筹资金自主运营的能力。异地校区的开办,地方政府认为本部应当承担部分办学费用,本部则觉得是在为地方服务,经费理应全部由地方承担,甚至觉得异地校区还应为本部提供支持。在这种情况下,异地办学的结果往往不尽如人意。

**最后,也是最重要的一点,负责异地办学的主要领导应具有创新

创业的精神和才能。异地办学无疑是一种创业，而不是一般的行政工作。负责人不仅需要有较高的学术地位、领先的教育理念和卓越的领导能力，还必须具备与本部各级领导和地方政府部门的沟通谈判能力，更要有不怕困难、不怕挫折、坚持创新、锲而不舍的精神。最重要的，负责人必须将异地办学作为一项事业，而不只是一份工作，或未来晋升的一个台阶。从学校层面上说，要保持负责人工作的稳定性和连续性，尤其在初创阶段，任何新生机构的稳定与发展，都需要一定时间的坚持和积累。

当然，即使解决好了以上四个方面的问题，也并不能保证异地办学一定成功，很多时候异地办学也受制于整个社会环境和发展机遇。北京大学深圳研究生院在20年的发展过程中，不断适应内外环境的变化，不断探索创办异地校区的成功道路。有成果，也有艰辛；有成功的经验，也有失败的教训。作为主管深研院的副校长，我实际主持了8年的工作。为发挥在深圳的新校区的比较优势，我提出了深研院"前沿领域、交叉学科、应用学术、国际标准"的办学方针。我们成功地创办了汇丰商学院、国际法学院等高度国际化的专业学院和生物技术、新材料、环境能源、信息工程、城市规划与设计等深度交叉的前沿和应用型科技学院。我们培养了近万名优秀的北大研究生，为中国高校异地办学做出了有益的尝试与探索。但是，与最初的目标相比，仍有很多不足和遗憾。

高校异地办学，既是一个实践问题，也有很多理论需要探讨。作为高等教育领域异地办学的实践者，我非常乐意看到这样一本关于研究中国高校异地办学的著作出版。作者燕山自2011年开始在北大深研院工作，通过10年工作的积累与观察，切实关注到了异地办学的现实问题。她在攻读教育学博士期间，做了大量访谈工作，从深圳市、北京大学和北大深研院三方收集了许多第一手材料，并从资源依赖理论的视角探究组织的变迁与发展，探索高校异地办学的模式与问题，做出了对这一领域研究的有益尝试。

异地办学是多方长期博弈和合作的过程，在这个过程中，高校本部、当地政府、异地校区等参与方的目标和利益，既有共同点，也有不同处。正如本书研究的那样，异地校区始终在依赖与自主中博弈和平衡：依赖校本部学术资源的支持和地方政府经费等方面的投入，同时也需要自主发展差异化和具有比较优势的学科。如何依赖与自主？如何行动与决策？如何发展与突破？燕山的《依赖与自主：异地办学校区模式演变研究》一书从实际案例着手，对这些问题进行了详细叙述和分析。

今天，中国高等教育异地办学面临的问题复杂多样，效果褒贬不一，但名校异地办学确实是解决中国一流高校不足和高等教育发展不平衡的措施之一。我希望本书的出版能够引起教育界对中国高校异地办学的关注，在异地办学的立法和政策制定，以及在解决异地校区发展问题上逐渐形成共识，从而促进高校异地校区的健康发展，推动国家科教兴国战略目标的实现。

中国经济发展需要培育更多的企业家[①]

(2021年12月24日)

各位朋友:

大家好!首先祝贺"2021央广网MBA教育峰会暨中国MBA教育三十周年纪念大会"顺利召开,也感谢央广网和中国MBA教育网的邀请。

我今天发言的题目是《中国经济发展需要培育更多的企业家》。我想谈三个方面:第一,什么是企业家;第二,企业家为什么重要;第三,如何培育企业家。

一、什么是企业家

简单来说,企业家是具有创新精神和创业能力的人。什么叫"创新精神"?具体来讲,我认为应该包括四个方面的精神。

[①] 本文为在"2021央广网MBA教育峰会暨中国MBA教育三十周年纪念大会"上的主旨演讲。

第一，要有冒险精神。作为一个企业家，需要创造前所未有的事业，可能成功，也可能失败，所以不怕失败的冒险精神对企业家来说是非常重要的。

第二，要有敬业精神。要脚踏实地，埋头苦干，企业家创业时非常辛苦，要有吃苦耐劳的敬业精神。

第三，要有合作精神。要有非常广阔的心胸，懂得如何跟别人合作，懂得如何更好地利用社会各界资源获得成功。

第四，要有执着精神。很多事情开始做时比较容易，但要真的做成，必须锲而不舍、不怕困难地坚持下去，这种执着精神也是企业家创新精神的具体体现。

总而言之，创新精神是企业家最重要的一种精神。

企业家的才能是什么？主要是创业的才能，也应包括以下四个方面。

第一是寻找机会的才能。要创造一个企业，必须懂得商机从何而来，选择商机必须知己知彼，懂得发挥自己的比较优势。企业家可以问问自己："我的核心竞争力是什么？""为什么我在这个领域里面能够做得比别人更加成功？"

第二是组织资源的才能。组织资源的才能指对内要能组织动员，对外要善于沟通协调。很多企业家都能动员企业最初的员工跟他一起奋斗。在企业非常小的时候，企业家不仅要让自己，而且要让跟他一起奋斗的人，都能够看到远大的前景，达成一起创业的共识。这就需要企业家有对内的动员能力。此外，企业家对外的沟通协调能力也非常重要。创业的过程中，如何能够获得社会各界的支持和认可？如何能够让产品真正得到市场的认可？诸如此类的问题都需要企业家有沟通和协调的能力。

第三是经营管理的才能。 经营管理的才能包括运营、管理、财务等方面的才能。财务能力是非常重要的，企业家需要知道如何让投入－产出达到更高的效率。

第四是调整应变的才能。 社会是不断变化的。不论是政治、经济、文化，还是人们的生活水平和对市场的需求，都在不断变化，没有一劳永逸的创业。所以，企业家在创业中，要审时度势，根据社会的变化去适应和调整。例如，在社会发展的初级阶段，很多要求会比较低，但随着社会的不断发展，对环境、对社会责任的要求就会越来越高，在这种情况下，能够适应时代的需求，适应时代的变化，就是一种非常重要的能力。

综上所述，具有创新精神和创业能力的人，我们称他们为企业家。

二、企业家为什么重要

企业家为什么重要？这个问题又要从两个方面来讲。

首先，企业家是一个重要的生产资源。 在20世纪80年代以前，我们的经济学教科书中谈到生产资源时，主要谈三个方面：一是土地。土地包括河流、海洋等自然资源，而不仅是传统意义上的农业资源。二是劳动。劳动包括最初的体力劳动和后来越来越重要的脑力劳动，也包括科学技术人员，甚至包括管理者。我们称这些资源为人力资源，或者从经济学的角度就叫劳动。三是资本。资本既包括物质资本，也包括金融资本。这些便是我们传统上所说的生产资源——土地、劳动、资本。

但是后来的教科书，特别是20世纪90年代以后出版的教科书里，生产资源里多了一个非常重要的资源，这个资源被单独列了出来，叫

"entrepreneurship"，有人直接翻译成"企业家"，但是我觉得翻译成"企业家的精神与才能"更合适。为什么要把企业家的精神与才能单独列出来，而不是放在劳动生产资源里面？因为企业家的精神与才能与劳动资源有所不同，企业家的精神与才能其实是组织其他资源的特殊资源。换言之，我们可能有很好的自然资源，可能有很好的劳动力、技术，我们也可能有很好的资本，但是如果没有企业家的精神与才能，就不可能把它们很好地组织利用起来。

回顾历史可以看到，中俄两国的发展，形成了非常明显、非常重要的对比。中国从改革开放以后，经济一直在不断增长，取得了很大的成就。而在苏联解体以后，按照市场经济的理论来看，俄罗斯进行了市场化的改革：土地都分掉了，工厂也都私有化了。从某种意义上来讲，应该有足够的激励机制，来发挥人们创新创业的能力。同时，俄罗斯的自然资源非常丰富，拥有丰富的土地资源、森林资源等。俄罗斯的人力资源水平也非常高，接受过高等教育的人数比例很高，国民的身体素质也非常不错。再看科技方面和资本方面，俄罗斯作为苏联的主要组成部分，工业化的程度也非常高。因此从这些方面来讲，俄罗斯的土地、劳动、资本资源都非常充裕。可是为什么20世纪90年代以后，在很长一段时间里，俄罗斯的经济一直上不去？最重要的一个原因就是缺乏企业家资源。从某种意义上说，俄罗斯长期实行的计划经济体制消除了原有的企业家资源。与此同时，新的企业家很难在计划经济的环境下产生。所以在这样的情况下，俄罗斯虽然具备了非常充裕的劳动、土地和资本资源，却没有很好的企业家把这些资源组织起来，进行创新创业。

从资源上看，中国虽然在土地、资本、劳动资源方面并不一定有优势,但是中国的优势却是有很多优秀的企业家,这些企业家能够把这些资源更加有效地组织起来,从而促进经济的增长。

可以说,在经济发展中,企业家作为一种特殊的生产要素,变得越来越重要。

其次,中国现在已经发展到了新的阶段,企业家更加成为经济发展的重要因素。过去的40年,从某种意义上来讲是一个"赶超"的过程。很多产业、技术在发达国家已经存在,我们只需要学习,就可以取得很好的成绩。但是现在,一方面,中国已经进入中等收入阶段,人们对社会的物质需求和精神需求都与改革开放初期很不一样,所以中国需要新的产业、技术、领域来发展,以满足人民对美好生活的需求。另一方面,中国到了现在这样的发展阶段后,在国际上能够学习的对象越来越少了,所以创新创业已经成为中国未来发展的重要动力。

在这种情况下,培育大量的企业家,鼓励大量的企业家成为推动中国经济增长的重要动力就越来越重要。中国现在需要创新,不仅是科学技术的创新,还有企业家的创新。事实上,很多的创新正是企业家引领的。例如,苹果的联合创始人史蒂夫·乔布斯、脸书(Facebook)的创始人马克·扎克伯格(Mark Zuckerberg)、微软(Microsoft)的创始人比尔·盖茨(Bill Gates)等,他们具备计算机知识,但在这个行业里并不算顶级的专家。这些只是他们创新创业的基础知识,他们真正的身份是企业家。他们能够洞察未来,知道市场需要什么,并且愿意冒险,愿意创造,把一些技术运用到实际中去。所以,千万不能认为创新只是从实验室中产生的,很多创新其实是社会需求的应用。而社会需求又是企业家们发现的,他们很敏锐地捕捉到这些需求,甚至引导这些需求,从而引导新的技术的产生。

再说创业，新技术最终要落实到产业上，要通过产业才能拉动经济的发展，同时创造更多就业机会。所以，只有企业家能够把创新和创业两者比较紧密地结合起来。从这个意义上来讲，中国经济发展到了一个新的历史阶段以后，企业家更加成为中国经济发展的重要因素。

三、如何培育企业家

企业家能够培育吗？很多人认为不能。很多人认为企业家需要天赋，尤其需要冒险精神。实际上，天赋确实很重要，但天赋如何得到开发，如何把具有冒险精神、敬业精神、合作精神、执着精神的人，培育成企业家，却是可以通过后天的努力来实现的。实际上，生活中具有这种冒险精神、敬业精神、合作精神、执着精神的人并不少，但并不是所有具有这些精神的人都能够成为企业家，这就需要有大环境和后天的培育。

一是需要有大环境。 这个大环境就是市场经济，市场经济本身能够催生企业家。市场经济创造了前所未有的生产力，靠的是利润的动力和竞争的压力。所以，企业家去冒险、去创新，最主要的原因是来自利润的动力和竞争的压力。当然，理想也是非常重要的一部分，有理想的企业家是更加伟大的企业家。

所以，在现实中，具有企业家素质的人并不少。我们的任务是找出有这些素质的人，通过开发他们的精神、培育他们的能力，使他们从具有这样素质的人真正成为企业家。感谢改革开放的大环境，感谢建设社会主义市场经济的大环境，在这样的环境下，改革开放初期，很多农民成了企业家。他们没有受过太多好的培育，但因为有大环境，他们也能够发挥自己所具备的、上文讲到的各种精神。

二是需要后天的培养。 仅有大环境是不够的。为什么很多企业家走得并不远？他们有冒险精神、敬业精神、合作精神、执着精神，但却缺乏一些才能，所以到一定程度以后，就无法走得更远。我们现在需要培养的企业家，既要有创新的精神，同时也要有创业，甚至持续创业的才能，这种才能其实是可以通过后天培育的。商学院是培育企业家的重要场所。如何开发和培育这些企业家的精神和才能？我认为主要要做到以下几方面。

首先要通过加强关于理想和责任的教育，来提升企业家的境界。 这是开发企业家精神的一个重要方式。**其次要通过更多的知识和教育来扩大他们的眼界。** 我们自己首先要做很多很好的研究。例如，对经济发展理论和政策的研究、对商业模式的研究、对管理技能的研究等，这些研究也包括实践研究，如案例教育。通过学习这些研究成果，企业家能够真正领会案例的精神，甚至创造出自己的新案例。**最后要通过实践活动，培养企业家的组织和沟通能力。** 学校除了上课，还安排了很多集体活动、社团活动，实际上也是为了培养企业家们的组织能力和沟通能力。

作为培育企业家的重要场所，商学院不仅要培养企业家，同时也要努力创造和发展良好的大环境。例如，我们要努力维持市场经济秩序、强调改革开放、支持民营企业发展，因为这些都是产生企业家的外部环境。

总而言之，在中华民族伟大复兴的进程中，商学院应当承担起责任，培养更多具有创新精神和创业能力的人才——企业家。同时，支持更多企业家在经济发展中发挥重要作用。这是我们未来继续努力的方向。

今年是 MBA 教育三十周年。从过去三十年，到未来三十年，甚至未来一百年，我们还有很多事情要做。让我们一起努力，为培育更多企业家，为更好地服务中国经济发展，做出我们的贡献。

谢谢大家！

二、论"商界军校"

纵观历史，放眼全球，我们不难发现，成功人士除了知识能力，还具有一种不屈不挠的拼搏精神，一种顾全大局的牺牲精神，一种团结协作的集体精神。可见，要使我们的学生成为商界领袖，成为社会真正需要的人才，不但要教授他们知识和能力，还要培养他们的精神和素养，而"军校"恰恰是培养这种精神和素养最好的地方。北大汇丰商学院要想办成中国商界领袖的摇篮，就要以"军校"的方式来办学。

2008：北大深圳商学院的腾飞之年[①]

（2007年12月23日）

各位来宾、各位老师、各位同学：

今天，北京大学深圳商学院的300多位师生，与深圳商界的各位嘉宾，在此欢聚一堂，共同欢度2007年的圣诞和2008年的元旦，共庆我们2007年所取得的成绩，共迎新的一年更辉煌的未来。我谨代表北京大学和北京大学深圳商学院，对各位的光临表示热烈的欢迎和衷心的感谢！

我们今天的晚会具有一定的历史意义。首先，这是我们第一次全院师生的盛大聚会，我们今天有2005级到2007级三个年级、两个专业、六个班的全日制硕士生和博士生，还有高级工商管理培训中心的四个班的学员们，欢迎你们！这是我们第一次大团圆！其次，今天的盛会，也是我们深圳商学院走向社会、走进深圳的第一次重要活动。我们特地邀请了深圳市金融机构的各位嘉宾，希望他们通过今天的晚会了解我们。

[①] 本文为在北京大学汇丰商学院2008年新年晚会上的讲话。

深圳商学院是从 2004 年开始筹备的，2005 年招收了第一批学生。可以说，从 2004 年到 2007 年是我们发展的第一个阶段，我们在这个阶段是非常低调的，主要先练内功，招聘优秀师资，积累管理经验。从 2005 年第一批学生入学到现在，通过仅仅两年半时间的努力，我们已经取得了不俗的成绩，奠定了进入新的快速发展阶段的基础。从 2008 年开始，我们即将进入一个高速发展的新阶段。我们要让深圳和全国都知道我们这个学院。所以，最后，借助今天的盛会，我们要向深圳市、向全国宣布，我们的深圳商学院要腾飞了！

深圳商学院的发展目标是什么？我们的最终目标是"国际知名，世界一流"。这个口号，很多商学院都提过，可是我们今天在这里提，绝不是盲目的，是完全有可能实现的。可以看到，我们已经有很多榜样。上海的中欧国际工商学院，于 1994 年成立，在不到 15 年的时间里，目前在世界上的排名已经到了前 50 名。香港科技大学商学院，于 1991 年成立，现在它的 EMBA 项目在全球名列前茅。北大国际 MBA（Beijing International MBA Program at Peking University，现称北京大学国家发展研究院 BiMBA），也在很短的时间里，便在国内外享有盛名。那么我们也完全可以利用 15 年的时间，将北大深圳商学院建成一个国际知名、世界一流的商学院。**2008 年到 2013 年，将是深圳商学院快速发展的阶段。我们在这个阶段的目标是，融入深圳，走向全国。从 2013 年到 2023 年，我们要走向世界，成为国际知名的一流商学院**，这是我们奋斗的目标和方向。我们相信，通过全院师生的共同努力，艰苦奋斗，这个目标，是一定能够实现的！

要实现这样的目标，我们的有利条件是什么？**第一，地处深圳**。我们知道，深圳是改革开放以来第一个崛起的也是发展最快的城市。在

二、论"商界军校"

短短 30 年的时间里,深圳从一个小渔村,发展为一个拥有超过 1000 万人口的大都市。从经济实力的角度上来讲,上海是第一,其 2006 年的 GDP 是 10297 亿元;北京排第二,是 7870 亿元;广州排第三,是 6068 亿元;深圳排第四,是 5813 亿元。深圳的排名离广州和北京并不远。此外,根据中国社科院的评价,中国城市的竞争力排名是香港第一、深圳第二,上海和北京分别排第三和第四。但是,就在深圳这样一个经济高度发达的城市,在此之前居然没有一家真正的商学院,我们是第一家!而相比之下,上海有 11 家,北京有 15 家。我们是第一个在这办学而不是办班的商学院,我们有自己的校区,有自己的家。所以,我们可以充分利用深圳的经济环境,推动商学院的发展。另外,从长远来看,中国的未来,是民营经济的未来,那么民营经济的实力在哪里?中国的民营经济里最具实力、最充满活力的,在深圳。所以,从体制来讲、从前景来讲,深圳的经济潜力巨大,充满希望,这也必然非常有利于我们深圳商学院的持续发展和壮大。

第二,毗邻香港。 香港是国际化的大都市,深圳和香港之间的经济联系日趋紧密。充分发挥毗邻香港的有利条件,我们学院的发展就能够更快、更直接地与国际接轨。在商学院成立之初,我们就和香港大学建立了密切的合作关系,经济学－金融学双硕士项目正是两校共同努力的结果。我们双方各自发挥自身的优势,合作已经初见成效。我们的合作还将不断地拓展和深入下去。

第三,北大品牌。 明年将迎来我们北京大学建校 110 周年的校庆。作为中国的第一名校,北大在世界上的排名已经非常靠前。深圳商学院作为北大的一个组成部分,将借助北大品牌的影响力,更加迅速地实现"国际知名,世界一流"的目标,并随着北大的发展而不断快速发展。

这个优势非常明显，也是一般高校一时间做不到的。大家可以看到，我们的生源非常好，今天在座的硕士生，大多来自全国各地的著名高校。随着我们知名度的提高，我们的生源会越来越好，这从 2008 年的招生情况就可以看出来，我们有近三分之一的学生来自北大、清华，包括当年的高考"状元"。我们的学生是中国最优秀的一批学生，从这个角度讲，我们将比其他国内的商学院，更有希望达到世界一流。这些也已经被我们第一批毕业生的就业情况所证明，我今天非常高兴和自豪地向大家汇报，到目前为止，我们 2005 级同学的就业情况非常乐观。有家金融机构从来没有听说过北大深圳商学院，结果在招聘时，从 700 个申请者里挑出的 15 个进入最后面试的学生中，就有 5 个是我们深圳商学院的学生！于是，他们开始对我们刮目相看，专门留下我们的同学询问学院是怎么进行教育的。可见，我们第一届的学生已经得到社会的认可，开始为我们商学院争光了。

第四，创新体制。大家知道，改革有沉重的包袱。为什么深圳能发展得这么快？其中一个非常重要的原因是没有包袱。中欧国际工商学院和香港科技大学商学院之所以发展得那么快，很大程度上就在于它们是从零开始的，能够在很短的时间里，利用新的机制，把学院打造出来。我们也恰恰具有这样的优势！我们是零，是一张白纸，可以画最新最美的图画。所以，我们可以从最开始就按照国际标准来建设我们的商学院。

第五，也是最重要的，中国经济。当中国成为世界上一个非常重要的经济体的时候，不仅是我们的企业要成为世界一流，我们的教育也要成为世界一流。在这样的大潮中，我们的商学院要激流勇进，力争走在时代的潮头！

当然，我们现在面临的挑战，也是非常严峻的，我们需要加倍地努力。目前深圳商学院需要在两个方面下功夫：第一，争取更多的政府与社会的支持；第二，努力提高自己的教学和科研水平。

中欧国际工商学院由上海市与欧盟政府支持，香港科技大学由香港特区政府支持。我们也期望深圳市政府给予深圳商学院更多的支持，使我们能够为深圳的发展做出更大的贡献。今天在座的有很多企业家，一方面你们是我们的学员，另一方面你们来自深圳的企业界，我希望你们与学院共同努力，争取得到市政府更多的关注和支持。

与此同时，我们需要得到更多的社会支持。从某种意义上说，这也是更重要的。我们小时候经常读的一个故事叫《愚公移山》。**那么《愚公移山》教给我们什么道理呢？从这个故事中我们必须明白，最终解决问题的，可能就是两个下凡的神仙，但是感动神仙的，是我们的不懈努力。**所以，我们的学生、我们的老师、我们的领导从现在开始都要更加努力，通过我们的勤奋、知识和能力来感动神仙，而这个神仙，就是我们的社会，就是我们的人民。

那么，我们应该怎么努力，怎样提高我们的办学水平呢？

第一，对学院的领导来讲，我们要定好方向。北大深圳商学院的发展方向有两个关键点：一是面向未来；二是面向国际。面向未来，就是要培养未来 5 年、10 年、20 年需要的人才。具体来说，我们的重点是金融和创业管理这两个领域，因为一个国家发展到一定阶段以后，金融业是非常重要的；而创业永远是一个社会前进的动力。面向国际，就是要坚持高标准。我们的师资队伍、培养计划以及教材等，都要国际化。现在商学院的教师队伍中已经有来自韩国的教师，今后我们还会继续聘用其他国家的教师。现在英语已经成为我们教职工开会的工作语言了，这在国内是很少见的。而且，我们对学生的英语能力也十分重视，商学院为此专门聘请了全职的美国教师来帮助学生提高英语水平。我们要建立立足于深圳的、与国际接轨的商学院。

第二，我们要继续加强商学院的师资力量。我们已经聘请了很多优秀教师，他们都毕业于国际名校。我们还会坚持这样做，不怕付出代价，我们要让更多一流的教师聚集到深圳商学院。我们的教师在教学工作上要不断努力，同时在学术研究上也不能有半点松懈。只有教学和科研水平都上去了，我们才能够得到国内和国际的认可。

第三，我们对商学院的学生也有很多要求，主要在三个方面。一是知识结构。同学们的知识结构必须是全面的，并且是反映现代化的。我们致力于培养这样的学生——既有深厚的经济学功底和管理学知识，又熟悉金融业务，了解中国国情。**二是奋斗精神。**事业能否成功，奋斗是非常重要的。商学院的课程非常紧张，作业具有很高的挑战性，所以我们这里也有"九三学社"——早上九点起床，半夜三点睡觉。这体现的正是我们商学院的奋斗精神。同时，我们也希望在座的硕士生们，能够很好地向我们在座的这些有成功经验的高管班的企业家们学习。他们的成功，都是经过艰苦奋斗才获得的。**三是为人态度。**要谦虚、务实。同学们能考进北大，说明智商不是问题，因此关键是做人——踏实、忠诚、守信，这是我们现在非常需要的品质。现在我们的高等教育比较浮躁，很多人希望追踪社会上的一些热点，不能安下心来潜心读书。所以，我们要好好利用深圳西丽大学城的远离城市喧嚣的环境，好好地磨炼，努力地提升我们自己的竞争力。

当然，我们对我们的企业家学员也有要求。正如开学典礼上我提到的，我们希望企业家们到北大深圳商学院来，不是为了"镀金"，而是为了通过在这里的学习，相互交流，提高自己，从而创造更加美好的企业和个人的未来。

所以，我们所有的学院领导、我们的老师、我们的学生，都要认清我们的方向，大家齐心协力，共同奋斗。5年以后、10年以后、15年以后，再来看我们是怎样从创建，到起飞，到翱翔的！

各位朋友、各位老师、各位同学，中国正处在一个前所未有的历史时期，作为这一伟大时代中的人们，我们既有充满希望的各种机会，也面临遍布荆棘的无数挑战。"雄关漫道真如铁，而今迈步从头越。"今天，我们欢聚一堂，辞旧迎新，为我们在2007年所取得的成绩而骄傲，更为我们将来的目标而鼓舞。2008年，将是北京大学深圳商学院腾飞的一年，让我们共同为我们的前途，为祖国的命运，为人民的幸福而努力奋斗吧！

努力打造世界一流商学院品牌，为中国和世界进步做出贡献[①]

（2008年8月30日）

尊敬的各位领导、各位来宾、女士们、先生们：

在刚刚过去的16天，我们一起体验了2008年北京奥运会的激情与喜悦；今天，我们相聚在这里，共同见证汇丰银行对北京大学及北京大学深圳商学院的助学捐资。汇丰集团作为全球顶级的金融机构，一直享有崇高的声誉，关心教育，热心公益，回馈社会，其极强的社会责任感一直为业界所称道。在此，我谨代表北京大学深圳商学院和即将成立的北京大学汇丰金融研究院，对汇丰银行慷慨捐资，兴学助教，努力推动中国经济学和金融学高等教育的发展，表示由衷的感谢和崇高的敬意。

随着中国经济的高速发展，社会对既懂经济学理论又懂金融实务的复合型、应用型人才的需求大增。为此，2004年，北京大学深圳商学院应运而生，利用深圳独特的创新环境和毗邻香港国际大都市的有利条件，充分发挥北京大学的科研优势，致力于培养高级经济研究与管理

[①] 本文为在汇丰银行慈善基金会向北京大学捐赠协议签字仪式上的讲话。

人才。经过短短的3年，北京大学深圳商学院已有近400名研究生攻读北京大学经济学、管理学及与香港大学合作的双硕士学位。第一批学生已于2008年6月毕业，绝大部分进入国内外知名金融机构，为中国金融业的发展输送了适应经济全球化需要的高端人才；部分学生申请出国深造，并获得了美国知名学府的奖学金以继续攻读博士学位。商学院先进的办学理念、优秀的学生素质、高效的管理模式，吸引了一大批拥有哈佛大学、麻省理工学院等北美名校博士学位的教授成为商学院的全职教师；同时，还有20多位香港大学及北京大学的教授定期到深圳授课，他们共同组成了北大深圳商学院优秀的师资团队。这次获得汇丰集团的支持，必将使商学院如虎添翼，驰骋万里。集合了北京大学和汇丰银行丰富资源的北京大学汇丰商学院将充分发挥两者的传统优势，立足深圳，放眼世界，进一步加强中国内地与中国香港、中国与世界的联系，将商学院打造成中国经济金融理论创新和人才培养的重要基地。

即将成立的北京大学汇丰金融研究院将整合北大的金融研究力量，致力于中国的金融理论创新和金融改革研究，并为金融政策的制定提出意见和建议。

中国的经济已经在世界上举足轻重，中国的科研和高等教育也必须尽快达到世界先进水准。北京大学创建世界一流大学，除了自身的努力，政府和社会的支持也很重要。这次能得到全球最大银行汇丰银行的捐赠，我们感到非常欣慰和感激。我们有决心、有责任不辜负人民与社会对我们的期望，加快发展科研教育，努力打造世界一流的商学院品牌，为中国和世界的进步做出贡献。

谢谢大家！

谱写百年北大新篇章[①]

（2008 年 10 月 22 日）

尊敬的各位领导、各位同学、各位老师、各位来宾：

刚才，我们在一起共同见证了北京大学创建世界一流大学过程中具有里程碑意义的时刻，坐落在改革开放前沿城市的北京大学汇丰商学院正式挂牌了！在此，我要代表商学院的全体师生，再一次由衷地感谢汇丰银行和郑海泉主席对我们的慷慨资助！感谢许校长和学校领导对我们的悉心关怀！感谢深圳市各级政府对我们的大力支持！

今天，这么多朋友从百忙中拨冗前来参加我们的揭牌仪式，我相信你们是带着你们的鼓励和希望而来的。我们全体师生将不辜负大家的这份厚望，将我们的学院建设成立足深圳、辐射华南、放眼全国、走向世界的一流商学院！

我们为什么会有这样的信心？首先，因为我们有百年北大的品牌，我们有来自北京大学和香港大学两所百年名校雄厚的师资力量，我们有

[①] 本文为在北京大学汇丰商学院揭牌仪式上的讲话。

从全国名校中选拔出来的最优秀的学生,我们有与时俱进的创新管理体制,这些都是我们的财富!短短4年来,我们从无到有,发展迅速,依靠的就是这些财富。我们地处深港,拥有得天独厚的发展条件。深圳经济潜力巨大,充满希望,这非常有利于我们汇丰商学院的持续发展和壮大。香港国际化程度很高,全球领先,这必然能够促进我们学院的飞速发展,加快学院的国际化进程。

当然,仅有信心还不够,我们还必须脚踏实地地开拓进取:**第一,明确发展目标。**北大汇丰商学院的目标是建设面向未来、面向国际的一流商学院。面向未来,就是要培养未来5年、10年、20年国家需要的人才。面向国际,就是要在师资队伍、培养计划、语言氛围以及教材选择等方面,都继续坚持和加深国际化。**第二,加强师资力量。**我们已经聘请了很多优秀教师,他们均毕业于国际名校。我们有信心聚集更多一流的师资,在教学和科研两方面都做出卓越成绩。**第三,严格要求学生。**我们要坚持对学生的高标准要求,力争培养一批具有全面现代的知识结构、不畏艰难困苦的奋斗精神以及踏实负责的为人态度的优秀学生。

朋友们,今天,我们揭开了北大汇丰商学院新的历史一页。在社会各界的关怀和支持下,我们全院师生一定会一如既往地秉承北大精神,开拓创新,锐意进取,努力奋斗,顽强拼搏,打造出一个中国领先、世界一流的商学院,培养出一批又一批具有国际水平的经济、金融与管理人才,谱写出百年北大的新篇章!

谢谢大家!

2009：踏上打造中国"商界军校"的历史征程①

（2008年12月20日）

尊敬的各位来宾、各位校友、各位老师、各位同学：

大家晚上好！首先请允许我代表北京大学和北京大学汇丰商学院对各位出席今天的晚会表示热烈的欢迎和衷心的感谢！

时光荏苒，岁月如梭。去年此时，我们商学院300多名师生在麒麟山庄欢度圣诞和新年的场景还历历在目，转眼间一年过去了。去年晚会上，我们庄严地宣布：2008年是北京大学深圳商学院的腾飞之年！一年来，在北京大学和深圳市领导的支持下，在商学院全体师生的共同努力下，我们取得了成功，达到了目标，实现了名副其实的腾飞！

2008年，我们的第一届毕业生就业求学表现出色，以平均年薪18.5万元的水平在全日制硕士毕业生起薪中名列前茅，4名申请出国深造的学生全部如愿以偿，获得了国际一流大学的录取通知书和奖学金。

---

① 本文为在北京大学汇丰商学院2009年新年晚会上的讲话。

二、论"商界军校"

2008年，来自哈佛大学、康奈尔大学、得克萨斯农工大学（Texas A&M University）等著名学府的5名博士加入了我们的教师队伍。就在昨天，著名的经济学家樊纲教授也正式加盟北京大学汇丰商学院，成为我们的全职教授。他将从明年开始为我们的学生开设"中国经济专题""发展经济学""转轨经济学"等重要课程。

2008年，我们又迎来了128名新的全日制硕士研究生，这个数字是我们今年毕业学生人数的两倍多。今天晚会开始时为我们唱《燕园情》的就是我们2008级的同学。我们也顺利完成了2009级的推免生招收工作，原定招收95名学生，由于优秀学生比例很高，我们扩招到120多名，其中一半以上来自北大和清华。

2008年，我们的EDP工作发展迅速，无论是在数量上还是在质量上，都大大提高。今年，一共有600多名企业家、经济与金融管理人员参加了创业、金融、管理、商业模式等课程的培训。短短一年时间，我们已成为深圳市最大、最重要的企业培训基地。

更令人振奋的是，2008年，我们成功地获得了社会的肯定与支持。全球最大金融机构汇丰银行的总裁葛霖（Steve Green）先生考察了我们的商学院，汇丰银行决定捐赠1.5亿元人民币支持商学院发展，商学院由此冠名为北京大学汇丰商学院。昨天，隶属于商学院的北京大学汇丰金融研究院在北京成立，北京大学党委副书记吴志攀、汇丰（中国）总裁翁富泽（Richard Yorke）、博鳌亚洲论坛秘书长龙永图、国民经济研究所所长（现在是我们商学院的教授）樊纲等共同为汇丰金融研究院揭牌，成思危副委员长、易纲副行长以及一大批著名经济学家参加了成立大会和会后召开的国际金融论坛，1000多名在北京的北大EDP校友见证了这个过程。

2008年即将过去，无论对世界还是对中国，2008年都是不可忘却的一年。同样，**这一年也是汇丰商学院取得巨大成功的一年。**在此，我要再次感谢北京大学的校领导，特别是我们敬爱的许智宏校长，感谢深圳市领导和尊敬的李灏老书记，感谢我们的全体老师、全体学生和全体EDP学员！

同学们、老师们、朋友们！总结过去，展望未来，我们为商学院2008年的成绩倍感自豪，也对未来的发展充满希望。在即将到来的2009年，我们要在2008年的基础上取得更好的成绩。

2009年，我们将招收更多的优秀教师。目前我们已经收到近140名国外名校博士毕业生的工作申请，我们初选了60多名进行面试，计划招聘10名左右优秀的中青年博士毕业生加入我们的教师团队。

2009年，我们将继续在深圳，以及华南地区乃至全国的经营管理人才培养方面做出更大贡献。我们要把EDP做得更好、更大，并争取EMBA和MBA项目的启动。

2009年，我们将加快国际化步伐，开始招收留学生，聘请更多外籍教师，加强与国外著名高校的交流与合作，做好AACSB和EQUIS（European Quality Improvement System，欧洲质量发展认证体系）的认证准备工作。

2009年，我们将启动汇丰商学院新楼的建设。汇丰商学院新楼不仅在功能上要满足一流商学院教学科研的需要，在设计和布局上也要具有特色，成为深圳市的标志性建筑。商学院新楼要在两年内建成，为2011年在深圳召开的"第26届世界大学生运动会"添砖加瓦，增色生辉。

更重要的是，2009年，我们将踏上把北大汇丰商学院打造成中国"商界军校"的历史征程！我们为什么要提出打造中国"商界军校"这

二、论"商界军校"

个口号呢?我们又将怎样实现这一目标呢?

这两年,我一直在想,我们究竟要办成一个什么样的商学院;我们这个商学院的特色应该是什么。毫无疑问,作为北京大学的一个学院,我们首先要秉承"爱国、进步、民主、科学"的传统,要教育学生关心国家、关心人民,要鼓励学生追求真理、追求卓越。我们提倡"勤奋、严谨、求实、创新"的学风,教育学生努力学习,刻苦钻研,把学生培养成有眼界、有知识、有能力的国际化人才。这些都很重要,都不可缺少。

但除此之外,我们还需要什么呢?换句话说,我们商学院的教育中还缺少什么呢?我们的学生还需要什么样的素质才能适应社会发展的需要,才能真正成为中国乃至世界的领袖呢?

纵观历史,放眼全球,我们不难发现,**成功人士除了知识能力,还具有一种不屈不挠的拼搏精神,一种顾全大局的牺牲精神,一种团结协作的集体精神。**可见,要使我们的学生成为商界领袖,成为社会真正需要的人才,不但要教授他们知识和能力,还要培养他们的精神和素养,而"军校"恰恰是培养这种精神和素养最好的地方。世界上许多成功的企业家正是军人出身。美国的西点军校不仅培养军事人才,更培养了数千名在国际舞台上叱咤风云的企业家、经理人。从这个意义上说,西点军校堪称美国最优秀的"商学院"之一。北大汇丰商学院要想办成中国商界领袖的摇篮,就要以"军校"的方式来办学。

我们需要培养学生什么样的精神和素质呢?

第一,要有拼搏精神。军校培养军人,军人就要在战争中赢得胜利。要想获得胜利,就必须有不屈不挠、前赴后继的拼搏精神。战争的输赢往往取决于谁更能拼、更能打、更能吃苦、更能坚持。胜利往往在于再坚持一下的努力之中，战争的输赢是这样，学业和事业的成败也是如此。我们的学生必须有这样的拼搏精神，敢于吃苦，勇于坚持，才能在学术上或事业上取得成功。

第二，要有牺牲精神。 军人可以为了国家而牺牲自己。战斗中只有不怕牺牲，才能取得胜利。西点军校的校训是"责任、荣誉、国家"。同样，学习中和工作中，为了责任，为了荣誉，为了国家，有时我们必须敢于牺牲个人利益，勇于放弃私欲。尤其作为北大学生，我们肩负为国为民的历史使命，更要有勇于牺牲的精神。具有牺牲精神，也意味着工作中要具有敬业的精神和负责的态度。一个自私自利、斤斤计较、唯利是图、行为放纵的人不是我们要培养的人，不是社会需要的人，也不会是一个成功的人。

第三，要有集体精神。 任何战争的最后胜利，都不是靠个人的匹夫之勇，而是靠正确的战略布局和全军的协作配合取得的。在战斗当中，每个人都要齐心协力，众志成城。每一个西点军校的学生都是千挑万选出来的，但到了军校后，任何人都只是平凡的一员。无论是军队还是军校，都始终强调集体的荣誉，并通过严明的纪律来保证集体的战斗力。只有平时珍惜集体，善于与别人合作，战斗时才能密切配合，保证战斗的胜利。打仗是这样，工作与科研也是如此。

第四，要有领导能力。 拼搏精神、牺牲精神、集体精神足以让你成为一个优秀的人才。但我们培养的不是普通的人才，北大需要培养能够引领社会进步和发展的精英。军校是培养军官的地方，即培养能够领导士兵的领袖人才的地方。要想懂得领导，首先要学会服从。这实际上强调了一个领导者的自身品质和自制能力。自知而自制，先控制好自己，才有能力控制别人。同时，我们也必须始终保持火一样的激情，不断提升自己，立即行动，永不放弃。只有注重这些品质的培养，我们才能真正为中国和世界培养领袖人才。

今天，我们特意邀请了李宁先生参加我们的辞旧迎新晚会。他是大家都很熟悉的商业领袖，是很多人的偶像，也是我们北大的校友。李宁获得过很多次世界冠军，也打造了中国第一运动品牌。在今年的北京奥运会上，李宁代表中国体育健儿点燃了奥运会的火炬。今天我们请李宁来，就是希望我们的学生能以他为榜样，培养顽强拼搏、追求第一的精神，而具备这种精神的人，在各行各业都能取得成就，做到第一，做到最好。

同学们、老师们、朋友们！2009年，我们将纪念伟大的五四运动90周年，庆祝中华人民共和国成立60周年；2009年，也将是我们商学院诞生的第5年。在新的一年即将到来的时候，在庆贺我们实现腾飞的时候，我们提出了一个新的更高的目标：**打造中国"商界军校"**！这个目标需要我们全体师生的共同努力，也需要我们更长时期的艰苦奋斗。今天，我们就要启程了！

在此辞旧迎新之际，祝愿我们的学生在"商界军校"的广阔天空越飞越高，每一个学生都成为"为天地立心，为生民立命，为往圣继绝学，为万世开太平"的栋梁之材！

谢谢大家！

2010：使命·责任[①]

（2009年12月19日）

尊敬的各位来宾、各位校友、各位老师、各位同学：

大家晚上好！

今天，我们北京大学汇丰商学院近千名老师、硕士博士研究生、EDP学员和校友欢聚一堂，与深圳商界朋友嘉宾一起，欢度圣诞和新年，共庆非凡成就，回顾5年历程，畅想未来辉煌。在此，我代表北京大学深圳研究生院和北京大学汇丰商学院对各位出席今天的晚会表示热烈的欢迎和衷心的感谢！

岁将更始，万象更新。此时此刻，我站在台上，望着我们盛装出席的莘莘学子和我的优秀同仁们，禁不住心潮澎湃，激情满怀！从2004年拓荒式的创建，到建立全日制硕士博士研究生，以及EMBA和EDP三大教育框架；从只能从北大别的院系调剂几十名学生，到数百名国内一流大学的优秀毕业生踊跃报考，上千名各界精英来此学习交流；从

[①] 本文为在北京大学汇丰商学院2010年新年晚会上的讲话。

二、论"商界军校"

100万元的启动基金,到即将动工的中国最大的单体商学院大楼,北京大学汇丰商学院在风风雨雨中已经度过了5年春秋,其中有开拓的艰辛,有历经腾飞的喜悦,而2009年"商界军校"这一品牌的建立,将汇丰商学院推上了全新的高度。

2009年,在全球金融危机的阴霾中,我们的硕士毕业生披荆斩棘,气势如虹,以独特的知识和素质,再创100%就业率的佳绩。大多数同学获得了国内外知名金融机构(包括中国银行、汇丰银行、花旗银行、渣打银行、中信证券等)的工作。

2009年,我们在国际化的道路上又迈开了新的步伐。2009年6月,2007级和2008级共300多名同学在他们的另一个母校香港大学完成了10天紧张而丰富的香港之行,体验了香港这个国际化大都市的气息。暑假的国际交流继续进行,除了在加州大学(伯克利)修课,一部分同学还参观访问了美国的西点军校。经过努力,我们实现了零的突破,迎来了第一批来自美国和摩纳哥的留学生。我们也成功地成为AACSB的正式会员,开始了国际一流商学院的认证程序。而在新学期,我们已经开始全面实行英语教学。

2009年,我们继续完善和丰富师资结构,实现了2008年定下的招收10位教授的目标,同时在我们计划招聘的6位学者中,已有3位确认接受我们的邀请。他们均毕业于国际知名院校,拥有扎实的理论基础和前沿的知识结构,相信他们的加入一定会为我们的发展提供重要的助力。

2009年,我们迎来了149位全日制硕士研究生。其中,有132位是保送的优秀学生,绝大多数来自北大、清华等国内一流大学。这一年,我们建立了学生的奖励机制,鼓励学生多元化发展,提高自己的综合素质，为学院增光添彩。同时，我们制定并严格执行了学生违纪处罚规定，培养学生遵守纪律、规范行为的习惯。

2009年，我们的EDP工作发展迅速，无论是在数量上还是在质量上，都得到了大大提高。参加我们培训项目的在校企业家及企业高层管理者超过了1200人，"私募股权投融资""CEO国际课程""企业家CEO系列课程""AMP高级管理课程"等课程成为经典，"EMP环球创业领袖"课程更是开辟了国际教学领域的先河。

2009年，我们的EMBA工作正式启动。其以国际化的视角、较强的实践性等特点吸引了很多优秀的企业管理人才的关注。作为"商界军校"的一个重要组成部分，我们在EMBA和EDP项目中，除了强调使命和责任，也十分注重学员战略思维和领导能力的培养和提高。

2009年，经过不断努力，我们成功地获得了深圳市政府的支持，得到了大学城中最好的一块土地来建造商学院大楼。新楼设计方案也已经确定，并决定于2010年1月6日正式奠基动工！商学院新楼计划在两年内建成，届时，我们将在硬件设施上成为中国最具现代化的商学院之一，这也将为我们成为世界一流商学院奠定物质基础。

在去年的新年晚会上，我们提出要打造中国"商界军校"的目标。这一年中，我们引进西点军校的理念，强调责任、荣誉和纪律的价值，注重培养学生不屈不挠的拼搏精神、顾全大局的牺牲精神、团结协作的集体精神以及出类拔萃的领导能力。今年9月，2008级全体学生参加了军训。短暂的军训虽不足以让我们练就军人的体魄，却足以让北大汇丰人领略到军人的特质：锁定目标，择机而发；勇于挑战，吃苦耐劳；纪律严明，令行禁止。军训过后，在总结大会上，我欣慰地看到了学生们焕然一新的精神面貌。更重要的是，通过军训同学们增强了使命感和责任感。在此,我要再次感谢中国人民解放军广州军区第42集团军的积极支持和指战员的严格指导。

这一年来,在北京大学和深圳市领导的支持下,在商学院全体师生的共同努力下,我们取得了极大的成绩,迈出了建设"商界军校"的第一步。在此,我要再次感谢北京大学领导,感谢深圳市领导,感谢我们的全体老师、全体学生和全体EDP学员!

同学们、老师们、朋友们!总结过去,展望未来,我们为商学院2009年的成绩倍感自豪,也对未来的发展充满希望。

在即将到来的2010年,我们满怀激情,踌躇满志,将在目前取得成绩的基础上继续建设与完善打造中国"商界军校"的目标。

2010年,我们将继续招聘大约10名优秀教师。我们将进一步完善师资结构,重点加强管理学和金融学的师资队伍建设。

2010年,我们将继续在深圳以及华南地区乃至全国的经营管理人才培养方面做出更大贡献。我们要把EDP和EMBA做得更好、更有特色,并争取MBA项目的启动。

2010年,我们将加快国际化步伐,扩大招收留学生数量,聘请更多优秀的教师,加强与国际知名高校的交流与合作,接受AACSB的指导和进行EQUIS的认证准备工作。

每一年我们都会在新年晚会上提出新一年的目标。2007年的晚会上,我们提出了2008年"腾飞"的目标,我们做到了。2008年我们提出了新一年开始打造"商界军校"的目标,我们也启动了。那么2010年,我们将有怎样的目标呢?在实现了"腾飞"和确立了"商界军校"的目标后,我们下一步的任务是什么呢?

我们将继续中国"商界军校"的征程,实现学院的使命和责任,培

养学生的使命感和责任感。

"大学之道,在明明德,在亲民,在止于至善。"这是《大学》里陈述的大学的使命,即在于弘扬光明正大的品德,在于使人弃旧图新,在于使人达到完善的境界。作为"商界军校",北大汇丰商学院把提升学生的能力和品格作为目标,致力于把学生培养成有眼界、有知识、有能力的国际化人才。这些都是我们的理念,都很重要,都不可缺少。可是纵观古今中外,我们发现,成功的人才,尤其是能够成为领袖的人士,他们除了拥有这些素质,更重要的是具备一种使命感和责任意识,具备一种以天下为己任的抱负。

在任何一个国家的历史上,总有这样一些人,他们能够时刻关注社会的发展,而不拘泥于个人的荣辱得失;他们能够跳出寻常人的眼界和思想,而着眼于整个社会的进步。我们要培养的就是这样的人才。

从历史的角度来看,北京大学的建立和发展与祖国的命运息息相关。北京大学的学生向来站在风口浪尖,推动着社会的进步与发展。作为北京大学的一个学院,我们毫无疑问地应该继承这样的传统。

我们要教育学生关心国家、关心社会、关心人民;我们要帮助他们开阔视野,让他们不要只关注自己生活的小圈子。我们的学生要承担起中华民族伟大复兴的历史使命。巍巍上庠,国运所系。心系家国天下,是北大人与生俱来的品质;担当民族使命,是北大人义不容辞的责任。我们的学生应当服务社会,关爱民生。北大学生享受的是中国最好的教育资源,接触的是中国最优秀的思想,应该将北大授予我们的知识与精神,施与社会,施与国家,施与人民。

"修身,齐家,治国,平天下"。"修身"排在第一位,要实现我们的使命,我们要求学生要培养出领袖的内涵并打下扎实的基础。为什么

二、论"商界军校"

五四运动时会有如此多的大师让我们现在高山仰止，景行行止，即使身不能至，仍心向往之？那是因为这些学者、这些大师都在求学阶段打下了厚实的功底。我们学院远离繁杂的闹市，希望我们的学生能够沉下心来，秉承北京大学的学术传统，发扬"勤奋、严谨、求实、创新"的学风，努力学习，刻苦钻研。除去身上的浮躁，执着于自己的使命。"风雨送春归，飞雪迎春到。已是悬崖百丈冰，犹有花枝俏。俏也不争春，只把春来报。待到山花烂漫时，她在丛中笑。"经过这3年的苦心经营，磨炼出"人生天地间，各自有禀赋，为一大事来，做一大事去"的气度。随着中国改革开放逐渐深入，中国经济飞速发展，当3年后你们走出汇丰商学院的时候，在中国社会发生翻天覆地的变化的进程中，必然有很多创造历史的机会，而这时的你们，会更有能力，更有信心，将担负起自己的责任，奋斗出一片属于自己的天空。

同学们、老师们、朋友们！在此辞旧迎新之际，我们提出了我们的使命，明确了我们的责任。带着这个使命，凝聚所有力量，恰如大鹏展翅，扶摇直入九天之上！我们每个人在此时都应该铭记，我们，在座的每一个人，创造了，也正在创造，也将继续创造汇丰商学院的历史、北京大学的历史，乃至整个巍巍华夏五千年来崭新的历史。

最后，祝愿北大汇丰商学院在中国"商界军校"的征程中不断进步，祝我们的学生在属于他们的广阔天空里越飞越高。

谢谢大家！

在世界一流的商学院大楼，继续中国"商界军校"的征程 [1]

（2010 年 1 月 6 日）

亲爱的同学们、老师们，各位朋友和来宾，女士们、先生们：

大家早上好！

今天，我们以无比欣喜的心情齐聚于此，庆祝北京大学汇丰商学院新楼的奠基。今天，我们将在北京大学汇丰商学院乃至北京大学的历史上写下浓墨重彩的一笔。

北大汇丰商学院于 2004 年拓荒始建，2005 年 9 月迎来了第一批共 63 名西方经济学专业硕士研究生，2007 年 EDP 培训中心成立，2008 年商学院正式冠名为北京大学汇丰商学院，而在刚刚过去的 2009 年里，我们不仅踏上了"商界军校"的征程，还正式开始了 AACSB 的认证工作，加快了国际化的步伐。我们一步一个脚印，从最初的北大深圳商学院到如今的北大汇丰商学院，从最初的无人问津到现在数百名国内一流大学

---

[1] 本文为在北京大学汇丰商学院大楼奠基典礼上的致辞。

优秀毕业生踊跃报考，从最初微薄的启动资金到现在奠基的中国最大的单体商学院大楼，**从北大汇丰商学院5年的风雨历程里，我们看到的是创业的激情、信仰的坚定、腾飞的喜悦和使命的担当。**

创业艰难百战多，汇丰商学院的新楼，从最初的选址到最后的设计方案确定，几经坎坷。2009年10月，在经过历时将近两个月的新楼设计招标和征询各方意见后，香港华艺设计顾问（深圳）有限公司设计的七层现代化设计方案脱颖而出。汇丰商学院新楼不仅在功能上能够满足教学科研的需要，而且在设计上也颇具匠心，当之无愧地成为大学城的标志性建筑。我们计划在两年之内完成商学院新楼建设，新楼预计将于2011年年底前投入使用。届时我们将拥有现代化的基础设施，为打造坐落在深圳的世界一流商学院奠定新的基石。

在这个特殊的激动人心的奠基时刻，我们要感谢各位关心和支持我们学院发展的领导和朋友们。

首先，我们要感谢深圳市政府的大力支持。汇丰商学院新楼能最终选在此处，与深圳市政府的支持密不可分。新楼依山傍水，得自然之美；毗邻图书馆，悟智慧之妙。汇丰商学院新楼能在此奠基，北京大学和北京大学汇丰商学院要再次向深圳市政府的大力支持表示衷心的感谢！

其次，我们要感谢汇丰银行的慷慨捐赠。正是由于汇丰银行的慷慨捐助，北大汇丰商学院才具有了资金基础以开展教学和研究，才能充分利用北大优秀的教学科研实力与汇丰银行卓越的业界影响力和声誉，在深圳这个经济发展的前沿地带打造一个卓越的学习科研平台。在此，我们向汇丰银行的慷慨捐赠再次表示诚挚的感谢！

最后，我们还要感谢对学院的新楼建设给予大力支持的社会各界朋友、大学城的兄弟院校、EDP学员、校友和在校的全体同学。你们对学院发展的关注和支持是激励我们不断进取的不竭动力。我代表北大、代表北大汇丰商学院对你们表示深深的感谢!

南国有佳木,桃李且成林。有了世界一流的商学院大楼,在未来的日子里,我们还要扎扎实实地实现打造"商界军校"的目标,继续中国"商界军校"的征程。我们不仅仅要为商界培养人才,还要为中国走向世界贡献我们的力量。我们要培养的是具有使命感和责任感的学生,是能够承担起中华民族伟大复兴历史使命的优秀学生。

在未来的日子里,我们还要扎扎实实地推进国际化,坚决地贯彻全英语教学,加强与世界一流大学的合作,继续推进国际认证。大学之大,非大楼之大,乃大师之大。目前学院已有来自哈佛大学、麻省理工学院、加州大学、康奈尔大学等世界一流高校的众多优秀师资加盟,在未来,我们还要继续完善和丰富师资结构,吸引更多优秀老师加入,共同完成我们神圣的使命。

汇丰商学院以其后起之师的蓬勃朝气吸引了社会各界关注的目光。我们的毕业生不负众望,以其合理的知识结构和吃苦耐劳的工作精神成为各公司的骨干。也正是他们的优异表现,使我们的教育理念得到了众多金融机构的肯定和赞赏。我们的EDP学员也在逐年增加,作为"商界军校"的重要组成部分,他们也一起肩负着历史使命和社会责任。

创业的梦想,如鹰隼一样翱翔;创业的激情,仿佛澎湃的波浪。今天,我们集会于此,我们每一个人都已是北大汇丰商学院这个未来"商界军校"的开拓者,开拓的激情和梦想让你我心心相连。今天,你我为新楼夯起一块砖,掬起一抔土,就是为国家和民族的复兴点燃一个希望。

最后，祝愿我们的教学大楼早日拔地而起，也祝愿到场的各位在新的一年里一切顺利。

谢谢大家！

2011：在创建一流"商界军校"的征程中继续前进①

（2010年12月18日）

尊敬的各位来宾、各位校友、各位老师、各位同学：

大家晚上好！又是一年迎春时。在辞旧迎新的锣鼓声中，在打造"商界军校"的征程中，北大汇丰商学院的全体师生再次欢聚一堂，共同庆贺我们过去一年取得的成就，展望未来一年的前景。在此，我谨代表北京大学汇丰商学院，向在百忙之中抽出时间来参加这次新年晚会的诸位领导、来宾、老师和同学表示最热烈的欢迎和衷心的感谢！

即将过去的2010年，对于深圳来说是不平凡的一年。这一年，深圳经济特区迎来了她30周岁的生日。这座年轻的城市，以30年来不可思议的"深圳速度"，向全国展示了她改革创新的城市品质与现代化特色，向全世界表现了她勇立潮头、舍我其谁的胆魄与魅力。

即将过去的2010年，对于北京大学汇丰商学院来说，同样是不平

---

① 本文为在北京大学汇丰商学院2011年新年晚会上的讲话。

凡的一年。在深圳市政府和北京大学的领导下,在社会各界朋友的支持下,在学院全体师生的努力下,汇丰商学院各项工作都取得了可喜的成绩,在创建世界一流商学院的征程中又迈出了坚实的一步。

2010年,我们隆重举行了商学院新楼的奠基典礼。在同时举行的祈愿活动中,到场的嘉宾、老师、同学们虔诚地写下了自己对祖国、对母校、对学院的祝福。目前,新楼建设正在有条不紊地进行。

2010年,我们的国际化建设取得了新的成绩。国际教师和外国留学生人数都大大增加。AACSB 和 EFMD(European Foundation for Management Development,欧洲管理发展基金会)两个国际商学院教育体系的认证工作有了新的进展。一批同学远赴美国、澳大利亚以及欧洲参加国际学术活动,更多的同学利用假期前往美国、英国的著名大学学习交流。

2010年,我们在"商界军校"的建设上迈出了新的一步。为了培养学生的拼搏精神、牺牲精神和团队精神,我们的全日制研究生不仅在军队里参加了为期一周的强化训练,还坚持每周进行素质拓展训练,锻炼了身体,磨炼了意志,强化了纪律,增进了团结,为今后人生道路上迎接更大挑战奠定了基础。

2010年,我们的学科建设取得了新的进展。又有7名毕业于世界名校的管理学、金融学、经济学教授加入了我们的师资团队。EMBA 项目成功启动,170名各界优秀人士成为我们的首届学生。在原有的经济学-金融学和管理学-金融学双学位的基础上,今年全日制研究生中又开设了理工科背景的数量金融专业,首届52名来自国内外著名高校的优秀学子顺利入学。

2010年,我们在社会服务方面也取得了很好的成绩。参加我们 PE(Private Equity,私募股权)、AMP(Advanced Management Program,高

级管理课程）、FIP（Finance and Investment Program，金融与投资课程）等各类培训的学员有2000多名，遍布全国各地。今天，PE 30 班、PE 35 班、AMP 15 班刚刚开学，他们的部分代表也参加了我们的晚会。欢迎你们！欢迎你们加入北大汇丰商学院大家庭！

同学们、老师们、朋友们！这一切成就，都是你们努力奋斗的结果。在此，我代表学校，代表北大深圳研究生院，也代表我本人，对所有为之付出心血、做出牺牲的同学、老师和朋友表示崇高的敬意和衷心的感谢！

2010年即将过去了，21世纪的第二个10年很快就要来临了。根据我们的目标，要用15年的时间，将北大汇丰商学院建成一个国际知名、世界一流的商学院。也就是说，这未来的10年，将是我们真正融入深圳、面向全国、走向世界的10年。每年的新年晚会，既是我们总结过去成就的大会，也是我们提出未来目标的大会。在2008年实现"腾飞"和2009年提出"使命"之后，我们今年的主题是"征程"。从某种意义上说，这是我们努力实现使命的开始。大家知道，**创建一所学院是容易的，提出一个目标也是容易的，而真正踏踏实实地努力、一步一个脚印地实现目标是不容易的。这不仅需要眼界和智慧，更需要不屈不挠的意志和勇于牺牲的精神**。曾经有一位著名的外国企业家在中国讲授创业经验，会议结束时，一名听众说：你介绍的这些我都知道；而他的回答是：你知道了，但我做到了。

的确，**真正的成功，不是说到，而是做到**！创建世界一流的"商界军校"也是如此。过去的一年里，我深有体会。在讨论使命和目标时，大家都很赞成。但在具体操作时，在落实一项项具体措施时，在与个人利益发生冲突时，并非所有人都愿意为之奋斗，为之付出。征程上并不都是鲜花美景，更多的是高山峻岭和满途荆棘。尤其是，我们正在走的是一条与众不同的路，一条前人没有走过的路，甚至是一条很多人不可想象、无法理解的路。能否走上这条路，走完这条路，不仅是对学院领导的考验，也是对全体老师和同学的考验。征程上，我们需要勇气，我们需要毅力，我们需要奋斗和牺牲，我们更需要团结在一起！我深知，这是一条胜利之路、一条能够取得与众不同成绩的成功之路、一条为中国和世界培养一流人才的必由之路。同学们、老师们、朋友们，让我们一起勇敢地踏上这一征程吧。

2011年即将到来，这将是我们未来10年征程的第一年。

2011年，我们将进一步根据社会的需要，发展新的学科，提高科研水平和教学质量。我们将从国际上再聘请5到10名优秀教师，尤其是金融学和管理学的教师。我们将启动MBA项目，成为一个具有学术型研究生、MBA、EMBA和EDP等所有项目的完整的商学院。

2011年，我们将继续国际化进程，招聘国际师资，招收更多的留学生，开展更多的国际交流活动，提高北大汇丰商学院的国际知名度。

2011年，我们将更加注重学生的全面发展，坚持包括军训和拓展在内的素质教育，鼓励学生进行学术研究和国际交流。顺便告诉同学们一个好消息，我又成功筹到了一个100万元的基金，用于支持全日制研究生参加国际、国内的学术和其他有益的交流活动。

2011年，我们将继续努力做好社会服务，为企业家和各界人士提供更多、更好的课程，提供更大的交流和发展平台，为学员们的发展和国家的经济建设做出更大的贡献。

2011年，我们将进一步完善学院的制度建设并改善教学设施。争取筹集更多的资金，早日完成我们的新大楼工程，让我们的同学在新

"家"有一个更好的学习环境。

同学们、老师们、朋友们！一元复始，万象更新。新的一年即将开始，我们满怀希冀与梦想，我们带着创业的激情、坚定的信念、腾飞的喜悦和沉重的使命，即将踏上一段新的漫长的征程！我们准备好了吗？我们准备好了，我们整装待发！

再见了！激情燃烧且成果丰硕的2010年！欢迎你！充满希望和挑战的2011年！让我们同舟共济，携手共进，踏着矫健的步伐迈向新的征程，共同展示北大人团结奋斗的精神风貌，一起谱写汇丰商学院新的美好篇章！

最后，让我再次感谢各位过去一年的奉献，祝大家在新的一年里身体健康，学习快乐，工作顺利，家庭幸福！

2012：荣誉·责任[①]

（2011年12月17日）

尊敬的各位来宾，校友们、家长们、老师们、同学们：

大家晚上好！

百尺高梧栖彩凤，万川汇海起蛟龙。满怀着感恩之情和美好期盼，我们汇集于此，品味岁月的甘甜，收获成长的喜悦，辞旧迎新，共同迎接即将到来的2012年。值此万象更新之际，我谨代表北京大学汇丰商学院，向遍布各地、心系学院的广大校友，向兢兢业业、辛勤工作的全体教师，向刻苦学习、健康成长的莘莘学子，向关心北大、支持汇丰的各界朋友，致以亲切的问候和诚挚的谢意！

即将过去的2011年，对于北京大学汇丰商学院来说，又是充满辉煌成绩与成就的一年。又有13名从世界名校毕业的经济学、管理学和金融学博士加入了我们的教师团队，使得我们的教学和科研水平得到进一步提高。120名2008级硕士研究生和首名博士研究生顺利毕业后，

[①] 本文为在北京大学汇丰商学院2012年新年晚会上的讲话。

又迎来了 2011 级的 223 名新同学，全日制研究生达到了 630 名。102 名各界的成功人士加入我们的 EMBA 项目学习，EMBA4 班和 5 班的诞生壮大了 EMBA 的队伍。我们的留学生人数更是快速增长，从 2009 级的 2 名，到 2010 级的 10 名，再到 2011 级的 29 名，北大汇丰商学院的国际化程度迅速提高。各位新老师和新同学，你们的加入为我们的"商界军校"注入了新的活力，为推动学院向世界一流商学院迈进贡献了新的力量。值此辞旧迎新之际，我代表学院的"老"老师和"老"同学，对你们的到来表示热烈的欢迎！

2011 年，我们在国际化方面取得了突破，**汇丰商学院经济学硕士项目顺利通过欧盟 EPAS 认证，成为中国第一个获得国际认证的经济学教育项目**。我们和香港中文大学经济系、香港科技大学商学院也顺利签约，开展了学生培养上的多项合作。经过不懈努力，我们的 MBA 项目也正式启动。明年的晚会上，我们将迎来第一批全日制的 MBA 学生。至此，我们已经成功创建了一个商学院所应有的全部项目，为创办世界一流商学院奠定了基础。

在"商界军校"的建设方面，学院进一步推进"商界军校"的培养理念，全日制硕士生每周开展常规的军训及素质拓展训练，EMBA 的新老同学也克服年龄和体力的困难参加了入学军训。在训练当中，同学们不畏艰苦，顽强拼搏，锻炼了身体，磨炼了意志，增强了团队意识。2011 年 5 月，几位西点军校师生赴我院交流，与同学们共同开展素质拓展训练。通过不断的交流与学习，同学们对"商界军校"的标准与精神有了更进一步的体会和认同。军校的精神和理念已渗透到同学们的日常学习和工作中。

在社会服务方面，很多全日制同学积极参与了世界大学生运动会

（简称"大运会"）的志愿者工作，在汗水和笑声中收获了全世界参赛运动员的尊重。EMBA 学生们表现出了高度的凝聚力和行动力。李成杰、韩冬梅、薛景霞等同学慷慨捐资，设立了"英杰奖学金""花木兰奖学金"和"学生发展基金"等，资助品学兼优的师弟师妹们。更多的同学积极参与学院的建设，为学院各项活动献策献力，积极参与社会爱心活动，展示了企业家和北大学子优秀的品质和高度的社会责任心。

同学们、老师们、朋友们！在过去的 2011 年，我们群策群力，积极面对困难，开拓新的领域，认真完成了我们去年此时提出的目标。这是一段值得回忆与骄傲的征程。在过去的一年里，我们同舟竞歌，挥洒豪情，并肩扛起栋梁的责任，共同捍卫汇丰商学院的荣誉。在此，我要再次感谢各位领导和北京大学对我们的支持，感谢各位老师、同学们的辛勤付出！

回顾成绩，令人鼓舞，催人奋进；展望未来，蓝图美好，重任在肩。伴随着北京大学深圳研究生院 10 周年院庆的欢庆与喜悦，我们挥手告别充满成绩与辉煌的 2011，满怀信心迎接孕育着梦想与希冀的 2012。今晚的相聚，是我们对过去一年的总结，是对过去成绩的互勉，也是对未来一年的畅想。即将到来的 2012 年，是汇丰商学院充满希望、充满生机的一年，也是任务艰巨、责任重大的一年。

新的一年，汇丰商学院新楼将正式投入使用，成为中国最大的单体商学院大楼，也将成为深圳市的又一个新地标。

新的一年，我们将邀请更多学识渊博的专家教授前来召开讲座论坛，促进学术多元化的发展。

新的一年，我们将引进更多的国际师资，招收更多的留学生，跟进各项国际认证，加快国际化步伐，提高汇丰商学院在全球商业领域的影响力。

新的一年,我们将进一步提升 EMBA 的教学水平,完善管理体制,提升 EMBA 项目的社会影响力。

新的一年,我们将进一步加强对学生纪律性、领导力和责任心的培养,培育具有使命感和责任感、能够承担起中华民族伟大复兴历史使命的经管类人才。

新的一年,我们将加强各个项目的学生之间的互动交流,增进团结友爱的集体氛围。

新的一年,我们将举办更多有社会影响力的活动,把握时代的经济脉搏,为社会发展做出更大的贡献。

过去每一年的这个时间,我都会对学院下一年的发展提出一个新的目标。2008 年,我们提出了"腾飞"的目标,成功地获得了汇丰银行的资助,打下了走向全球的基础。2009 年我们提出了创建"商界军校"的目标,开启了中国独特的强调拼搏精神、牺牲精神、团队精神的商学院培养模式。2010 年我们强调了建设一流商学院的历史"使命",2011 年我们在打造一流商学院的"征程"中继续前进。每一年的主题,都浓缩了汇丰商学院发展进取的理念与宗旨,诠释了学院的成长历程。而今年,我们提出了"荣誉·责任"的奋斗方向和主题,希望同学们能够谨记这一理念,在 2012 年的学习、生活、工作中时时刻刻以此鞭策自己,鼓舞自己。

"荣誉"意味着我们拥有更高的理想和目标,"责任"意味着我们必须有实现崇高理想的具体行动。我们致力于打造世界一流的"商界军校",就应该以发自内心的荣誉感去担当和履行自己应尽的职责,在日常的学习、生活、工作中,珍视和捍卫自己的荣誉、学院的荣誉、北大的荣誉！作为一个北大人，应该是心胸开阔、视野远大的，所以我们的荣誉不仅仅是个人的成功，还应包括对他人和对社会的贡献。小到关心身边的同学和老师，大到关心国家社会和整个人类的发展。面对自私和浮躁，我们要经得起考验，顶得住诱惑。要脚踏实地、胸怀天下，才可撑起北大人与生俱来的自豪感。责任，永远是北大人的立身之本，是北大人最耀眼的校徽。一个人只有怀有责任感，才能催生锲而不舍的毅力，才能催生乘风破浪的勇气，才能催生砥砺奋进的决心。这是取得成功必不可少的精神，也是全体汇丰商学院师生都必须具备的精神。

同学们、老师们、朋友们！我们身处的时代，是呼唤人才也是造就人才的时代；我们投身的事业，是挥洒青春也是成就青春的事业。宏图已绘就，号角已吹响；壮志在心头，扬鞭在脚下。在即将到来的2012年，我们还将有许多工作需要完成，我们的征程还远未到达终点，无论是EMBA的学生们，还是全日制的学生们，都不能骄傲自满，而应再接再厉，努力拼搏，为自己、为集体、为商学院的未来继续奋斗！今晚的相聚过后，我们又将奔赴前线，让我们在新的一年里，珍惜荣誉，勇担责任，坚定信心，锐意进取，用饱满的豪情再创新一年的辉煌，用激情与智慧在创建世界一流商学院的征程中继续前进！

谢谢大家！

2013：传承·跨越①

（2012 年 12 月 22 日）

尊敬的各位来宾、业界朋友，同学们、校友们、老师们、家长们：

风雨送春归，飞雪迎春到。不知不觉，又到了辞旧迎新的时候了。今天，我们怀着喜悦的心情在此相聚，告别硕果累累的 2012 年，迎接崭新的充满希望的 2013 年。在此，我谨代表北京大学汇丰商学院，向百忙之中前来参加本次晚会的诸位领导、来宾，向默默耕耘且甘于奉献的老师们，以及本次晚会的所有演出人员、幕后工作人员，表示最衷心的感谢并致以最崇高的敬意！

即将过去的 2012 年，在深圳市政府、北京大学以及社会各界的鼎力支持中，在全体师生的共同努力下，我院的各项工作得到进一步改进与发展。我们的队伍在不断壮大，又有 5 名从世界名校毕业的经济学、管理学和金融学博士加入了我们的全日制师资团队，同时我们也聘请了多位著名学者担任我院兼职教授，教学和科研水平得到进一步提高。

---

① 本文为在北京大学汇丰商学院 2013 年新年晚会上的讲话。

二、论"商界军校"

同时，我们又顺利送走了 156 名 2009 级硕士毕业生和首届 EMBA 学生，迎来了 286 名 2012 级硕士研究生，目前全日制研究生已达 755 名。2012 级学生中还包括了来自全世界 24 个国家的 33 名留学生，国际学生的比例在全校及全国均名列前茅。在 2012 年，首届 EMBA 学员顺利毕业，我们又迎来了 110 名 EMBA 新生。第一批 19 名全日制 MBA 学生加入汇丰商学院。经过努力，在职 MBA 项目也已获准开始招生。至此，我院已经成功创建了商学院应该具备的全部人才培养项目，在创建世界一流商学院的道路上迈进了一大步。

2012 年，我们的工作关键词是"国际化"。继我们的经济学硕士项目成功获得欧洲 EPAS 认证后，今年的认证工作重点转为美国 AACSB 认证工作。我们希望通过国际认证来完善学生培养机制，规范管理流程，提高教学科研水平，从各方面提升我院的国际化水平。我们努力与世界著名商学院接洽交流，不断地创建更多的国际交流项目，提供更多的国际交换平台拓展学生们的国际视野。我们努力吸引更多的国际学生、学者来汇丰商学院求学、教学，留学生人数不断增加。从教学到科研，从管理到后勤服务，国际化正成为各项工作的标准，推动我们不断提升自己的水平和声誉。

在学生培养方面，学院进一步推进"商界军校"的理念，在相关部队的协助下，深入开展人才综合素质的培养工作。我们坚持每周开展素质拓展训练，不但提高了学生们的身体素质，还磨炼了学生们吃苦的意识和战胜困难的意志力。更重要的是，通过军事化的建制、常规的素质训练，学生们的团队意识和集体荣誉感得以增强，学生们散漫、自我的弱点得到有效克服。北大汇丰商学院扎实的学风和对学生严格的要求，已经越来越得到社会各界的认可，汇丰商学院学生勤奋踏实的工作态度和深厚宽广的专业知识，也越来越得到业界的赞赏。

波澜壮阔的 2012 年即将过去，这是不可忘却的一年，这是精彩纷呈的一年。在此，我要再次对各位来宾们、老师们、同学们表示最真挚的感谢，感谢你们长期以来对汇丰商学院的关心与支持，感谢你们的奉献与付出，没有各位一点一滴的辛勤努力，过去的一年里我们不会取得如此光彩夺目的业绩。

一元复始，万象更新。回望过去，我们不骄不躁，既要看到成绩，更要看到不足。展望未来，我们满怀希冀，既要拥有梦想，更要不断提高，在创建世界一流商学院的征途上继续前进，为着新的目标不懈努力，绝不放松。

新的一年里，汇丰商学院新楼将投入使用，我们的教学科研设施将更加先进和充足，我们要很好地利用这些优异条件，推动我们的教学和科研工作。

新的一年里，我们要加快汇丰商学院国际化建设的步伐，提高我院在世界著名商学院行列中的影响力。我们将从国际上聘请更多在学科前沿有所建树的杰出教师，争取全院全职教授人数达到 45 至 50 名。我们要招收更多文化背景不同的留学生，使国际学生的比例达到 15% 至 20%。我们将继续增加国际交流项目，争取新增 10 至 15 所国际交流合作院校。同时，我们也将继续推动 AACSB 认证工作，力争在两年内完成这项工作。

新的一年里，我们将进一步推动科研工作的开展，鼓励教师、学生钻研学科前沿课题，与世界一流的学者进行深入交流，将汇丰商学院建设为可把握世界经济、管理、金融脉搏的一流科研教学机构，为全国乃至世界学科领域的学术进步贡献一己之力。

二、论"商界军校"

新的一年里,我们将继续完善学科体制和学生培养机制,建立精细化的学生培养目标和教学体制,在人才培养的工作中斟酌细节,完善措施。我们不仅要在制度上严格执行,更要使全院师生在思想上认同"商界军校"的责任与荣誉,认同"思想自由"与"行为负责"的有机结合,认同我们对纪律的要求,认同我们规定"前一年半除了假期专心学习不准实习"的目的。弘扬正气,远离浮躁,真正树立远大理想,自觉自愿地遵守各项制度,努力培养具有使命感和责任感、勇于奉献、敢于拼搏的精英人才。

新年伊始,辞旧迎新,过去7年的新年晚会上,我都会对学院下一年的发展提出一个新的目标或奋斗重点,我们在2008年提出"腾飞";2009年提出创建"商界军校";2010年提出建设世界一流商学院的历史"使命";在这一"征程"中,我们去年强调了"荣誉·责任"。而在新的一年里,我们的主题词是"传承·跨越"。

2012年,是北大商学-经济学科设立110周年。110年前,为了变法维新、强国富民,京师大学堂在创办之初就开设了一系列有利于国家发展的重要学科。在1902年的《钦定大学堂章程》中就提出设立政治、文学、格致、农学、工艺、商务、医术这7个学科,开始了北京大学商学-经济学教学科研的历史。**110年来,北京大学商学和经济学的教育不断发展,培养了成千上万名经济学家、政治领袖和商界精英。北大汇丰商学院就是北大百年商学-经济学教育的最新发展成果。**我们虽然远离北京,但我们一定要传承北大人"以天下为己任"的光荣传统,继承北大人追求卓越、不断创新的奋斗精神,清醒地意识到作为一个北大人所肩负的历史使命和社会责任,保持北京大学商学-经济学历届学长们慷慨昂扬的工作热情和为国家、民族及全人类奉献的无私品格,为国家富强、人民幸福和世界和平做出应有的贡献。

而"跨越",则意味着我们不能自满,不能驻足于过去的成就,要在已有的优良基础上提出更高的要求,设定更高的目标。在过去的几年内,我们虽然取得了令人瞩目的成绩,成长为中国知名的商学院,但我们也要清楚自己存在的问题和不足,建设一个世界一流的商学院将是一项长期而且不易的事业,所以我们还要以创新的精神解决遇到的各种困难,用顽强的毅力精益求精,跨越自己,跨越过去,创造北大商学和经济学的新辉煌。

老师们、同学们、来宾们,回顾过去,振奋人心;展望未来,满怀豪情。跨入充满梦想的2013,面对新形势、新挑战,让我们同舟共济,携手共进,踏着矫健的步伐迈向新征程,共同展示北大汇丰商学院团结和谐的精神风貌,共同谱写北大汇丰商学院新一年的美好篇章!最后,期待北大汇丰商学院越办越好,蒸蒸日上!祝大家在新的一年里身体健康,工作顺利,生活幸福!

谢谢大家!

2014：筑新·致远①

（2013年12月22日）

尊敬的各位来宾，老师们、同学们、校友们：

大家晚上好！时光荏苒，岁月如歌，不知不觉中又到了辞旧迎新的时候。今天，我们怀着激动的心情欢聚一堂，庆贺过去一年的累累硕果，展望未来一年的宏伟蓝图。在此，我谨代表北京大学汇丰商学院，向前来参加本次晚会的诸位领导、来宾、老师和同学，表示热烈的欢迎和最衷心的感谢！

即将过去的2013年对汇丰商学院来说，又是不平凡的一年。在全体师生和社会各界的鼎力支持下，我院的各项工作再创佳绩，在打造世界一流商学院的道路上迈出了新的重要的一步。

2013年，最值得庆贺的是，我们盼望已久的汇丰商学院新大楼终于建成启用了！作为目前中国最"高大上"的学院大楼之一，汇丰商学院大楼外观气势恢宏，内部功能齐全，不仅为师生们提供了现代化的教

---

① 本文为在北京大学汇丰商学院2014年新年晚会上的讲话。

学科研设施，也为打造世界一流商学院奠定了物质基础。一位从北京来的老师参观商学院大楼后的评价是：有一种蓄势待发的气势！

的确，大楼的建成，为我们未来的发展打下了坚实的基础，但真正的蓄势待发，靠的是我们在教学科研上的软实力。

2013年，我们在软实力上也取得了一定的发展。我们的教师队伍不断壮大：又有5名从世界名校毕业的经济学、管理学和金融学博士加入了我院的师资团队，全院全职教师达到46人，实现了去年提出的目标。我们的学生队伍也在进一步壮大。我们从1300多名国内名校的申请者中录取了260名硕士研究生，MBA学生也从去年的19名增加到今年的95名，其中包括首次招收的61名在职MBA学生。

2013年，我们的国际化进程也取得了新的进展。46名来自世界各国的留学生入学，国际学生比例在全国商学院中名列前茅。与我院签约合作的国际院校已达到53个，今年共有13名对方院校学生来到我院进行交流，我院也派出了47名同学前往外国学习。

2013年，我们的学术活动越来越活跃。在这一年内，学院举行了多场高水平的经济金融论坛，学院师生与各界知名学者一起深入探讨中国与世界的经济、金融问题，不仅开阔了师生的学术视野，也提升了学院的影响力。

2013年，作为我院核心软实力的"商界军校"理念得到了进一步贯彻。在部队的协助下，我们结合商学院的特点，深入开展人才综合素质的培养工作。我们坚持举行新生入学军训，坚持经常性地开展素质拓展训练，不但提高了学生们的身体素质，磨炼了学生们吃苦的意识和战胜困难的意志力，还增强了学生们的团队意识和集体荣誉感。

总之，在即将过去的一年里，在全体师生的共同努力下，我们取得

二、论"商界军校"

了不凡的成绩,但我们也深知存在着许多不足。"夫君子之行,静以修身,俭以养德。非淡泊无以明志,非宁静无以致远。"建设一个世界一流的商学院是一项长期而艰难的任务,我们要从更加广阔的视角放眼未来,修身养德,不骄不躁,以更高的标准和更顽强的毅力不断前进,追求卓越。

在每一年的新年晚会上,我们都要总结过去并提出新一年的奋斗目标。在2007年的新年晚会上,我们提出了2008年"腾飞"的目标。经过努力,我们获得了汇丰银行的捐赠和冠名,的确"腾飞"了。2008年的新年晚会上,我们提出了打造"商界军校"的目标,几年来,我们一直在这一征程上努力。即将到来的2014年,将是北大汇丰商学院发展中的又一个重要之年,我们提出了"筑新·致远"的口号。

"筑新",不仅意味着我们完成了新大楼的建设,更表示我们要以此为契机,攀登教学、科研、管理的新高峰。所谓大学者,非谓有大楼之谓也,有大师之谓也。新大楼仅给我们提供了一个好的环境,我们更需要的是一流的科研、一流的教学和一流的管理。2008年,我们曾经设定了一个5年发展规划,现在已圆满并超额完成。2014年将迎来我们的10周年院庆,我们将设定新的5年和10年发展规划,指引我们向新的目标前进。**不以筑新,无以致远。只有不断创新奋进,不断提出新的更高的标准,我们才能在不久的将来真正成为世界一流的商学院。**

"致远",是我们的目标。我们从建院之初就确立了打造世界一流商学院的高远目标。这一目标是北大的需要,是国家的需要,也是世界的需要。经过30多年的改革与发展,中国已经成为世界第二大经济体,贸易总量世界排名第一。用不了多久,中国的经济总量也会成为世界第一。驾驭这样一个举足轻重的经济体，需要大批国际一流人才。中国正面临从计划经济向市场经济、从发展中国家向发达国家的双重转型之中。能否成功转型，不仅关系到中国的前途，也影响到整个世界。培养一大批既有专业知识和综合素质又有国际视野和处理国际事务能力的社会精英，是国家的需要，也是北大汇丰商学院的历史使命。

在新的一年里，伴随着新教学楼的全面启用，我们将进一步推动科研和改进教学。老师和同学们要充分利用新大楼的优越条件，把握时代脉搏，钻研前沿课题，多发表高质量的学术论文和科研报告，为经济学、金融学和管理学领域的学术发展做出贡献。我们要进一步提高教学质量，完善培养方案，尤其在 MBA、EMBA 和 EDP 的教学和管理方面，要认真总结经验，不断提高水平，早日达到一流标准。我们要更加严格地要求学生——遵守纪律，刻苦学习，关心集体，热心公益，培养具有北大汇丰特色的高素质国际化人才。

在新的一年里，我们要加快国际化建设的步伐，提高我院的国际影响力。我们将从全球聘请更多有所建树的杰出教师，招收更多文化背景不同的留学生，举行更多国际研讨会，广泛开展国际交流活动，推动国际认证工作。

在新的一年里，我们要进一步提高行政工作的效率。理顺各部门的关系，明确分工，加强合作，热心服务，严格管理。在吸引一流师资、招收一流学生的同时，打造出一支一流的管理与服务团队。

老师们、同学们、朋友们，回顾过去，催人奋进；展望未来，重任在肩。2014 年将是我们建院的第一个 10 年，我们不仅要庆祝过去 10 年的成就，更要为未来的 10 年提出奋斗目标。让我们同舟共济，携手共进，用创新精神在教学科研和人才培养上筑起新的里程碑，用非凡努力不断扩大北大汇丰人的国内、国际影响力，共同谱写汇丰商学院未来的华彩乐章！最后，祝大家在新的一年里身体健康，生活幸福，万事如意！

谢谢大家！

以更加优异的成绩,开启新的更加辉煌的 10 年①

(2014 年 10 月 25 日)

尊敬的各位来宾、朋友,女士们、先生们:

首先,请允许我代表北京大学汇丰商学院的全体师生,对你们的到来表示热烈的欢迎和衷心的感谢!

当然,最重要的,我要感谢各位在过去 10 年中对我们的支持和帮助!如果没有当年建华校长和史守旭老师的信任,我不会来深圳创办商学院;如果没有汇丰银行的慷慨捐赠,学院不会发展得这么快;如果没有深圳市政府的大力支持,我们不会有这么好的学习环境;如果没有学校历届领导、各个部门的支持和学院全体师生员工的不懈努力,我们不会取得今天的成就!因此,在商学院成立 10 周年的庆典上,我要做的第一件事就是,大声地、发自内心地说一声:谢谢你们!

今天,我要做的第二件事是,向各位领导和朋友分享我们学院 10

---

① 本文为在北京大学汇丰商学院建院 10 周年庆祝大会上的讲话。

二、论"商界军校"

年来取得的主要成绩。

作为在21世纪创办的新学院,我们从一开始就确立了"专业知识、综合素质、国际视野、社会责任"的人才培养目标。10年来,我们共培养了1129名硕士、博士、MBA、EMBA学生(其中包括来自49个国家的146名国际学生),以及11000多名EDP学员。目前,还有1292名在校生(包括85名国际学生)在攻读各类研究生学位,有4000多名企业家和高级管理人员正在修读我们的EDP高层管理培训课程。短短10年间,我们从无到有,建成了一所培养经济与金融界高端人才的"商界军校"。

在10年的发展中,我们清楚地认识到,在经济全球化和中国日益融入世界的过程中,培养具有国际眼界的精英人才是中国商学院的使命。世界一流商学院也一定是一所国际的、开放的、多元的商学院。10年来,我们在国际化的道路上取得了一些成绩:我们不仅在全日制研究生教学中全部使用英语,也在管理制度、师资建设、课程设计、学生培养等各个方面全方位地与国际先进接轨,跟世界一流同步。可以说,我们目前已成为中国最国际化的商学院。

10年来,我们艰苦奋斗,砥砺创业,从一点一滴的小事做起,一步一个脚印地前进,在教学、科研和社会服务等方面都取得了一定的成绩。今天,我们终于可以自豪地向所有信任和支持我们的领导和朋友们说:我们没有辜负你们的希望!

当然,成绩只能说明过去,今天的大会,不仅仅是10年奋斗的庆祝大会,也是我们迈向新的征程、攀登新的高峰的誓师大会。

所以,我要做的第三件事就是,向各位汇报我们未来10年的奋斗目标。

第一，我们要进一步提高科研与教学水平，这是任何一个一流学院的根本。 未来10年，我们要聘请更多杰出学者和资深教授，要在经济学、金融学和管理学的前沿研究领域不断探索创新。我们要总结中国企业的发展经验，为全世界建立一个以解决问题为重点的案例库以及一个在线公案教学系统，形成具有汇丰商学院鲜明特色的教学法。我们要继续完善全日制硕博研究生项目，进一步办好EMBA、MBA和EDP项目，将学院真正办成培养有理想、有责任、有智慧、有境界的商界精英的摇篮。

第二，我们要在继承北大历史传统和发扬深圳创新精神的基础上，创建学院的优秀文化。 我们要不断改进学院的管理体制，坚持行政为教学科研服务的方针，完善民主决策机制，在保持创新激情的同时进行高效、有序的管理。

第三，我们要进一步推进国际化建设，加强与更多世界一流商学院的交流合作。 未来5年，国际留学生的比例要达到或超过25%，出国交流的学生比例要达到30%。要尽快完成AACSB的认证，并开始启动国际权威机构的排名准备工作，在提升国际化水平的同时扩大学院在国际上的影响力。

第四，我们要建立起一个强大的发展基金，确保学院实现创建世界一流商学院的目标和可持续发展。 今天晚上，我们将宣告北大汇丰商学院发展基金会的正式成立。我们的目标是，通过募捐和投资，在未来10年内建立起一个拥有10亿元人民币的发展基金。

各位来宾、朋友、同学们、同事们，中国正处在一个伟大的历史时代，我们的高等教育也正面临着一个高速发展、走向世界的历史机遇。总结过去，10年探索博采筑新，我们取得了一定的成绩；展望未来，百年树人笃行致远,我们勇攀新的高峰。时代赋予我们责任,我们正在书写历史。我们一定要齐心协力,不断创新,以更加优异的成绩,开启新的更加辉煌的 10 年!

  同学们、同事们,加油!加油!加油!

  谢谢大家!

商学院教育为地区发展培养商界精英[①]

(2014年10月27日)

"全球商学院院长论坛"(Global Dean's Forum)日前在北京大学汇丰商学院举办,来自美国、英国、德国、法国、俄罗斯、印度、新加坡、澳大利亚等国家及中国香港和台湾地区的几十位商学院院长于10月24日齐聚深圳北京大学汇丰商学院,共同探讨商学院教育及全球经济的未来。这一论坛乃是北大汇丰商学院10周年庆典的一部分。

北京大学深圳商学院创办于2004年。6年前的10月,在获得汇丰银行1.5亿元捐助后,北京大学深圳商学院正式更名为北京大学汇丰商学院,由时任北京大学副校长、北京大学深圳研究生院院长的海闻教授兼任院长。《南方都市报》记者日前就商学院教育话题专访海闻教授,他认为商学院教育应该为地区培养人才,为中国融入世界培养人才。

[①] 本文为《南方都市报》采访文章,记者汪小汉。

商学院与城市：为地区培养商界精英

记者：您曾经多次提到商学院教育的重要性，而我们也看到在世界范围内，优秀的商学院受到大量的学生、企业管理者的追捧。为什么商学院教育在现代社会如此重要？北大汇丰商学院提供了一种什么样的商学教育？

海闻：商学院不仅培养未来的商界精英，也为企业家和管理者提供继续教育和提升的机会。现代社会发展很快，竞争非常激烈，需要不断更新知识。不少企业家当初起家的时候凭胆识和经验就可以做得不错，但现在不懂宏观经济、金融则很难进一步发展。中国经济处于一个转型升级的过程中，不学习就会被淘汰。还有一些高层管理者，原来是搞技术的，现在升到管理岗位，也需要学习管理知识。另外，企业发展到一定程度，更需要相互合作，而商学院通常能为学员们搭建起一个合作交流的平台。这些应该都是商学院受到人们追捧的原因。北大汇丰商学院致力于经济学、金融学、管理学领域的前沿学术研究，目标是建设国际化的教学环境，打造世界一流的"商界军校"，培养有领导力、责任意识和远大视野的商界领袖。我们不仅教给学生经营管理的知识，更重要的，要提升学生们的理想境界和综合素质。不但要推动中国经济的发展，还要推动社会文明的建设。

记者：概括地说，一座商学院与一座城市有怎样的互动关系？汇丰商学院坐落于深圳，它在这座城市中，尤其在深圳目前开展的前海改革试验中，能发挥什么作用？

海闻：北大汇丰商学院是唯一总部设在深圳的国内一流商学院。学院虽然为全国全球培养人才，但地处深圳，对深圳甚至整个华南地区培养人才的贡献会更大一些。

首先，我们的全日制研究生都非常优秀，来自全国一流高校，毕业后他们中的很多人会留在深圳，因为3年的学习让他们熟悉了这座城市，他们的母校在这里，老师和很多同学都在这里。大部分学生会在自己读过书的一线城市工作，这是一种规律。那些去北京、上海工作的毕业生，也对深圳存有感情，从长远来看，这对深圳也是有积极意义的。

其次，人才培养不仅包括对在校全日制学生的培养，还包括对人才的再培养。汇丰商学院的总部设在深圳，使得大量的在职高管、企业家可以在不影响工作的情况下到商学院继续提升自己。与此同时，深圳活跃的企业家以及高管群体也为商学院的发展提供了非常好的外部环境。

北大汇丰是中国目前最国际化的商学院之一，但同时也是最本土化的商学院之一。我们的课程与培训都深入民营企业，且辐射全国，学员不少是需要通过商学院教育进行提升的中小企业主。目前我们的7届全日制毕业生有1100多人，通过各种课程班结业的有11000多人。这些学生对他们所在的企业、所在的地区产生了重大影响。

除了教育教学，汇丰商学院对深圳的国际化也有一定贡献。我们让来自全球的学生、老师进一步了解深圳。我们在深圳举办了很多国际性的研讨会，同时深度参与深圳的国际化规划，做了很多政策咨询方面的工作。深圳市市长许勤于10月24日到我们学院调研深圳教育国际化，也正是因为认可我们在国际化方面的成绩。**深圳不仅要有企业品牌，也要有教育品牌。**

在前海的发展中，北大汇丰商学院的作用主要包括三个方面：一是为前海发展培养具备国际化视野的人才；二是人才再培养，包括对在职高管、企业家等的培养;三是科研,前海发展需要很多新项目和创新,比如金融产品的开发研究,在这些方面高校的研究不可忽略。学生的创造力、想象力都非常丰富,对前海发展是一个重要支撑。

商学院与国际化:为中国融入世界培养人才

记者:我注意到这次北大汇丰商学院举办的"全球商学院院长论坛"的主题是"中国融入世界:商学院的角色",为什么选择这个主题,汇丰商学院在这方面有哪些探索?

海闻:汇丰商学院致力于为中国融入世界培养人才。随着中国经济的发展,我们需要大量具备国际视野的商业人才,帮助中国经济更好地融入世界经济,也让世界能够更好地接纳中国。那么在这个过程中,我经常思考:商学院教育应该如何开展,汇丰商学院能做些什么?

北大汇丰商学院在国际化方面做了很多探索,是国内最国际化的商学院之一。在语言上,我们所有全日制学生都实行英文教学,我们的办学理念要求学生具备多方面的国际视野,我们的规章制度与国际接轨,我们的教学资源与国际同步。目前学院53名全职教师中,外籍教师共有24人,占总数的45%;在读国外留学生达到120名,招收留学生总数累计达到195名,遍布全球49个国家。来自不同文化背景的教师和学生在一起生活学习,一定会带来观念上的碰撞,也会促进文化上的交流,这对我们培养国际化人才非常重要。

但我说的国际化不是那种同化了的"国际化"。现在有些学校也吸纳了国际化的师资,也吸引了外国留学生。但不少所谓的"国际化师资"是在海外有教职的中国人,就读的留学生也都学了中文——他们会迁就中国的文化。我觉得，这是被同化的国际化，而不是真正的国际化。

在汇丰商学院，外籍老师的一些想法和行为跟中国老师很不一样，他们不认同权威，他们的言行也促使我们做了很多改革。因此，国际化的师资和学生，不但有利于培养国际化人才，而且有利于培养我们的创新性，帮助我们创建新的机制，形成新的风气，承担起创新研究和培养拔尖人才的历史责任。

2015：理想·笃行[①]

（2014年12月21日）

各位同学、各位老师、各位来宾：

律回春晖渐，万象始更新。在辞旧迎新之际，我们带着一年的奋进与思考，带着一年的耕耘与收获，带着一年的见证与发展，欢聚一堂，告别成绩斐然的2014，迎来充满希望的2015。在回首中展望，在喜庆中憧憬。

在此，我谨代表北京大学汇丰商学院，向前来参加本次晚会的诸位领导、来宾、老师和同学，表示热烈的欢迎和衷心的感谢！并祝大家圣诞快乐，新年如意！

2014年是北大汇丰商学院丰收的一年，也是学院发展历史上的第一个10年的里程碑。回顾10年历史，北大汇丰商学院坚持独特的"商界军校"理念，传承百年北大传统，创新现代商学教育，通过国际化办学，致力于经济学、金融学、管理学的前沿学术研究，培养有领导力、

[①] 本文为在北京大学汇丰商学院2015年新年晚会上的讲话。

自制力和远大视野的商界领袖,初步探索出一条德才并举的商学院教育模式,正努力建设成一所特色鲜明的国际化商学院。

10月25日,我们隆重举办了建院10周年庆典,数以千计的校友回归母校,畅叙感恩之心、思念之情。他们从海内外远道而来,或在校园里漫步留影,或与老师同窗交流沟通。庆典上2000多人"加油!加油!加油!"的齐声呼喊更是表达了师生和校友们对学院的信心和厚望。

今年,我们以一系列学术活动为建院10周年增光添彩。5月,我们举办了"北大全球金融论坛",来自北京、上海、广州、深圳、香港、纽约等地的800多名金融界北大校友参加了盛会并成立了北京大学金融校友联合会,为北大在金融界的校友搭建了交流合作的平台。10月,我们成功地举办了"全球商学院院长论坛",来自全球40多家知名商学院的院长齐聚深圳,研讨中国融入世界经济的过程中商学院的作用。12月,我们还成功地承办了"第十四届中国经济学年会",这是中国经济学界规模最大和最具影响力的学术盛会,来自全国各地的600多名经济学者就"中国经济新常态与改革创新发展"这一时代议题,以及经济学和金融学理论与政策问题,进行了学术研讨和交流。

通过这些活动,学院师生与各界知名学者、商界精英进行了广泛的交流,一起深入探讨中国与世界的经济、金融问题,不仅开阔了师生的学术视野,也提升了学院的影响力。

同学们、老师们、朋友们!充实而难忘的2014年马上就要过去,令人期待的2015年即将到来。每年的新年晚会上,我们都要总结过去并提出新一年的奋斗目标:我们从2008年的"腾飞",到2009年的打造"商界军校",去年又提出了"筑新·致远"的口号,希冀以新大楼的落成为新契机、新起点,攀登教学科研管理的新高峰。

2015 我是我院新 10 年的开始！晚会的主题为"理想·笃行"，**希望我们在未来的征程中，有一个更加高远的目标，同时，用更加脚踏实地的精神，有步骤、有措施、一步一个脚印地实现我们崇高的理想。**

纵观历史，任何成功的人都有一个高远的理想。严谨的科学家有理想。爱因斯坦（Albert Einstein）说，每个人都有一定的理想，这种理想决定着他的努力和判断的方向，在这个意义上，我从来不把安逸和快乐看作生活的目的。浪漫的文学家也有理想。托尔斯泰（Лев Николаевич Толстой）说，理想是指路明灯，没有理想，就没有坚定的方向；没有方向，就没有生活。正是这些高远的理想，鼓励着他们不断奋斗，最终创造出成就，为人类的文明与进步做出了贡献。

理想的本质是人生的奋斗目标。每个人都有自己的理想，每个机构也应有自己的理想。北大汇丰商学院的理想是什么？是成为世界一流的商学院，为中国和世界培养一流的商界精英。**更重要的是，我们要培养"有理想，能笃行"的人。**每个北大汇丰商学院培养出来的人，都应有高远的理想，并能为实现理想而努力奋斗，这就是我们最大的也是最根本的理想！

笃行，就是行动，就是落实。我们不仅要有理想，还必须有实现理想的精神和能力。所谓精神，就是不畏艰险，不怕压力，不受诱惑，不失信心，在困难与挫折面前矢志不渝，在欲望与诱惑面前沉着淡定。没有这种精神，再好的理想也无法实现。所谓能力，就是解决问题、实现理想的方法，既要有长远的战略思考，也要有短期的计划安排。这种能力不仅来自渊博的知识，更得益于工作与生活的磨炼。

2015 年，是我们学院开启新的征程的第一年，我们提出了"理想·笃行"的口号。这既是我们未来 10 年的工作指南，也是对我们所有师生的希望。**我们要始于理想，成于笃行，眼光要长远，做事要踏实，把北大汇丰商学院真正办成培养有理想、有责任、有智慧、有境界的商界精英的摇篮。**

同学们、老师们、朋友们！在新的一年里，我们将启动国际品牌建设战略。我们将聘请更多的资深教授，进一步推动科研工作，提高教学水平。我们将更加严格地要求学生，建立、巩固和发展北大汇丰特有的文化传统，培养高素质、有责任感的国际化人才。我们要加快国际化建设的步伐，招收更多文化背景不同的国际学生，广泛开展国际交流活动，积极推动 AACSB 国际认证工作。我们还要进一步提高行政工作的效率，建立一支高素质的服务与管理团队。我们希望再用 5 年的时间，初步建成一所国际知名商学院。

同学们、老师们、朋友们！雄关漫道真如铁，而今迈步从头越。回首过去，心潮澎湃；展望未来，任重道远。2015 年是汇丰商学院新的 10 年的开篇之年。让我们满怀理想，扎实工作，全力以赴，再接再厉，为学院谱写美好的篇章，也为我们每个人书写最精彩的 10 年！新年的钟声就要敲响，让我们喜庆新年，欢度美好的时光，共同祝我们自己和我们的学院明天更加美好！

最后，祝大家在新的一年里身体健康，生活幸福，万事如意！

谢谢大家！

2016：信念·情怀[1]

（2015年12月20日）

尊敬的各位来宾，老师们、同学们、校友们：

大家晚上好！北国正是雾雪时，鹏城如春暖意浓。今天，在这全国空气质量最好的城市之一，我们欢聚一堂，回顾2015年成长的点滴，迎接2016年新的希冀。

我谨代表北京大学汇丰商学院，向遍布世界、心系学院发展的广大校友，向兢兢业业、辛勤工作的全体教职员工，向刻苦求学、热爱生活的莘莘学子，向关心支持北大汇丰成长的各界朋友，致以亲切的问候和诚挚的谢意！并祝大家圣诞快乐，新春如意！

在即将过去的2015年里，在全体师生和社会各界的鼎力支持下，我院各项工作不断完善，在打造世界一流商学院的道路上又迈出了重要的一步。

这一年，我院的教师队伍进一步壮大，现在全院已有54名全职教

---

[1] 本文为在北京大学汇丰商学院2016年新年晚会上的讲话。

师，其中外籍教师23人，占总数的43%。我院的学生队伍也进一步壮大，在校全日制硕士生达到930人。学院国际化水平进一步提高，今年入学的全日制留学生达到43人，另有73名来自世界各国的交换生来我院求学。目前，我院在校国际学生已达到172人，该比例在全国商学院中名列前茅。众多外国商学院来访探讨深入合作事宜，与我院签订合作协议的国际院校已达97所。

这一年，学院举行了多场高水平的学术交流活动，邀请海内外优秀学者来我院举办讲座。学院师生与各界知名学者一起深入探讨国内外经济与金融问题，不仅开阔了师生的学术视野，也提升了学院的影响力。金融实验室正式启用，实验室配备了全国领先的数据库与终端，为师生在经济金融学科的教学与科研提供了最好的条件。

这一年，我院EMBA代表队出征"第十届'玄奘之路'商学院戈壁挑战赛"，即"戈十"，取得A队第13名的佳绩，在"戈十"新军中名列第一，并捧得全员完赛的"沙克尔顿奖"第一名。我院全日制硕士同学们获得了深研院趣味运动会的团体第一名，在体育赛场上大放光彩。MBA师生经过激烈拼搏，在与其他7所大学的竞争中脱颖而出，获得了明年参加"亚太地区商学院沙漠挑战赛"的资格。我院师生还参加了深圳马拉松，"红色军团"点燃了深圳的冬天。由我院留学生担任主力的北大深研院足球队在大学城运动会中所向披靡，横扫球场，奋勇夺冠。

无论是学术竞赛、案例大赛，还是体育文娱活动，我院同学们都积极参加，挥洒汗水，收获荣誉。他们的成功是"商界军校"培养学生宽阔视野、综合能力、健康体魄、坚强意志的一个缩影。

相比于精彩纷呈、热闹非凡的2014年，即将过去的2015年是相对平静的一年。但平静并不意味着停顿。在10周年院庆之后，我院将更多精力用于反思、整顿和提升。快速发展的10年中，我院取得了很多成绩，但也存在很多不足。面对国际国内环境的变化，我院也面临更多挑战。

过去的一年里，我院整顿了EDP部门的工作，加强了对培训工作和学员社团的管理，更加注重企业家培训项目的质量，努力使之成为我院创建世界一流商学院的重要组成部分。学院对MBA项目进行了必要的调整，使之更国际化、更具特色。我院加强了全院规章制度的完善和落实，各方面的工作更加井井有条。我院继续坚持"商界军校"理念，在学术道德方面，在遵纪守信方面，在拒绝浮躁、端正学风方面，严格要求，一丝不苟，对于任何的不当行为，坚决制止，严肃处理，毫不留情。这样做不仅是为了更好地教育与培养学生，更是为了更好地推动社会的进步和发展。

一所优秀的商学院，要在"能、智、体、德"四个方面注重对学生的培养。所谓"能"，指的是解决问题、发展事业的知识和能力，包括各种职业需要的课程和经历。培养学生的"能"是一所商学院最基本的功能，也是大多数商学院能够做到的。所谓"智"，指的是这些职业能力背后的知识和智慧。我院的学生不但要知道怎么做，还要知道为什么这么做。这些课程看起来不那么实用，但都是决定学生眼界心胸、培养未来领袖所必需的。一流大学的商学院都会强调这一点。所谓"体"，指的是学生的身体和精神状态。蔡元培老校长说："完全人格，首在体育"。这里的"体"，不是指体育成绩，而是指强健的体魄和充满激情的拼搏精神。这也是我院坚持军训、积极参与各项团体竞赛的原因。一个成功的人，必定是一个强健的、乐观的、充满正能量的、敢于拼搏的人。否则，再多的知识和技能也缺乏载体来实现。现在，越来越多的商学院注意到这一点。所谓"德"，指的是一个人的道德修养和素质情操。诚信、公正、荣誉、责任、理想、奉献，都是未来领袖和商界精英最重要的素质，也是人生成功的最高境界。只有真正的一流商学院才会强调这些方面，而北大汇丰商学院就是这样一所一流的商学院。

培养学生的"能、智、体、德"，既是一流商学院使命的四个方面，也是商学院水平的四个层次。我坚信，企业和社会不仅需要有知识、有能力的人，更需要有理想、有激情、有责任的人。我院一定要在这四个方面继续努力，为社会培养"能、智、体、德"全面发展的商界领袖和社会精英。

每年新年晚会都是对过去一年的回顾与总结，都会对新一年提出寄语与展望。今年的主题是"信念·情怀"，希望全院师生坚定"商界军校"信念，以坚实的脚步实现我们的梦想，更希望大家不忘情怀，以青春的激情来坚持我们的信念。

坚定的信念源于对理想的执着、对事业的热爱和永不言弃的精神。在新的一年里，我们要坚定信念，不忘初心，以北大汇丰人的情怀，继续办好中国独树一帜的"商界军校"。

2016年，我院将进一步改进教学、推动科研，办好与中国留美经济学会一起主办的国际论坛以及其他高端学术会议。全体师生要充分利用学院优越的教学设备和金融实验室资源，开展创新型教学科研。我们要把握时代脉搏，钻研前沿课题，多发表高质量的学术论文和科研报告，在学术发展中取得更大的进步。

2016年，我院将更加重视学生的综合素质教育。在学生培养工作中，建立一整套有特色的培养流程，坚持培养学生扎实的理论功底，提高学生的国际竞争力，还要致力于学生的品德素质培养和礼仪教育，加强学生的领导力及团队精神教育，打造具有北大汇丰特色的高素质国际化人才。

2016年，我院要加快国际化建设的步伐，提高我院的国际影响力。我院将从国际上聘请更多有所建树的杰出教师，招收更多具有不同文化背景的留学生，举办更多的国际研讨会，邀请更多海内外优秀学者前来进行学术交流，广泛开展国际交流活动，积极参与全球商学院的认证工作。

2016年，我院要进一步提升管理能力和服务水平，强化校友工作，加强校企关系，做好对教学科研的支持工作。

总而言之，我希望在明年的年会上，我可以有更多的好消息向各位老师、同学和嘉宾汇报。

老师们、同学们、朋友们！回首过去，心潮澎湃；展望未来，任重道远。我们身处的时代，是呼唤人才也造就人才的时代；我们投身的事业，是挥洒青春也成就青春的事业。宏图已绘就，号角已吹响；壮志在心头，扬鞭在脚下。让我们在新的一年里，珍惜荣誉，勇担责任，坚定信念，满怀豪情，再创辉煌，用激情与智慧共同谱写汇丰商学院未来的华彩乐章！

最后，祝大家在新的一年里身体健康，生活幸福，万事如意！

谢谢大家！

迎接商学教育的新变革[①]

（2016年3月）

经过30多年的改革开放，中国的经济发展取得了举世瞩目的成就。人均GDP从100多美元跃升至6000多美元，经济总量达到全球第二，很可能用不了多久中国就会成为世界上最大的经济体。如今，中国不仅拥有极大的消费市场，也是世界最大的对外投资国之一。在过去12年中，中国对外投资已经增长了近40倍，从不到30亿美元，到现在超过1000亿美元。

新的时代也不断产生新的技术，移动互联网的发展打破了各国之间的壁垒，加剧了企业之间的竞争，同时也为人与人之间的合作提供了更多机会。很多以前认为不可能的事情在不断出现，很多固有的思维和行为在不断受到挑战。面对日益变化的经济环境和商业模式，商学教育将如何演变？商学院应如何帮助商界人士来应对经济全球化的挑战？商学院应如何培养未来国际的商业领袖，并使他们成为具有社会责任的一代

[①] 本文为《商学教育变革：全球视角》一书的序言。海闻. 商学教育变革：全球视角[M]. 北京：北京大学出版社，2016.

二、论"商界军校"

人?甚至,未来商学院能否保持其存在的意义呢?

面对全球新格局下商学教育的新变革,北京大学汇丰商学院在创立10年之际,主办了一次题为"中国融入世界:商学院的角色"的"全球商学院院长论坛"。来自全球40多所知名商学院的院长参加了这一高规格的国际性论坛。众多商学教育专家来到中国,来到深圳,分享国际一流商学院面对新的全球变革,以及中国融入世界的思考,介绍他们来自教育实践的重要见解,讨论商学教育未来面临的各种挑战和应对举措。本书便是在该论坛精彩实录和相关成果基础上整理编辑而成的。可以说,这是一本根植于商学教育实践,并与时代变革和未来梦想相激荡的精心之作。

今天的世界发生了巨大的变化,中国不仅已成为全球第二大的经济体,而且日益融入世界。中国在影响世界经济的同时,也面临来自全球各个方面的挑战。面对世界和中国发生的变化,中国的商学教育如何改革?如何培养出可以适应全球复杂经济环境,引领中国企业与世界进行更深入的合作,用国际化视野完善中国金融、经济、管理体制的新一代精英人才?

北京大学汇丰商学院建院10年来,我们一直在思考如何开创一种具有时代特色且符合社会发展规律的培养模式。我们确立了"专业知识、综合素质、国际视野、社会责任"的人才培养目标。我们清醒地意识到,在经济全球化和中国日益融入世界的过程中,培养具有国际视野和全球格局的精英是北大汇丰商学院的重要使命。

10年来,我们在国际化的道路上取得了一些成绩:不仅在全日制硕士研究生教学中全部使用国际通用语言——英语,与全世界百余所高校建立交流合作关系,还在管理制度、师资建设、课程设计、学生培养等各个方面全方位地与国际先进接轨，与世界一流商学院同步。可以说，北京大学汇丰商学院目前已成为中国最具国际化特征的商学院之一。未来，我们还将继续推进国际化的建设，不但要为国家培养适应全球多元环境的高端商界人才，还要发展和传播中国优秀的经济、金融、管理思想和理念，并通过促进中外学者广泛和深入的交流，推动东西方商学研究思想的互补融合。

通过10年的实践和对未来的深入思考，我们更加深刻地认识到，塑造学生健康与卓越的人格是一所优秀商学院的首要任务。我们的目标是建设一流的"商界军校"，培养有领导力、有自制力、有远大视野的商界领袖，这有赖于在"能、智、体、德"四个方面对学生的培养。

所谓"能"，指的是从事商业、解决问题、发展事业所需要的知识和能力，包括从事金融和管理等各种工作所要具备的课程和经历。这是一所商学院最基本的功能，也是大多数商学院能够做到的。

所谓"智"，指的是这些职业能力背后的知识和智慧。学生不但要知道怎么做，还要知道为什么这么做。有些课程看起来不那么实用，却是决定学生眼界、心胸、智慧和培养未来领袖所必需的。很多世界一流的商学院近年来也越来越强调学生的经济学、历史学、社会学、心理学、政治学以及数理等方面的理论功底。

所谓"体"，指的是学生的身体和精神状态。北京大学蔡元培老校长说："完全人格，首在体育。"这里的"体"，不是指体育成绩，而是指强健的体魄和充满激情的拼搏精神，这也是北大汇丰商学院坚持素质拓展训练、积极参与各项团体竞赛的原因。一个成功的人，必定是一个强健的、乐观的、充满正能量的、敢于拼搏的人，否则再多的知识和技能也缺乏载体来实现。现在，越来越多的商学院开始重视这一点。"亚太地区商学院沙漠挑战赛""'玄奘之路'商学院戈壁挑战赛"等活动的开展,也反映了商学院对"体"的重视。

所谓"德",指的是一个人的道德修养和素质情操。诚信、公正、荣誉、责任、理想、奉献,都是未来领袖和商界精英最重要的素质,也是人生的最高境界。经过 30 多年的发展,世界上已没有人怀疑中国的经济实力,也没有人怀疑中国商界精英们的知识和能力。然而,在道德情操和责任奉献方面,我们离人们的期望和要求还相差甚远。如何培养学生不仅成为成功人士、商界精英,而且成为社会贤达、行为楷模呢?这是一个商学院最艰难也是最高层次的使命。只有强调"德"的培养,才是真正的一流商学院,而北京大学汇丰商学院就是这样的一所商学院。

培养学生的"能、智、体、德",既是一流商学院使命的四个方面,也是商学院水平的四个层次。我坚信,企业和社会不仅需要有知识、有能力的人,更需要有理想、有激情、有责任感的人。北京大学汇丰商学院一定会在这四个方面继续努力,为社会培养"能、智、体、德"全面发展的商界领袖和社会精英。

中国正处在一个伟大的历史时代,我们的教育事业也面临着前所未有的历史机遇和挑战。我们要紧紧抓住机遇,迎接挑战,敢于创新,勇于改革,倾力为国家的经济发展和社会进步做出贡献,不负国家,不负时代,不负社会,不负人民!

2017：勇敢·执着①

（2016年12月21日）

尊敬的各位来宾，老师们、同学们、朋友们：

大家晚上好！天仪再始，岁律更新。每年的这个时候，我们总要相聚在一起，分享过去的成果和喜悦，迎接未来的希望和期盼。

在2017年即将到来之际，我谨代表北京大学汇丰商学院，向兢兢业业、辛勤工作的全体教职员工，向刻苦求学、追求梦想的莘莘学子，向遍布全球、努力奋进的广大校友，向关心和支持北京大学汇丰商学院建设与发展的各界朋友，致以新年的问候和诚挚的谢意！

汇丰商学院创办12年来，我们始终怀着对教育事业的热爱，弘扬学术，培育桃李，服务社会，引领未来。在即将过去的一年里，我们敢于创新，执着探索，脚踏实地，齐心协力，在创办"商界军校"的征程中取得了新的成绩。

这一年，我们的师资队伍进一步壮大，教学科研水平不断提高。目

---

① 本文为在北京大学汇丰商学院2017年新年晚会上的讲话。

前，学院拥有经济学、管理学、金融学和传播学四大专业门类以及英文交流写作的全职教师 61 人，比去年增加 7 人。我们的全日制 MBA 项目正式开启全英文教学。学院将与巴鲁克学院杰克林商学院（The Zicklin School of Business at Baruch College）共同培养北大工商管理和纽约市立大学（City University of New York）金融学的双硕士研究生。财经传媒专业（北京大学新闻与传播硕士财经传媒方向）正式加入北大汇丰的大家庭，"新闻传播+"的"专业+辅修"模式是我们对硕士研究生培养的创新，也是对宽领域、复合型人才培养的进一步探索。2016 年，学院教师科研发表硕果累累，其中许多论文发表在《战略管理学报》（*Strategic Management Journal*）等国际一流学术期刊上。

这一年，我们的各类学术活动有声有色，北大汇丰商学院逐渐成为具有国际影响力的学术重镇。学院先后组织了"首届北京大学－新加坡国立大学数量金融与经济学国际年会""2016 年中国留美经济学会年会""第三届北京大学全球金融论坛""第五届 AEARU 亚洲商学院发展与合作研讨会"等大型学术活动，邀请了诺贝尔奖获得者托马斯·萨金特等国际顶尖学者，以及白岩松等知名业界专家到汇丰商学院访问交流。我们创办的"金融前沿讲堂"先后举办了 13 期，深受欢迎，场场爆满，与数千名听众分享了金融前沿知识。在此，我要特别感谢巴曙松教授所做出的贡献。

这一年，我们的国际化办学提升到新的层次。除了宾夕法尼亚大学沃顿商学院（The Wharton School of the University of Pennsylvania）、亚利桑那州立大学凯瑞商学院（The W. P. Carey School of Business at Arizona State University）等更多顶尖商学院的院长来访，我们还积极向外拓展，访问了美国的芝加哥大学布斯商学院（The University of Chicago Booth School of Business）、意大利的都灵大学（Università degli Studi di Torino）、佛罗伦萨大学（Università degli Studi di Firenze）、贝尔格蒙大学（Università degli Studi di Bergamo）、博科尼大学（Università Commerciale Luigi Bocconi）、米兰大学（Università degli Studi di Milano）、法国的埃塞克商学院（École supérieure des Sciences Économiques et Commerciales）、英国的牛津大学、诺丁汉大学（University of Nottingham）等16所欧洲著名大学，加强了交流联系，也扩大了学院的国际知名度。

这一年，我们更加重视学生的综合素质培养，学生社团活动也更加活跃。为了培养学生的团队精神和拼搏精神，汇丰商学院组织EMBA师生参加了"第十一届'玄奘之路'商学院戈壁挑战赛"，组织MBA师生参加了"第五届亚太地区商学院沙漠挑战赛"，组织EDP师生参加了"第二届'工商大道'中国经营者戈壁远征"，都取得了优异成绩，大大增强了学生们的凝聚力。最近，MBA篮球队在"第五届全球商学院篮球邀请赛"中赢得了冠军；EMBA项目举办了首届运动会，数百名校友参加了各项活动和比赛。学院的各学生社团积极组织和承办各种活动，深受学院师生欢迎和好评。其中深港经济金融协会、经济政策协会、博雅金融学社和商业银行协会荣获本年度"杰出社团奖"。深港经济金融协会还获得北京大学深圳研究生院"十佳社团"第一名和"品牌社团"第一名的殊荣。

这一年，我们的校友和校友工作喜事连连。13位北京大学汇丰商学院校友荣登"第十四届新财富最佳分析师"榜单，刷新历史成绩。北京、上海、深圳三地的全日制校友会分别进行了换届，新一届理事会制订了一系列活动计划，以建立多样化兴趣小组的形式，在专业交流和业余爱好上形成了紧密的共同体。校友们身处各地，心系学院，积极帮助学弟学妹们的就业和发展。校友们成立了"长悦基金",以帮助不幸患病的校友。今年是 2006 级学生入学 10 周年,58 名校友捐款设立了"06 校友奖学金"。今年又是 2008 级学生毕业 5 周年,18 名 2008 级同学为学院添砖加瓦,捐赠资金。感恩与奉献,正成为北大汇丰学子的崇高的境界、情怀与传统。

同学们、老师们、朋友们!这些成绩的取得,无不凝聚着全体师生员工的智慧与心血,凝聚着广大校友的深情与厚意,凝聚着社会各界的关心与支持。请允许我再次向所有为汇丰商学院建设和发展做出贡献的师生员工及社会各界人士,表示衷心的感谢和崇高的敬意!

打造世界一流商学院不是一时之功,而是信仰的积淀和愿力的传承,既需要我们具有追求崇高目标的勇气,更需要我们在这一征程中执着前进。**成功取决于执着,执着来源于信仰。**电影《疯狂动物城》(*Zootopia*)中的朱迪(Judy)警官和《血战钢锯岭》(*Hacksaw Ridge*)中的医疗兵戴斯蒙德·道斯(Desmond Doss)都为我们树立了"勇敢·执着"的榜样。支撑他们克服重重困难、创造奇迹的是"保护人民"和"再多救一个人"的崇高信仰。

我们创办北大汇丰商学院,不仅是要为学生提供知识和技能,帮助学生找一份好工作,更重要的,是要为社会培养"德、智、体、能"全面发展的精英人才。为此,我们敢于逆社会的"庸俗"和"浮躁"潮流,始终坚持把育人放在首位。培养学生的责任、诚信、律己、奉献是我们的使命,也是我们的信仰。**我们的目标是崇高的,但达到这个目标是不容易的,我们要不时地面对各种自私和功利的冲击,要在众多的压力下坚持自己的理念和行为。**我们之所以当初勇敢地选择这个目标,之所以能够执着地坚持到今天,靠的就是"再多培养一个优秀的人"的信念。

同学们、老师们！今天，我们相聚在一起，庆祝我们过去一年的成就，展望未来一年的前景。即将到来的2017年，对于北大汇丰商学院来说，又是再攀高峰的一年。除了继续提升我们的教学科研水平，我们确定了一个重点努力方向并启动了三项重点工程。

一个重点努力方向是，进一步将多元化的学院变成一个多元文化融合的家园。在过去的几年里，我们一直致力于发展多元文化，每年招收50名左右的全日制留学生，每学期接收50至60名来自世界各地大学的交换生。目前，我院在校国际生达到153人，该比例在国内已名列前茅。我们不仅要让各国的学生坐在一起学习，更要让具有不同文化背景的学生通过这个平台相互了解，广泛交流，密切联系，共同进步。从新的一年开始，我们将采取更多措施，鼓励国际学生和中国学生以及各国学生之间的交流，促进多元文化的融合。

明年要启动的第一项工程是建立北京大学汇丰商学院中国企业案例库。改革开放30多年来，中国的企业由小到大、由弱到强，积累了很多失败的教训和成功的经验。深圳更是中国民营企业创立和发展的摇篮，涌现了华为、万科、腾讯、平安、招商等大型跨国企业以及大疆等新兴科技企业。我们要按照国际标准，从深圳的企业开始，研究它们的创新、创业、管理、发展的经验教训，建成中国企业案例库，推动中国管理学的研究和教学，并最终建成国际商学教育认可的企业管理案例库基地。

明年要启动的第二项工程是北京大学汇丰商学院海上丝路研究中心。研究中心重点研究"一带一路"倡议中海上通道各国的政治、经济、社会、商贸状况，为政府提供决策参考，为企业提供国际拓展的决策咨询，为教学提供研究案例，最终将研究中心建成一个达到国际水平的智库。

明年要启动的第三项工程是国际校区。经北京大学批准，我们即将在海外设立国际校区，主要招收国际学生修读北京大学的金融学、管理学、经济学硕士学位或MBA学位。国际校区将于2017年秋季启动招生，2018年正式开学，为北大120周年校庆献上走出国门实现国际化办学的厚礼！

同学们、老师们、朋友们！风正济时，自当扬帆破浪；任重道远，还需策马扬鞭。新的一年开启新的希望，新的征程承载新的梦想。展望2017年，更加美好的前景正召唤着我们，更加繁重的任务正等待着我们。让我们一起携手同心，笃定前行，勇敢执着，共创辉煌！

最后，真诚祝愿老师们、同学们新年快乐，身体健康，万事如意，阖家幸福！

谢谢大家！

就北大汇丰创建英国校区答《北大青年》学生记者问[①]

（2017年4月）

记者： 北京大学汇丰商学院英国校区是从什么时候开始筹备的？预计什么时候建好？什么时候投入使用？

海闻： 北京大学汇丰商学院走向国际的工作我们已考虑很多年了，但在英国牛津郡购买校区的工作是从2016年下半年开始的。当时得知英国开放大学（The Open University）位于牛津郡的校舍要出售，我们就开始关注。经学校批准后，于2016年11月参与了竞拍并荣幸地中了标。目前，学院已完成购买校舍的相关手续，今年5月中旬交房验收。由于这本来就是一所学校，所以不用新建，只需要对部分教室进行改造即可。我们计划于2018年北大120周年校庆前夕举行开学典礼，第一期学生将于2018年秋季正式入学。

记者： 英国校区的定位是什么？具体承担什么功能？和汇丰商学院

[①] 本文根据《北大青年》学生记者采访稿整理。

二、论"商界军校"

在国内的校区具体有哪些区别？

海闻：北大汇丰商学院在英国牛津郡建立自己的校区是北京大学创建世界一流大学的重要战略举措之一，在中国高等教育发展以及中国全球发展中具有重要意义。具体而言，英国校区具有以下功能和意义。

第一，在发达国家招收北京大学的研究生，增强中国学术研究与高等教育的国际影响力，在西方国家的主流社会中培养北大校友；第二，通过在海外校区的学术活动，促进中国与英国及欧盟高校在经济、金融及工商管理方面的学术交流与合作；第三，通过提供短期培训，增强英国和欧盟工商界对中国的了解，推动双边经贸合作；第四，通过企业家学员的海外参访和培训，增强中国企业家对英国和欧盟的了解，推动中国企业的国际化发展；第五，为北大学生提供在自己学校海外校区学习的机会，培养北大学生的国际视野和能力；第六，作为位于深圳的高校，北大汇丰商学院通过这个海外校区，能够加强与英国科研机构的合作，促进深圳创新能力的发展。

与北大汇丰商学院国内校区的区别在于，在牛津郡的校区主要招收英国以及欧洲其他地方的国际学生，这些学生在英国校区学习一年，然后到深圳校区学习一年。深圳校区则主要招收国内学生，这些学生虽然也可以到英国校区短暂学习，但主要还是在国内完成学业。

两个校区对国际学生的课程设置是一样的，学位要求也是一样的，全部为英文教学。其实，我们深圳本部已经有很多留学生，本部学生中15%的学生是国际学生。针对国际学生，学院将开设更多具有中国元素的金融与经济管理课程，使学生不但掌握专业理论基础知识，而且了解中国的改革发展实践。

记者：为什么要建新校区？为什么是在牛津郡？

海闻：这个有偶然性也有必然性。在海外发展是必然的，但在牛津郡设校区是偶然的。必然性是我们自建院以来就一直在实施国际化的战略，一直在考虑如何扩大在国际上的影响力。一开始我们希望在海外设一些负责招生的中心，像美国哈佛大学、芝加哥大学、斯坦福大学等在中国的中心一样，但也在考虑像纽约大学那样设立海外校区，让学生在全球不同的环境下学习。事实上，也有一些国家邀请我们去办学。

偶然性就是，正好英国开放大学的牛津郡校区在出售。坦白地讲这真的是可遇而不可求的事情，一般很少有校园出售的情况，至少不是我们想有就能有的。而且，这个校园还位于英国牛津郡，附近有牛津大学，离伦敦机场也只有49英里（约为79千米）。因此看到开放大学出售校区，我们觉得这是一个非常好的机会，就开始运作这件事情。在学校领导和深圳市政府的大力支持下，这件事居然做成了！

记者：具体操作由哪些机构、部门负责？日后运营工作由谁来承担？

海闻：英国校区的创办工作由以我为组长的工作小组负责，完成校园购置后我们在英国注册了教育机构并成立了理事会，聘请了在英国工作生活30多年的刘芍佳教授担任校区主任。理事会主要负责决策和运营监督，校区主任全面负责在英国的日常事务。日后，我们将招聘专门在英国校区工作的教研和管理人员，他们将在英国校区主任的领导下负责校区的教研与管理。

记者：2015年6月19日，清华大学与美国华盛顿大学（University of Washington）、微软公司合作创建的全球创新学院在西雅图启动，此前也有宁波诺丁汉大学、上海纽约大学、西交利物浦大学等一系列中外合作办学的先例。汇丰商学院英国校区属于中外合作办学吗？和上述情况比有什么区别和优势？您怎么看待中外合作办学这种形式？

海闻：北大汇丰商学院英国校区不是中外合作办学，而是第一个由中国大学在海外独立建设和自主管理的实体办学机构。

与中外合作办学相比，北大汇丰商学院英国校区最大的区别和优势在于"自主"。合作办学，难免要受到合作方的影响，这种影响，有时是正面的，有时则是负面的。就我们而言，无论是在课程设置、教研管理还是校园建设上，我们都对英国校区拥有完全的自主权。由于拥有这种百分之百的自主权，我们可以为所有来英国校区求学的学生提供更为"原汁原味"的具有北大品牌和传统的教育。这是北大国际化发展的积极探索，也体现了北大引领中国高等教育走向世界的使命担当。

高等教育的国际化是我国建设世界一流大学的必由之路。改革开放之初，中国高等教育还相对落后，我们主要通过向国际一流大学派访问学者和留学生，提升我们的教学和科研水平，这是最初的中国高校国际化措施，可谓"国际化1.0版本"。20世纪90年代后期，我们开始引进国际高校并与之在国内或国外合作办学，我把此举称为"国际化2.0版本"。经过30多年的开放，中国高校走出去，在海外独立办学，我认为是教育国际化的新的一步，可以称之为"国际化3.0版本"。我永远记得康奈尔大学前校长雷蒙10年前讲的一句话："北大也到了该打自己品牌的时候了。"国际化的下一步是什么？我觉得应该是中国高等教育走向世界后的全球融合，比如与国际知名大学课程互认、学分互换、资源共享等。

记者：140年前，北京大学首任校长严复赴英留学；140年后，北大汇丰在牛津郡建立了校区。您怎么看待这140年来中国教育，特别是高等教育方面的改变？您有什么相关建议和畅想吗？

海闻： 中国教育，特别是高等教育的发展和整个国家的命运是息息相关的。140年前，由于我们在经济、教育等方面全面落后于欧美，很多像严复先生这样的中国有志青年只能选择到西方寻求救国救民的真理。而现在，我们已经有能力把校区开到英国的教育圣地——牛津郡。这说明，140年以来，我们在教育上已经摆脱了落后的地位，至少我们已经成为国际教育界的一支新军。全世界的学生，不一定要到欧美大学读书，他们也可以到中国的大学来获得同样的在全球具有竞争力的教育。这也是我们的时代赋予我们的机遇。

但是，目前中国的一流大学和世界的一流大学还存在差距。体制上需要改革，要研究怎样培养创新人才、国际人才、领袖人才。在资金上，我们的大学也与世界一流大学有差距，以哈佛商学院为例，其有自己的基金作为资金来源。我们在招聘时，最好的情况下，也只能提供国际一流商学院1/2至2/3的工资待遇。

不过，资金不是根本问题，我认为未来最重要的是让学校有更多自主性，要让各个学校对自己的声誉负责。现在国内高校良莠不齐，但不能因为部分学校管理不善而采取"一刀切"的政策从而束缚了一流大学的发展。

专业学位侧重就业导向，但是同样需要注重理论培养[①]

（2017年4月26日）

伴随着社会经济的高速发展，国家对人才的需求也越来越多元化，高端人才的教育和培养成为社会关注的焦点。专业学位研究生教育如何发展？如何培养具有良好职业素养的高层次专业人才？如何探索和创新符合专业学位特点的运行机制与体制？这些都是值得思考和需要解答的问题。为此，北大深圳研究生院学生记者团采访了北京大学校务委员会副主任、北京大学汇丰商学院创院院长海闻教授，深入了解了汇丰商学院在深化专业学位研究生教育综合改革道路上的探索与实践。

记者： 海闻老师好。请问您能否简单介绍一下汇丰商学院专业硕士项目的基本情况？汇丰商学院的专业硕士培养是如何定位的？改革产生了怎样的效果呢？

[①] 本文发表于北京大学新闻网，记者杨鹏程、朱彦臻。

海闻：我们始终认为，作为北京大学的专业硕士，一定要有自己的标准和特色，**不仅要接受专业知识的培训，也要有一定的理论功底**。人们大多认为专业硕士课程的应用性很强，但实际上**北大的专业硕士教育不是简单的职业培训，我们培养的是有宽厚理论功底的专业人才**。

北大汇丰商学院目前有两个专业学位：金融硕士和新闻与传播硕士。作为专业学位改革的探索，汇丰商学院采取**理论与实践、主修与辅修相结合**的培养方案。2016年，在得到了深圳研究生院认可和支持的情况下，我们决定尝试实施研究生辅修项目，在专业学位改革方面进行新的尝试。目前，汇丰商学院金融硕士在完成金融学知识学习的同时，还会辅修经济学或管理学，这样才能成为具有深厚经济学理论功底或懂得管理的金融人才。汇丰商学院新闻与传播硕士（财经传媒方向）则要求辅修金融学、经济学或管理学，成为具备全面财经知识的新闻工作者。

关于改革的效果，我们一直以能否提高学生的素养和能力来衡量。全国各个高校都在培养金融硕士，但北大必须培养具有特色的高端金融人才，即使是专业学位，也要跟其他专业学位不同，要有其特色。除了专业知识，我们还注重培养学生的理论功底和领导能力，培养学生的社会责任和团队精神。学制上，我们是3年制，比一般专业硕士多一年。严格的训练使学生在很多领域都有很好的发展。《新财富》杂志每年都会组织评选最佳分析师，2015年我们有8位毕业生上榜，今年增加到13位，并且随着毕业生的增多，这个数字还会不断增长。我们的财经传媒也是一个特色学科，我们要培养真正懂财经的新闻工作者，或者懂传媒的金融工作者，或者传媒领域的创业者和创新者。财经传媒专业毕业生的就业选择面很宽，既可以进行媒体创业，也可以在创业团队中做媒体，他们都是稀缺资源。

记者：谢谢海闻老师的耐心讲解。您能再跟我们详细分享一下汇丰商学院专业学位的培养有什么突出的特点吗？在改革的时候是否参考了其他学校或者学院的经验呢？

海闻：我们希望北大的培养和教育都能起到引领中国未来的作用。未来，我们需要的是有远见、有功底、有责任、有能力的人。对学生的培养绝不能浮躁短视、急功近利、随波逐流。我是北大1977级学生，是恢复高考后的第一批学生。当时社会急需人才，很多学校采用"短平快"的培养模式，但北大坚持宽口径、厚基础的学风，十分强调理论基础，培养学生的"后劲"。宽口径也就是我们现在说的学科交叉融合，厚基础就是我们强调的打好理论基础。学生不但要知其然，更要知其所以然。

为了让学生得到宽口径的培养，汇丰商学院最初采用的是跟香港大学、香港中文大学、新加坡国立大学不同学科联合培养的双硕士学位项目。后来由于学生人数越来越多，都上双学位不现实，于是我们就开创了硕士"专业+辅修"的培养模式，使得不上双学位的学生也能获得两个或两个以上学科的培养。我们也欢迎有多种知识背景的本科生通过商学院获得更好的发展。比如我们的金融硕士有一个方向是数量金融，学生本科全是学理工科的，然后硕士学经济金融，这类多学科复合型人才是社会特别需要的，相信多学科的学习经历对这些学生的未来发展也是很有好处的。

在厚基础方面，我们除了专业课，还开设了许多理论课程，重视学生的研究和论文写作。我们对论文的要求十分严格，不仅要有逻辑推理、实证研究、技术分析，还要有理论说明、论文的意义和贡献。每年都有学生因论文达不到要求而不能按时获得学位。因此,学生对论文都很重视。每到最后一个学期,其他学校的学生可能已经在实习甚至上班了,我们的学生却回到学校完成论文。毕业生反映,到了工作岗位后,他们就觉得比别人懂得更多。

课程安排上我们借鉴了一些国外优秀大学的安排,实行模块制教学。例如,加州大学除了伯克利分校,其他分校都实行学季制,10周为一个学季。北大深研院一学期很长,有18周,我们就把一学期分为两个模块,9周为一个模块,每个模块修2或3门课,这是因为一门课拖太长时间并不好,会出现前松后紧的现象,模块制的时间安排更加紧凑有效。

记者: 海老师,据我们了解,汇丰商学院和国外的交流合作也非常密切。能否就汇丰商学院的国际化程度和方法,跟我们再分享一下?

海闻: 目前汇丰商学院的国际化主要体现在三个方面。

第一,学生来源国际化。 为了更好地提高学生的国际交流能力,我们自2009年以来实行了全英文教学。目前学生的入学面试、上课、作业、论文、答辩等,都使用英文。全英文教学给学生的国际交流提供了很多便利,每年出国和来我院的交换生都不少。目前学院每年有50多个全日制留学生,每学期有50多个国际交换生。读学位的和交换的国际学生几乎占每届学生的四分之一。学院所有全日制硕士课程都用英文,降低了留学生在学术领域的语言门槛,因此他们也愿意来。而国内学生也不得不用英文跟他们交流,相当于在国内创造了一个国际化的环境。我们还特别强调多元文化,设立了"多元文化奖学金",专门鼓励不同国家的学生来留学。同时,我们也要求学生社团吸收留学生,支持中外学生一起搞活动等。

第二，师资队伍国际化。 目前，全院60多名全职教师中有40%来自国外，包括韩国、美国、意大利、加拿大、土耳其、澳大利亚等。除经常在美国市场招聘以外，我们今年也开始从欧洲市场招聘教师。行政工作人员中也有5名来自美国、法国、菲律宾等国，负责留学生的管理、国际合作和交流等工作。一些领导职务如院长助理、学科召集人、办公室副主任等也由国际老师担任。

第三，行政管理国际化。 汇丰商学院的管理体制也努力与国际接轨，具体表现在以下几个方面。一是充分发挥教授们的积极作用，让教授参与学院的各项工作。学院设有课程委员会、招聘委员会、科研委员会、生活委员会等，由教授们主持各委员会的工作，全院每月召开一次全体教授大会，学院领导会充分听取教授们的意见和建议。二是去行政化。学院明确规定，行政部门为教学科研服务，工作有计划，决策有章程，尽量少开会。学院建制方面也尽量减少行政单位或决策层级数量。整个学院现有四个主要项目、四个主要学科，以及近200名教职员工、1100多名攻读学位的研究生，在北京大学里也算是一个大学院，但我们的行政管理层级非常简单。整个学院不设系，没有学科之间的行政阻隔。四个专业都有相应的协调人，负责相应专业教授的聘请，也经常组织开会讨论各自学科的发展。更为重要的是，授课老师和行政人员之间的交流没有阻隔，且学生也因为这个缘故，交流和活动更为充分。

院里不设系是汇丰商学院的一个比较重要的特点。关于不设系，我想讲两个原因。一方面，我认为北大的硕士教学仍应是大学科的，不宜分得太细，要保持宽口径，这是我们的基本理念。另一方面，我确实看到了分系过细的弊端，系与系之间的行政机构，无形中阻碍了不同系同学之间的交流。同时，行政系别的标签化，带来了系与系之间资源、晋升、荣誉等方面不必要的矛盾。大学科、扁平化的管理是符合互联网思维和管理发展的整体趋势的，也是国际化的一个发展趋势。

记者： 关于学生就业方面，包括实习、社团活动等，您的理念是什么？同学们的反馈如何？

海闻： 我们始终认为，**商学院需要特别注意学生人格的培养**。我们特别强调"人的教育"——道德，即商业道德、职业道德、社会责任感以及团队精神和领导力的培养。

作为培养方式之一，我们会对学生进行一年半的军训，其中入学之初集中军训一周，之后每周训练一小时。商学院军训的目的，主要是培养学生的团队精神、拼搏意识、自律习惯，从而培养领导力。这主要受到西点军校的启发，西点军校除了培养军事将领，还培养了数以千计的董事长、总经理，为此，有一年西点军校被评为美国最好的商学院。

为了让学生安心学习，打好基础，我们特别规定学生在前一年半的时间里，除了假期不准实习。第三年课程基本修完后，学生可以集中精力实习、找工作和写论文。这是为了让学生更好地打基础，也是为了让学生专心做好每一件事。这样的规定还有一个好处，就是前一年半里学生基本上都在学校，社团活动也能很好地开展，可以帮助同学们彼此熟悉，建立良好的关系。

同时，我们鼓励支持学生在校期间的社团活动。社团活动能很好地锻炼学生的组织、沟通、协调、创新等方面的能力。各种社团会对新生进行模拟面试，并不断组织创新创业、商业讲座、内培交流等活动。有些社团已经运行多年，活动频繁，非常成熟，也成为各届学生之间联系交流的平台。我们也鼓励同学们根据自己的兴趣创立社团，但创立的社团要得到大家认可，经过学生和老师们投票才可以成立。学院设立了各种荣誉和奖金以表彰优秀社团。我经常跟学生说,无论今后从事什么工作,这些经历都很重要。

此外,汇丰商学院特别重视同学们的纵向交流和人际沟通。我们要培养学生的团队精神和领导力,集体活动特别重要,但这又是目前中国教育中缺乏的。我们每年会组织很多集体活动,如每年的秋游,让新生更好地相互了解;一年一度的新年晚会,要求研一和研二的同学必须参加并交叉排位;每年的春游,要求研一和研三的同学必须参加,这就让每一届学生能够往上结识两届的师兄、师姐,往下结识两届的师弟、师妹。随着毕业的学生越来越多,我们在北京、上海、深圳三地组建了校友会,加强校友关系建设,这对在校生找工作很有帮助。

我曾经问过一名学生:"你对我们学院感觉最好的是什么?"学生回答:"我们同学之间的感情非常深,参加学校社团的经历很有收获。"我继续问他:"你不喜欢的地方是什么?"学生回答:"管理太严格,有军训而且不准实习。"我又问他:"如果我们没有这些措施,你觉得同学之间会有这么多的交往和接触吗?大家会有时间去参加社团吗?"学生说:"我理解了,正是这些'不喜欢'的措施,才让学生得到了在学校里最宝贵的财富。"

总体来说,学生们也越来越认识到我们严格培养的长久效果了,学生的职业发展也非常好,毕业生大部分分布在北京、深圳、上海等大城市。从第一届开始,我们的学生在就业中就表现出很强的竞争力。即使在金融危机和经济波动的年份里,我们的就业率也基本能够达到百分之百。学生的理论功底和业务能力受到各大顶级金融机构和各个行业的认可。近年来我们的毕业生还有两个新的发展方向:出国深造攻读博士和到国外金融机构就业。最近新成立的两个社团就反映了这两种趋势:一个是数理经济协会,现有 55 名会员;另一个是国际金融市场协会,现有 19 名会员。

我们还一直强调诚信教育,规定除了公务员,不允许学生违约签第二个三方协议,并对作业、论文、考试中的抄袭和作弊行为有严格的惩戒措施,对代签到、实习爽约等任何作假、不诚信或不负责任的行为都给予一定的处分。我们曾开除过一个考试作弊的 MBA 学生,抽查并取消过一个毕业论文严重抄袭的学生的硕士学位。

记者: 关于学院未来建设的具体计划,海闻老师还有哪些要跟我们分享呢?

海闻: 为了更好地将北大汇丰建设成世界一流的商学院,我们将在 2017 年启动三件大事。

第一是在英国的牛津郡建立国际校区。这个校区将在 2018 年北大 120 周年校庆时正式开启,第一批学生将在 2018 年秋季入学。我们的牛津校区将主要招收英国及欧洲的学生,他们会在英国读一年书,第二年在深圳校区读书,不但会学习金融学、经济学、管理学的基本理论,还会进一步了解中国,包括中国经济、中国金融市场、中国的企业及管理实践等。国内学生也可以去国际校区进行为期一年、一个学期或一个模块的学习。

第二是成立海上丝路研究中心。这是一个智库,主要配合国家"一带一路"倡议,研究沿线国家的经济、商业、贸易发展状况,为国家制定政策提供参考依据,为企业国际发展提供咨询意见,为学院扩大影响力提供交流平台。

第三是启动中国企业案例库建设。我们地处改革开放前沿的深圳,在过去近 40 年间,中国企业从创业成长到走向国际,有很多成功的和失败的案例需要研究。案例库的建设不仅为学术研究也为我们的教学提供了中国的案例。当前，我们要进一步走国际化的道路，吸引国际学生来华学习经济学、金融学和管理学，更要讲好"中国故事"。

关于学科建设，除了现有的几个学科，我们还在考虑加强金融科技（Fintech）这个学科的建设，尤其是大数据和量化投资方向。我们现在有金融实验室，用于量化投资、计量经济学等课程的教学，这个金融实验室也是一个模拟的股票市场，有12套彭博数据终端和许多国内的经济金融数据库，每年耗资几百万元购买最新数据，可以让学生们更好地从事研究和了解市场。

我们的财经传媒专业也要进一步发展。这个专业已经招收了三届学生，声誉日渐斐然，生源十分优秀。这个项目具有跨学科优势，利用了原有的新闻传播、经济、金融等学科丰富的基础资源和条件，进行交叉学科人才培养。目前，徐泓老师担任学科负责人，每年也会邀请白岩松、敬一丹、胡舒立这样的业界资深人士为学生授课，充分结合了课堂理论及行业实践，旨在培养一批既有深厚财经理论功底又懂得如何传播的学生。

为此，学院正在建设一个新媒体实验室，搭建一个包括演播厅、编辑室、网站等在内的工作与实习平台，购置包括无人机、VR（Virtual Reality，虚拟现实）、体感实验等相关的硬件设备，覆盖纸媒、互联网、影视等各个方面，给学生提供探索新闻实践和信息可视化的实践平台，支持学生进行媒介创新。学生在校期间就可以有实际操作的经历，可以播放自己的原创视频作业和数字新闻，也可以创建自媒体、编辑网站，形成多种类型的原创作品。学院还打算成立专项基金，用来资助财经传媒专业的同学去实地采访"博鳌亚洲论坛""中国发展高层论坛"及达沃斯"世界经济论坛"等重大活动，培养一批走向世界的财经新闻工作者。

我经常跟学生说，北大学生不应太多地考虑就业问题，就业不是我们的奋斗目标，而是我们奋斗的自然产品。不论选择什么专业，北大学生一定要树立远大的目标，奠定坚实的基础。足够优秀的人不需要担忧就业，不要担心找不到好工作，而应该担心有好工作摆在那里，你却无法胜任。纵观全球市场，并不乏好工作，但很多好工作却招不到合适的人，北大应培养能胜任最具挑战性工作的人。

中国教育国际化的 3.0 版本[①]

（2017 年 9 月）

海闻近期接过北大汇丰商学院英国校区的钥匙，里里外外还有很多事情需要安排。他的日程排得很满，没少奔走在中英两国之间。我们按照约定时间来到了他的办公室，他刚开完会，还没来得及喝一口水便接受了采访。

2004 年，海闻由北京南下深圳，志在建立一所世界一流的国际化商学院。当时，南国燕园犹如白纸一张，建校、聘任、招生，在外界看来，已是十分艰辛。但在当年的诸多采访中，海闻仍不断提及一个梦想——"让中国高等教育走向世界"。这句简单的口号，听而入心者不知几何，但说话的人却一直在坚守。

十余年过去了，这个看似遥远的目标，已然落地。北京大学汇丰商学院英国校区，成为中国第一个在海外独立建设、自主管理的实体办学机构，毗邻顶级学府牛津大学，更显示着中国教育海外拓展的使

[①] 尹颖尧. 海闻：中国教育国际化的 3.0 版本 [J]. 大学生，2017（9）：80-83.

命和雄心。在近期的采访中,海闻则直言:"我们绝不作二流学校。我们的最低目标就是要跟牛津大学的商学院平起平坐。这是目标,也是挑战。"

这是一句豪言壮语,但并不空泛。这所来自中国的商学院要如何定位?如何发挥比较优势?如何在英国站稳脚跟?海闻心中已有打算。

课程设计:多一些中国味道

在海闻看来,北大汇丰商学院英国校区要吸引的,是对中国感兴趣的学生。

随着国际化进入崭新阶段,中国市场日益向世界开放,中国企业正为全球提供机遇。而全球经济的不景气,更加强了外国学生对新兴经济体的兴趣。海闻因此表示,北大汇丰商学院英国校区的设立是有市场需求的。作为校方,需要创造条件,从制度和课程活动的设置上让外国人更好地了解中国。

首先,商学院会开设专门研究中国的课程,"给外国留学生介绍中国的改革开放,让他们了解中国经济的发展。"

"我们开了一门课,叫 China Study(中国研究)。我们不仅在课堂上介绍中国,还会带留学生到中国的其他地方去,到农村去。他们需要了解中国,了解中国的各个方面。除了金融学、管理学、经济学的专业课程,我们还开设了中文课,让他们了解中国语言,这都是吸引外国学生的地方。"

同时,在商学院开设的一般性课程,也会纳入更多的中国案例。目前,海闻正带领团队建设中国企业案例库,力图将中国企业的典型案例搜罗进来，系统地覆盖改革开放以来的重要企业、重要事件及其重大变迁，为教学提供资料支持。"中国改革开放那么多年，我们能看到很多成功和失败的案例，这些案例值得研究和分析。案例库主要有两种案例：一种是研究企业的案例，观察和研究这些中国企业是怎么成功的，譬如我们会研究华为是怎么成长起来的，它的发展战略是什么，遇到问题又是怎么解决的。当然我们也可以研究企业为什么出问题，比如万科的股权分散引发的问题，这里既有很多实际问题，也有很多理论问题。另一种是问题导向的案例，比如人力资源管理、融资策略、战略定位、市场营销等，对这些问题各个企业是如何解决的，大企业是怎么做的，小企业又是怎么做的。我们要研究各个企业在处理各个问题中的经验教训。"

海闻强调，与其他学校所建立的案例库不同，汇丰商学院建立的案例库不仅可以供中国企业家使用，也可以用于国际教学科研。因此，案例编写时会使用英文。"当然，外国学生感兴趣的话，也可以跟着导师做一些项目，围绕中国做一些具体的研究。"

海闻认为，中国大学的国际化之路恰恰要打出自己的特色。"如果中国学校教的全是西方主流的东西，介绍的全是西方国家的情况，那么学生为什么要到中国的学校来学习？"在通行的教学方案中加入中国味道，"这就是我们比人家多的一点，特殊的一点"。

学制安排：开学在英国，毕业在深圳

按照学制设计，北大汇丰商学院英国校区的学生要取得硕士学位，需要攻读两年，第一年在英国校区学习，第二年转移到深圳校区——直观地说，即开学在英国牛津，毕业在中国深圳。

目前,英国政府允许外国大学在英办学,但要保证至少50%的课程是在英国境外讲授的。也就是说,北大汇丰商学院英国校区本质上仍是中国学校,按此规定,必须有一半以上的课程在中国教授。

海闻坦言,这样做,"既是规定,也是我们的希望。"成立北大汇丰商学院英国校区的初衷之一,就是吸引真正对中国感兴趣的外国学生,并给予他们深度接触中国的机会。在这一点上,没有什么比来到中国生活学习、亲历中国文化,更为直接的了。在深圳校区学习期间,学生们将了解中国的经济与文化、体验最日常的"中式生活",或进入中国企业实习,对中国的商业世界产生最切身的认识。

在课程之外,海闻也十分重视中外学生的共同学习和成长。"我们有大量的中国同学,而且这些同学都在中国工作。假如留学生想要留在中国工作,或者参与与中国企业相关的工作,那么保持与这些中国校友的联系,对他们很重要。"正如海闻所言,这样的学制之下,学生收获的不仅是知识,还有见识、阅历、同学圈子和多元文化的碰撞。长远来讲,这些都会令他们受用终身。

深圳,是中国改革开放的前沿阵地,也是许多奇迹开始的地方。13年前,海闻将这里视为"中国的加州",在这里为他梦想的教育事业开疆拓土。13年后,渐渐成长的北大汇丰商学院,以主人的姿态,用外向、包容和创新的精神,接纳远道而来的好奇心、探索欲、灵感和野心。

深度合作:向世界散播中国元素

中国一流大学在英国登陆,也引起了"邻居"牛津大学的兴趣。

二、论"商界军校"

2017年5月，海闻代表北京大学汇丰商学院，赴英完成了与英国开放大学的校园交接程序。访英期间，海闻拜访了牛津大学的三个院系，并商讨合作事宜。北大汇丰商学院英国校区，正作为一个平台，搭建着中英教学和科研合作的各种可能，把"中国元素"散播到欧洲。

"我这次拜访了牛津大学曼斯菲尔德学院（Mansfield College）。学院表示很愿意吸纳我们的学生去交流。"海闻表示，以往中国学生到海外留学和交流往往是"个人"行为，而现在，有一个中国的学校实体在英国，"就等于说，现在是两所学院在英国的交流。"这样一来，无论是合作的便利性还是合作的规模，都会有所提升。此外，合作的形式也在拓宽——"曼斯菲尔德学院和许多欧洲学校有合作，也可以推荐外国本科生到北大汇丰商学院读硕士。"

同时，海闻指出，除全日制硕士项目，在职培训也是值得深耕的一块。随着中国经济实力和世界影响力的增强，英国对中业务日益频繁，越来越多的英国企业家产生了了解中国的需求。牛津大学凯洛格学院（Kellogg College），主要负责英国企业家的在职培训，目前，凯洛格学院正积极寻求与中国高校的合作。同样，中国也存在许多想变成"英国通"的企业家。海闻说："我们可以一起培养企业家。合作之后，可以互相提供课程。"

另外，海闻此行还拜访了牛津大学全球与区域研究学院（School of Global and Area Studies）。他表示，今后可以与此类专业学术机构共同举办论坛和研讨会，研究地区性问题，当然也包括中国，以及中国对其他地区的影响等问题。双方基于不同的文化背景和学术视角进行交流，相信将产生有趣的化学反应。

教育国际化：自信步入 3.0 版本

30 多年前，海闻为了"看看人家怎么搞经济"，远走他乡，赴美留学。一批青年人走出国门看世界，正是中国改革开放以来，教育与国际接轨的初始形态。海闻将其称为教育"国际化 1.0 版本"，即"派人到外国学"。

而随着国内教育环境和市场走向成熟，办学形式也开始升级——"教育'国际化 2.0 版本'，是引进外国学校到中国合作办学。而'国际化 3.0 版本'，则是我们到发达国家去办学。"

目前，国际办学的探索已在许多高校展开，然而还鲜有成功者，原因就是国际化无法一蹴而就。在海闻看来，北大汇丰商学院这次强势登陆英国，靠的是经验的累积和扎实的步伐。"国际办学不是仅靠花钱就能办成的，而是必须具备提供国际化课程、处理国际事务、教育国际学生的能力。汇丰商学院为什么能走向海外？因为我们国际化办学已经很多年了。自 2009 年开始，我们就实行全英文教学，我们有相当比重的外籍老师和留学生，从教学到管理，都采用国际化标准。现在只是把它拓展到英国去而已，其过程就很自然。"

北大汇丰商学院从一开始就确定了国际化路线。目前，学院 90% 以上的教授拥有海外著名大学博士学位，外籍教授占比超过 40%，留学生占学生总数超过 15%，平时教学采用全英文，并与国际上多所高校建立联合培养和交换生关系……国际化，早已是汇丰商学院的"日常"。

其实，在国际办学的热潮下，不少国家也纷纷向中国高校伸出橄榄枝。海闻坦言："海外有不少人邀请我们去办学。他们甚至提出，校园都给你盖好，直接入驻就行。但我们一直没有动心。"

"我的原则是，做事情，一定要保持我们的品牌。北大是中国最好的大学，要向世界上的一流大学看齐。"

2018年，北京大学将迎来120周年校庆。届时，北大汇丰商学院英国校区也将举行开学典礼，正式开始上课。百年的轮回，或许正是美丽的巧合——120年前，京师大学堂背负着开启民智、强国御侮的使命创立；120年后，北大以独立、自信的姿态，向世界宣告它的存在。

2018：聚力·奋进[①]

（2017年12月18日）

尊敬的各位来宾，老师们、同学们、校友们：

大家晚上好！

一元复始，万象更新。站在2018年的门槛前，我们又一次相聚在北大汇丰商学院的新年晚会。每年的这个时候，我们都会盛装出席，一起聊聊今年取得了哪些值得回味的成绩，对明年又有哪些新的展望和期盼，今年当然也不例外。

首先，我谨代表北京大学汇丰商学院向全院100多名辛勤工作、教书育人的教职工，向刻苦求学、钻研至理的1400多名在校学位教育项目同学以及数千名在职培训学员，向更多的遍及世界各地的在不同工作岗位勤奋工作的广大校友，向一直以来关心和支持北大汇丰商学院发展的社会各界朋友，致以新年的祝贺和衷心的感谢。

回顾即将过去的2017年，我们勠力同心，不断探索如何把汇丰商

[①] 本文为在北京大学汇丰商学院2018年新年晚会上的讲话。

学院建设为世界一流商学院,"走出去,引进来",做成了几件特别给力的大事。

一是"走出去",建立北大汇丰商学院英国校区。 2017年2月,我们和英国开放大学正式签署协议,购置其牛津郡校区,在此基础上建设北大汇丰商学院英国校区。经过几个月的周密筹备,我们已经启动了2018年第一届英国校区学生的招生工作,校舍建设工作也在有条不紊地进行当中。我们这一次在英国收购校区是中国高等教育历史上的一个里程碑,是中国高等学府第一次以独资、独立经营、独立管理的形式走出国门,也是汇丰商学院在国际化建设进程中的一次富有创新和历史意义的探索。郝平书记和林建华校长都曾到我们的英国校区进行细致考察,并对英国校区予以高度肯定。作为北京大学的首个海外校区,郝平书记希望汇丰商学院英国校区能成为北京大学与英国高校学术交流合作的重要平台。

二是"引进来",邀请诺贝尔经济学奖得主托马斯·萨金特教授加入汇丰商学院,组建成立萨金特数量经济与金融研究所。 研究所将在萨金特教授的领导下聚集一大批国内外知名学者,共同致力于推动数量经济学与金融学理论前沿领域的创新和发展,同时也为国内外大学、研究机构、政策制定机构与大公司培养优秀的人才。同学们在深圳也可以经常"睹睹"而不只是"一睹"诺奖得主的风采,说不定还能和他一起在健身房锻炼锻炼身体,在星巴克喝喝咖啡,在尚书坊吃吃饭。目前,2018年第一届萨金特数量经济与金融研究所的博士项目的招生工作已经启动。

三是"开新篇",建立海上丝路研究中心。 2017年6月,为响应"一带一路"倡议,更好地为粤港澳大湾区的建设提供智力支持,我们成立了新型高端智库——海上丝路研究中心，由何帆教授担任中心主任。研究中心将成为国内研究海上丝路沿线国家的经济、商业、贸易发展状况的重要智库。海上丝路研究中心开展的"宏观经济沙龙"目前已邀请了国内多位知名学者为同学们带来精彩的讲座。

此外，巴曙松教授主持的"金融前沿讲堂"持续进行，邀请了许多业界领袖前来演讲，为学生提供了课程学习之外更广泛的视角、更前沿的成果，也大大提升了汇丰商学院在社会上的品牌影响力。

我们的同学们努力拼搏，齐心协力，在各种团体竞赛中取得了好成绩：MBA 同学获得了"亚沙赛"（"亚太地区商学院沙漠挑战赛"）的第三名，EDP 同学获得了"第三届'工商大道'中国经营者戈壁远征"的冠军，全日制硕士同学获得北京大学深圳研究生院第九届趣味运动会的第一名和"一二·九朗诵艺术大赛"特等奖，展示了北大汇丰学子的体育、艺术风采。

即将过去的 2017 年，是中国历史上的重要一年。中国特色社会主义进入新时代，中国将于 2020 年全面建成小康社会，2035 年基本实现社会主义现代化，2050 年全面建成富强、民主、文明、和谐、绿色的社会主义现代化国家。我们学院在各方面取得显著成绩的基础上，也将制定新的目标，进入新的发展阶段。**我们希望到 2024 年学院建院 20 周年的时候，基本建成一个中国顶尖、国际知名，且在若干领域达到世界一流的商学院。**

实现这一目标，不能是一句空话，需要有明确的指标和具体的措施。我们必须在**学术研究、学生培养、社会服务和国际影响**等方面达到很高的水平，取得公认的成绩。

实现这一目标，不是一时之功，不能靠一己之力，需要全体师生

二、论"商界军校"

同心同德，携手共行，凝心聚力，砥砺奋进。我们的老师，要认真上好每一堂课，指导好每一个学生，完成好每一项研究，发表好每一篇论文；我们的学生，要认真听每一节课，仔细做每一次作业，积极参加每一次军训，努力完成每一项工作。**世界上并无捷径，成功来自奋斗，积跬致远，聚沙成塔。**对于个人的成长是如此，对于学院的发展也是一样。

即将到来的2018年，又是新的一年，也是我们实现宏伟目标的一年。在这一年里，我们将继续坚持"商界军校"的理念，在学习、考核、论文、纪律、行为等方面严格要求学生，在"能、智、体、德"方面提升学生。我们也将不断改进和完善各项规章制度，更加严格地要求教职工，全面提升学院的教学、科研、服务水平，为实现世界一流商学院奠定更加坚实的基础。

2018年，对每个北大人、北大汇丰人而言都有特别的含义。北大将迎来120周年校庆，我们也将于3月在英国牛津郡举办建校120周年海外庆典暨北大汇丰商学院英国校区的启动仪式，为学校献上一份可载入史册的厚礼。北大汇丰商学院英国校区将主要招收英国和其他国家的学生，学生们在英国学习一年，然后到深圳学习一年。同时，我们深圳主校区的学生也能够到英国校区修读相应的专业课程，拓展自己的国际视野。

2018年，我们将于春季举办汇丰商学院首届全院运动会以庆祝北大建校120周年，将于秋季在深圳举办"健康跑"以庆祝改革开放40周年。老校长蔡元培曾说："完全人格，首在体育。"作为培养未来商界精英的学院，我们将把提升学生身体素质和精神面貌作为一项重要工作来抓，也以这种独特的方式来祝贺母校的生日和国家的改革开放。

2018 年，我们将全面启动经济学博士课程，设立博士生班。我们也将设立金融科技专业硕士项目。第一批萨金特数量经济与金融研究所的博士生同学以及第一批金融科技专业的硕士生同学将于秋季加入北大汇丰的大家庭。

2018 年，我们将继续推进教学科研建设，首先是建设好中国企业案例库，依照国际标准，从深圳企业开始，研究各企业发展的经验教训，建成受国际商学教育界认可的企业管理案例库基地。

2018 年，我们将开展更多校企合作，与中国和国际著名企业建立互利共赢、具体有效、可持续发展的合作平台。我们与平安科技合作的宏观经济研究中心也将在 2018 年正式成立。

2018 年，我们将进一步推动国际交流，发挥地处深圳的比较优势，与世界一流商学院在中国经济、商业模式、企业管理、教育培训等方面展开深度合作。

2018 年，我们的教学科研设施也将进一步得到改进。财经传媒专业同学期待的媒体演播室将正式启用，同学们将拥有更加优越的学习和实践环境。

老师们、同学们，我们从祖国各地，甚至是世界各地聚集在北大汇丰商学院，无论我们在这是学习还是工作，无论毕业以后走到哪里，我们都希望自己的学院是一所世界一流的商学院。这是我们共同的愿景，愿景的实现也要靠我们大家的共同努力。我们需要奋进，我们需要聚力，只有大家齐心协力，我们的愿景才能实现。

老师们、同学们、朋友们，"聚力·奋进"是今年新年晚会的主题，也是我们 2018 年的行动纲领。希望我们所有的师生都能认同我们的奋斗目标，在新的一年里，勤奋踏实，勇敢执着，认真学习，努力工作，在自己的学业和事业上,在学院的建设上,劈波斩浪,再创辉煌。

最后,祝愿大家在新的一年里身体健康,万事如意,阖家幸福。

谢谢大家!

继承和发展北大体育传统[①]

（2018年4月14日）

亲爱的老师们、同学们：

大家下午好！

仲春时节，山青水碧，清风徐来，草长莺飞。在这个美好的季节，北京大学汇丰商学院的老师和同学们欢聚在运动场，隆重举行学院首届运动会，向北大120周年校庆献礼。此时此刻，我同大家一样，心潮澎湃，豪情满怀。

首先，我代表学院对运动会的召开表示热烈祝贺！为在今天上午的比赛中取得佳绩的同学点赞！相信大家在下午的比赛中能够再接再厉，续写传奇！

老师们、同学们，翻开北大100多年的历史，我们发现，体育在北大的发展过程中留下了珍贵、清晰的足迹。作为中国高校体育启蒙的重镇，北大与中国体育的现代化始终相伴相随。蔡元培老校长曾说："完

[①] 本文为在北京大学汇丰商学院第一届运动会上的讲话。

全人格，首在体育"。这里的"首在体育"，并非看重比赛成绩，而是强调培育健康的体魄和勇于拼搏的精神气质。

在 100 多年后的北大汇丰商学院，体育更有着重要的意义。以培养未来商界精英为目标的汇丰商学院，长期以来一直将提升学生身体素质和精神面貌作为重要任务。为培养学生严格的自制力、不屈不挠的拼搏意志，以及合作互助的团队精神，学院坚持每周军训，积极组织学生参加"'玄奘之路'商学院戈壁挑战赛""亚太地区商学院沙漠挑战赛"和"'工商大道'中国经营者戈壁远征"，MBA 篮球队曾获"全球商学院篮球邀请赛"冠军，EMBA 同学也已经举办了首届运动会。此次面向全院学生的运动会，就是对北大体育传统的继承和发展。

北大汇丰商学院希望教给大家的不仅仅是知识，还是能力和品质。你们作为未来商界的精英和领袖，领导力是必不可少的，其中"独立思考"格外重要。同学们在课堂上要敢于质疑，能够批判性地思考和提问。在这个信息爆炸的时代，对信息的准确把握以及在人云亦云、循规蹈矩的观点中形成自己的果断判断尤为重要。但领导力不只是埋头苦干，也不是单干，而是懂得在全力以赴的同时，找到一群志同道合、愿意与你一同前行的人。领导力也需要对多元价值持开放包容的心态，作为北大人，我们需要有海纳百川的胸怀和气度，我相信参加团队项目的同学们在运动会前期的训练中，会明白团队中有分工，不同队友会有自己的想法和意见，会体会到如何平衡队友不同的想法，最终制定最优的决策，圆满地完成团队的任务。我相信大家来到汇丰商学院，最能感受到的是学院带给大家的"站出来"的胆量和自信。我们希望同学们能够积极参与团体运动项目，如攀岩、举圆木、翻轮胎、高空翻越等，在其中亮出自己的长处，敢为人先，承担起自己的使命和责任，收获友谊，找到未来的靠谱队友。这次运动会，不仅是同学们在课堂以外施展拳脚的好机会，也是秀出你们领导力的好时刻。

今年是北京大学建校 120 周年。自建校以来，北大一直站立在潮头引领中国的现代化进程，书写了辉煌的历史篇章。而我们汇丰商学院英国校区的正式成立，是中国高校走出去的勇敢尝试，更是我们将北大精神发扬传承的坚实一步。

今年校庆的主题是"守正创新，引领未来"。于北京大学而言，就是要在守正的基础上创新，在创新的过程中守正，服务、支撑和引领国家的未来发展，脚踏实地地走出一条具有中国特色的世界一流大学创建道路。于汇丰商学院而言，更应立足于深圳，创新进取，踏实办学，努力争创世界一流商学院。站在新的起点上，希望我们汇丰商学院的全体师生能够勤奋踏实，勇敢执着，认真学习，努力工作，在自己的学业、事业上，在学院的建设上，劈波斩浪，再创辉煌，聚力奋进，为北京大学 120 周年校庆献礼！

最后，预祝汇丰商学院第一届运动会圆满成功！

二、论"商界军校"

"10年"的故事[1]

（2018年12月1日）

尊敬的各位来宾，各位同学、老师、朋友：

大家下午好！今天我们欢聚在一起，有很多值得庆祝的事情：一是汇丰银行捐赠冠名10周年；二是2008级同学入学10周年；三是首届2005级同学毕业10周年。在此，我代表北大汇丰商学院，欢迎汇丰银行的各位嘉宾，欢迎2008级、2005级以及其他级的校友们，欢迎所有的同学、老师、朋友！

我的发言与其说是欢迎辞，不如说是回忆一下过去的10年，展望一下未来的10年。下面，我讲三个故事，分别来自10年前、10年中和10年后。

10年前

10年前，汇丰银行捐赠了1.5亿元人民币，为北京大学汇丰商学院

---

[1] 本文为在北京大学汇丰商学院冠名10周年庆祝大会上的讲话。

冠名。应该说，这件事做得很成功。在此，我要感谢四个人。

第一个人是丁国良，时任汇丰银行北京分行行长，也是北大的校友。他当时在北大读国际MBA，也算是我的学生之一。当时，汇丰银行刚刚进入中国，他就请我担任汇丰（中国）的独立董事。当然，他们当时要找独立董事也不容易：要会说英语，要有一定的身份，要懂点儿经济和金融，还不能是其他相关领域公司的独立法人。这样的人不多，所以他就找到了我。我其实并不愿意到外面做"兼职"，但是为汇丰（中国）做独立董事我还是挺愿意的，因为我想，至少要从汇丰找一个奖学金。之后我就很认真地做了几年独立董事，直到教育部不让校级领导在外兼职为止。在后来捐赠冠名的过程中，国良也起了很重要的作用，如果没有他，就没有后面的故事。

我要感谢的第二个人是郑海泉，时任香港上海汇丰银行主席。郑海泉对学校，特别是对国内高等院校的发展非常支持，他有支持中国教育发展的情结。所以当时我们谈论如何支持北大深圳商学院的时候，郑海泉非常认同我的想法，并积极地做汇丰银行总部和慈善基金的工作。他邀请我去重庆参加汇丰董事会，去见一位更重要的人——汇丰银行的时任主席葛霖先生。

所以，第三个我要感谢的人是葛霖，他当时是汇丰银行的主席。我要去见他，要说服他来支持我们创办一个世界一流的商学院。他很忙，我上前谈了几分钟，就引起了他的注意。当时我觉得他已经对支持北大感兴趣了，于是我就接着邀请他到北大参观，又请他来到深圳。当时的北大深圳商学院刚刚起步，第一届学生还没有毕业，老师只有不到10个，用一句经典的话叫"十几个人来七八条枪"。汇丰凭什么要支持我们，凭什么要相信我们能建成一个世界一流的商学院？但葛霖高瞻远瞩，很有魄力，不仅考察了北大，还专程来到深圳，当时来深圳的还有王冬胜和丁国良。

在此，我还要感谢一位2005级的学生——陈婧宇。当时，她负责接待葛霖，任务完成得不错，葛霖对学院学生的水平、态度都很赞赏。但是，用百年汇丰的声誉来支持一个刚刚起步的商学院毕竟是件大事，必须说服汇丰银行的其他董事。

2008年8月8日，北京举办奥运会，汇丰银行的很多董事来北京参加开幕式。8月7日晚上，我被邀请出席汇丰银行的晚宴。我知道这顿饭非常重要，因为这是一场考试，如果我表现得好，这些董事们会说："好吧，咱们同意吧"；如果我表现得不好，人家就会说："算了，这件事不靠谱"。所以晚饭开始时我也有些紧张，这些董事说话都很犀利，其中一个印度籍的董事，似乎很懂教育，问了很多问题，我就一一认真回答。最后他对葛霖说："我们在印度也办这样一个学院吧？"我当时一听就特别高兴，这说明他对我们的办学理念很欣赏。葛霖说："我们先不谈印度，先做好中国这件事吧。"此时，我心中的一块石头落了地。

据我所知，汇丰冠名这件事在汇丰银行内部也是有不同意见的。汇丰银行在100多年的历史中，一直以稳健著称，对自己的品牌尤其在乎。汇丰银行给很多项目提供过资助，但从来没有把名字给过一个机构，因为汇丰银行很重视风险，担心冠名其他机构，管理不好会损害品牌。这件事在汇丰银行慈善基金内部也有争议：1.5亿元本来可以做很多慈善项目，现在一下子给了一所学校，把其他项目的钱都用掉了，因此他们也有反对意见。

所以，在这里我特别感谢丁国良、郑海泉和葛霖，感谢他们的远见，感谢他们的教育情怀，感谢他们对我的信任。我相信，当时汇丰银行并没有预想到学院今天会有这样的发展成果。

第四个要感谢的人是北大时任校长许智宏。其实汇丰冠名这件事情在北大内部也有争议。有人认为这是北大商学教育的"品牌稀释""品牌混乱"，学校领导层也有不同意见，但许校长顶住了压力，坚定不移地给予了支持。

经过努力，我们总算把这件事情做成了。事实证明，汇丰和北大当初的决定是英明正确的，北大汇丰商学院的冠名和发展，为北大和汇丰都增添了光彩。但通过我讲的故事，大家知道，当初做成这件事是不容易的。所以，我在此要代表我们所有的学生、老师、员工，对当初为促成这件事情付出努力的四个人表示衷心的感谢！

1.5亿元，现在来看并不多，但在当时是国内最大的一笔教育捐赠。而且重要的不仅是钱，还是冠名。汇丰银行百年来积累的声誉，现在和北京大学绑在一起了，所以这件事情的意义非常大。令我比较感动的是，为了办好这个学院，汇丰要求在协议里写明："基于对海闻教授办学和组织能力的认可，双方一致同意由海闻教授担任北京大学汇丰商学院院长及北京大学汇丰金融研究院院长一职"，任期将"不少于5年"。所以，我也下定决心一定要把这个学院办好，要对得起北大和汇丰对我的信任。

10年中

2008年8月30日，捐赠冠名协议签字后不久，便爆发了金融危机，全球金融界一片恐慌。多么幸运，我们在金融危机前签署了协议。

二、论"商界军校"

接下来，我就开始全力以赴地去申请用地，这个过程也十分不易，但好在有惊无险。当时在深圳大学城原有的规划里是没有商学院大楼的，北大希望多要一块地，各方的态度可想而知。但我们的努力感动了市领导，他们说：北大把1.5亿元放到深圳建一流商学院，我们当然应该支持。经过多方协调，时任市长同意把现在的位置给我们。可是还没等办完手续，这个市长便被"双规"了，于是又有人企图否定这个安排。好在接手的副市长态度明朗：这是有利于深圳的好事，与个人行为无关。就这样，我们终于在2010年1月破土动工，3年后大楼建成，并获得"国家优质工程奖"等一系列奖项。当然，在此期间也有不少故事，以后可以慢慢讲。

在此，我也想跟所有将来准备创办企业的同学分享一点经验：**一旦目标确定，一定要雷厉风行地去落实，还要做到事无巨细，锲而不舍。就像打仗一样，必须速战速决，因为风云变幻莫测，机遇稍纵即逝。做成一件大事，不但要有远见，还必须有很强的执行力。**

10年来，在建设"商界军校"的过程中，我们有很多故事可以讲。不过，最重要的一件事，也是我遇到的最困难的一次选择，是要不要离开汇丰商学院。

2009年5月，教育部希望将我调到北京外国语大学（简称"北外"）当校长。北外是一所非常优秀的大学，培养了很多杰出的国际人才。回北京，到著名大学当"一把手"，这令人很难不动心。

第一，从仕途上看，这绝对是件好事。第二，家里也希望我能回北京，因为当时我的两个孩子都还小，分别在上中学和小学。第三，来到深圳好几年了，我一直住在学生宿舍里，生活不如家里方便。我当时还患有较严重的湿疹，背上、脸上都很痒，晚上经常难受得难以入睡；第四,我觉得这是教育部对我的信任,不去不好。

但是,我考虑了一个礼拜以后,决定还是留在深圳,留在北大汇丰,因为学院刚刚起步,大楼刚刚开始设计,师生们刚刚开始憧憬未来,我一走,必然对学院的士气、信心、发展进程产生一定的影响。我想我要对得起刚刚前面谈到的四个人,对得起北大和汇丰,对得起当时因为相信我而到深圳来学习的2005级、2006级、2007级和2008级的同学们。所以,我要履行我的承诺,坚守岗位,尽职尽力,办好北大汇丰商学院。最终,我于2009年6月3日给当时的教育部部长写了一封信,表达了对领导信任的感谢和不能赴任的歉意。

我觉得人这一辈子要有信誉,这是最重要的。**言不信者行不果,只有有信誉,才能得到更多的支持,各项事业才能成功**。我丝毫不后悔当年的决策,也为坚持下来取得的成就感到欣慰。

如今,10年过去了。经过老师们、员工们,以及所有同学们的努力奋斗,北大汇丰已经初步成长为一个国内一流、国际上有一定知名度的商学院。今天,葛霖先生、许校长、丁国良都在座,我没有辜负你们的期望,我们应该一起为10年前的共同决定而感到骄傲和自豪!

10年后

10年后的故事,当然得10年后才能讲。我今天能说的,也只是一个愿望。10年后,我希望我们能够再开一次这样的庆祝会,再来检验我们在未来10年是否达到了目标。

10年后,北大汇丰的研究和教学水平将进一步提高。届时,我们将会有100位左右的教授,学术论文发表将达到中国商学院的最高水平。在宏观经济学、数量经济学、金融学、中国企业研究、商业模式、创新创业等领域，北大汇丰要名列前茅。

10年后，我们将继续坚持高标准、严要求、宽口径、厚基础，使学生既有深厚的理论功底，又有踏实的执行能力。独树一帜，独领风骚，真正把我们的学生培养成能够引领国家发展和社会进步的人才。要结合基本理论和中国实际，出版北大汇丰商学院的教科书。北大汇丰要成为在国际上很有影响力的人才培养基地。

10年后，北大汇丰的国际影响力将进一步扩大。届时，北大汇丰国际学生的比例要达到25%。北大汇丰英国校区要成为中国在发达国家的非常有影响力的高等教育机构，每年要培养200名左右的MBA和金融学、管理学、经济学硕士研究生。同时，北大汇丰要继续与世界一流大学合作。有些工作正在进行当中，我们希望明年有更具体的成果向各位汇报。

10年后，北大汇丰要在国际排名中领先。尽管我们一直低调行事，专注于自身发展，但最近已经有机构开始关注我们了。比如，教育组织QS（Quacquarelli Symonds）发布的"2018全球最受雇主欢迎的十大商学院"排名中，北京大学位列第九，且其在介绍中特别提及了北大汇丰商学院。在由艾媒金榜(iiMedia Ranking)发布的"2018中国高校MBA网络口碑排名"中，北大汇丰商学院位列第一。当然，排名本身不是目的，但通过排名，可以更好地促进我们的工作。

最重要的，我希望10年后看到北大汇丰商学院校友的成长。届时，我们至少应该有5000名硕士和博士校友、3000名MBA校友、2000名EMBA校友，以及数以万计的参加过各种短期培训的学员。10年后，我们最早毕业的硕士和博士都已经40多岁了，应该涌现出一批领导者和业务骨干。我们的校友将遍布金融界、学术界、政界。所以10年以后，北大汇丰商学院将会有数万名经过努力拼搏取得成功的校友活跃在各条战线上。未来10年的故事，应该由北大汇丰商学院的校友们来讲！

  同学们、老师们、朋友们！北大与汇丰同行10年。汇丰的眼界、北大的实力，以及二者共同的理念、执着的奋斗、强强联合的品牌叠加无疑外溢出了令人瞩目的成绩。北大汇丰商学院已给双方的携手交上了相对满意的答卷。前程辉煌，未来可期，北大汇丰商学院将继续努力，书写汇丰和北大并肩前行的新篇章。

  谢谢大家！

2019：远见·坚卓①

（2018年12月17日）

尊敬的各位来宾，亲爱的同学们、老师们、校友们：

大家晚上好！

时光荏苒，岁月如歌。去年的"聚力·奋进"晚会仍历历在目，转眼又是一年过去了！在即将告别成绩斐然的2018年、跨入满怀希望的2019年之际，我谨代表北京大学汇丰商学院向刻苦求学、锐意进取的全体同学，向认真负责、勤勉工作的全体教职工，向遍布各地、努力拼搏的广大校友，向一直以来关心支持学院发展的各界朋友，致以最衷心的感谢和最诚挚的新年问候！

同学们、老师们、朋友们！**一所伟大的学校，从来都是与国家和民族的命运休戚与共的**。即将过去的2018年，是中国改革开放40年的纪念之年，也是北京大学发展史中的重要之年。

2018年，我们庆祝北大建校120周年。120年前，风雨飘摇的大清

---

① 本文为在北京大学汇丰商学院2019年新年晚会上的讲话。

帝国在危若累卵的变局中孕育出一个意想不到的成果,京师大学堂的成立开了中国近代国立高等教育的先河。北京大学自此开启跨越三个世纪、走过两个甲子的百年奋斗历程。

2018年,我们缅怀西南联大(国立西南联合大学)创建80周年。 80年前,"千秋耻,终当雪。中兴业,须人杰。"在民族存亡的危急关头,北京大学、清华大学、南开大学组建了国立西南联合大学,用刚毅坚卓的坚定信念与持之以恒的不屈信念为我们的国家保留了重要的科研力量,培养了一大批卓有成就的优秀人才,为当时中国和世界的发展进步做出了杰出贡献。

2018年,我们纪念改革开放40周年。 40年前,改革开放拉开了序幕,恢复高考后的第一批学子进入北大,以强烈的使命担当和爱国情怀,唱响了"团结起来,振兴中华"的时代强音,成为改革开放和中华民族在新时期发展和腾飞的中坚力量。

2018年也是北大汇丰商学院的又一个重要之年。回首2018年,我们收获满满。在建设世界一流商学院的道路上,我们又取得了一系列的新成绩。

这一年,我们启动了北京大学汇丰商学院的英国校区,谱写了中国高等教育史上的新篇章。 200年前,传教士罗伯特·马里逊(Robert Morrison)创建了第一个由外国人开设的面向华人的学校——"英华书院"(Anglo-Chinese College);而200年之后,我们创办了第一个位于英国的中国学校。有校友说这是北大120周年校庆的最大亮点之一。英国校区第一批国际学生已于2018年9月顺利入学,他们将在英国学习一年,而后到深圳学习一年。同时,我们深圳校区的81名学生也已开始分批赴英国校区修读专业课程,增长他们的阅历见闻,开拓他们的学术视野。

这一年，学院通过了AACSB的认证，成功跻身世界一流商学院的行列。作为一个年轻的商学院，我们坚持国际化、多样性、高标准、严要求的办学理念，品牌影响力与日俱增。在QS发布的"2018全球最受雇主欢迎的十大商学院"名单中，北京大学排名第九，而北大汇丰商学院被专门提及并获得赞誉。

这一年，我们的师资队伍进一步壮大，科研水平不断提升。今年又有9名教师加入我们的师资团队，全院教师总数已达70名，其中副教授及以上27人，占总数的38.6%。教师们潜心钻研，成果显著，2017年以来已在SSCI（Social Sciences Citation Index，社会科学引文索引）国际期刊发表论文58篇，其中在国际顶级期刊发表论文21篇。学院修改了晋升职称的标准，进一步提高了对教师在科研、教学和服务方面的要求。北大汇丰商学院正在转向一流研究型商学院。

这一年，我们专注前沿领域，坚持国际标准，不断推进学生培养的深度和广度。在萨金特数量经济与金融研究所的主持和支持下，学院开始举办"数量经济学冬令营"，让优秀的本科生了解经济学研究的前沿方法，激发他们的学术热情和研究潜力。学院开设了博士研究生班，今年秋季首批博士研究生班的学生顺利入学，正式开启了经济学博士项目的规范教学和研究。与时俱进的金融科技专业的硕士项目正式启动，第一批22名学生也于秋季顺利入学。此外，根据世界一流大学的普遍规则，学院规定了毕业的GPA（Grade Point Average，平均绩点）最低要求，强调了北大汇丰商学院的质量标准。在当前浮躁的社会里，我们坚持宽口径、高标准、严要求，旨在使我们的学生具有更强的"高级认知能力"和"分析创新能力"，在人工智能的时代能够勇立潮头，引领未来。

这一年，我们正式启动了创新创业教育。创新创业是经济发展的永恒动力，深圳是中国创新创业的重要基地。作为坐落在深圳的北大汇丰商学院，开展创新创业的研究和教育，鼓励和孵化学生的创新创业活动，也是我们的重点发展方向之一。2018年11月1日，英国安德鲁王子（Andrew Albert Christian Edward）到访我院，亲自为北京大学汇丰商学院创新创业中心揭牌，并为未来媒体实验室的启用剪彩。目前由创新创业中心组织的"创讲堂"活动已经举办了7次，邀请了许多业界领袖和精英前来演讲，开拓了同学们的视野，也激发了学生们创新创业的热情。而未来媒体实验室则集实践、教学和研究为一体，模拟财经媒体机构的播报场景，将新闻传播理论与媒体实操技能有效地连接起来，让同学们在真实的环境中学习和体验。

这一年，我们进一步推动了体育运动和素质拓展，注重学生的全面发展。我们成功地举办了首届全院运动会；EDP项目的学员继续参加"第四届'工商大道'中国经营者戈壁远征"并成功卫冕；更多EMBA同学参加了"'玄奘之路'商学院戈壁挑战赛"和赛前的训练；MBA同学再夺"沙七"（"第七届亚太地区商学院沙漠挑战赛"）的"沙鸥奖"；全日制硕士学生在深研院新生杯和趣味运动会上均获得总分第一名。学院还组织硕士及博士周末到野外拉练，还在教职员工中启动了健康锻炼计划。作为"商界军校"，组织军训和体育锻炼，不仅有利于学生的身体健康，提高综合素质，为将来承担重任打好基础，也有利于培养合作互助的团队意识和永不言弃的拼搏精神，以面对未来的各种挑战。我们的这些措施也得到了AACSB的充分肯定和赞赏。

同学们、老师们、朋友们！**忆往昔峥嵘岁月稠，谋未来砥砺行程艰**。我们缅怀过去，是为了更好地建设未来。作为学院，我们的目标是建设一个中国顶尖、世界一流的商学院，为中国和世界培养有领导力、有自制力、有远大视野的商界领袖。作为个人，我相信你们的目标也是在各行各业做出成绩，获得成功。

无论是打造世界一流的商学院，还是个人在事业上获得成功，都不是一蹴而就的。回顾过去120年、80年、40年的历史，我们不难看到，**一切伟大目标的实现，都源于视野的高远、信念的坚定，以及对事业的热爱**。"不谋全局者，不足以谋一域；不谋万世者，不足以谋一时。"面对时代的发展进步，面对世界的风云变幻，我们更要登高望远、心怀天下、不忘初心、不懈努力。我们需要远见，我们需要坚卓。因此，我们今年晚会的主题词是"远见·坚卓"。

所谓"远见"，就是要树立远大目标，并围绕这一目标积累知识，打好基础，聚集资源，培养能力，甚至要学习很多看上去似乎没用但有利于实现长期目标的知识和技能，做很多看起来没用甚至不被人理解但对长期发展有利的事情。有远见者不会斤斤计较，不会急功近利，不会人云亦云，不会彷徨焦虑。**有远见才能有自信，有远见才能行千里。**

所谓"坚卓"，就是要有坚忍不拔的精神去实现远大的目标，不因各类诱惑而放弃，不因内外压力而屈服。正如当年西南联大的师生一样，战火连天中依旧志存高远，颠沛流离时也要弦歌不辍。有崇高理想的人，有价值追求的人，才能有如此强大的动力去坚持，也只有这种坚持，才能最终实现目标，获得成功！

同学们、老师们、朋友们！硕果累累的2018年即将过去，充满期望的2019年即将来临。未来的一年，对中国来说，将是充满机遇和挑战的一年；对北大汇丰商学院来说，也将是承前启后、巩固发展的一年。

2019 年，我们将继续在国际、高端、综合、严格等学院特色方面坚持和发展。我们将吸引更多优秀的师资和科研团队，不断鼓励学术创新，大力推动科研发展。我们将充分发挥萨金特数量经济与金融研究所和宏观经济与金融研究中心的作用，通过与平安科技的合作，在宏观经济与金融的理论和实证研究方面有所建树，打造未来的学术高地。我们将继续坚持国际化的发展战略，通过英国校区和暑期学校吸引更多更优秀的国际学生。我们将不断完善各项规章制度，在学术规范、诚信纪律等方面更加严格管理。我们将继续围绕"德、智、体、能"全方位提升学生的综合素质和核心竞争力。

2019 年，我们将进一步完善英国校区的建设，并不断推进与世界一流大学的交流与合作。学院将不断完善英国校区的教学和管理体制，招聘全职教师，理顺英国校区与深圳本部的关系，安排好本部学生在英国的学习。我们还准备在英国校区修建宿舍，招收更多的优秀学生。我们将启动在英国的 MBA 项目，培养英国工商界的北大校友。英国校区将会是我们积极推进与深化中英教育和科研合作、加强与剑桥大学的交流合作、落实双方联合培养学生项目的重要契机。

2019 年，我们将进一步按国际标准建设学院，提高学院的国内外影响力。在已经获得 EPAS 和 AACSB 认证的基础上，我们将启动 EQUIS 和 AMBA 等权威认证程序，不断提升国际认可度。我们将逐步参与世界一流商学院排名。在过去的十多年间，我们一直秣马厉兵，砥砺前行，着力内部发展与建设，没有参与任何排名工作，尽管如此，我们还是获得了国际排名体系的关注。在 2019 年，我们将研究国际排名的指标，改进自己的不足，争取早日跻身世界最好商学院的行列。

老师们、同学们、朋友们！千帆竞发百舸流，事业路上竞风流。回顾过去，我们更加懂得昨日之艰难、今日之可贵；展望未来，我们更加坚定今日之信仰、明日之可期。在新的一年里，祝愿我们的学业和事业蒸蒸日上，鹏程万里！

最后，真诚祝愿同学们、老师们、朋友们新年快乐，身体健康，万事如意，阖家幸福！

谢谢大家！

北大汇丰就是这样一所"注重综合素质，强调远见坚卓"的商学院①

（2019 年 4 月 21 日）

老师们、同学们：

大家下午好！

在全院上下的共同努力和广大师生的大力配合下，北大汇丰商学院第二届运动会今天隆重开幕了。在此，我代表学院对各位同学克服种种困难，积极参与这项学院年度重要集体活动表示感谢！祝愿各单位在随后的比赛中勇于拼搏，以优异的成绩展现北大汇丰商学院"商界军校"的风采和北大汇丰人的朝气与活力！

同学们，2018 年，我们以北大汇丰商学院首届运动会迎接了北大 120 周年校庆。今天，我们以同样的方式，纪念五四运动 100 周年。无论是戊戌变法创办京师大学堂，还是五四运动追求民主与科学，都需要高识远见，都必须刚毅坚卓！

---

① 本文为在北京大学汇丰商学院第二届运动会上的讲话。

二、论"商界军校"

作为一所培养国家未来领袖和精英的学院,北大汇丰商学院就是这样一所"注重综合素质,强调远见坚卓"的商学院。我们之所以要进行军训和野外拓展,要参与沙漠和戈壁的挑战赛,要举行春游和秋游,要举办运动会,原因都是一个:培养学生的团队意识和拼搏精神!每一个北大汇丰的学子,在报考这所学院之前,就要了解北大汇丰的价值观,就要理解和认同我们"与众不同"的做法。不要用世俗的眼光来看待我们,不要用常人的做法来评判学院。作为"商界军校"的学生,我们要学会刚强,要自觉培养随时应对突发事件和承受巨大压力的精神和能力。

我们非常高兴地看到,我们这些独特的举措得到了AACSB的高度肯定和赞赏,并在学院的认证评审中发挥了重要的作用。学院的理念也得到了绝大多数同学和校友的认同和支持。这次运动会由于天气的原因,一波三折,又面临多项期末考试,但同学们依然精神抖擞,积极参与。很多EMBA、EDP和MBA同学专程从全国各地赶来参加开幕式和比赛。刚才,从教授、行政人员,到各项目各年级的学生,每一个人都以饱满的热情,斗志昂扬地步入会场,充分地展示了北大汇丰的凝聚力和团队意识。作为院长,我感到欣慰和感动,希望这种精神能继续推动学院的发展和同学们的成长!

同学们、老师们,团队精神让我们乐于奉献,勇于担当,让我们在未来的人生道路上赢得尊重,凝聚共识,推动我们为着共同的理想和使命而奋勇前进。北大汇丰商学院成立的时间不长,却获得了社会的广泛认同和学界的高度评价,国际影响力不断提升。这样的发展速度是令人瞩目和骄傲的,这不是一个人的战斗,而是北大汇丰商学院历届师生共同努力的结果,是北大汇丰商学院高度统一的团队精神和凝聚力的体现,也是我们必须坚持和强调的一种精神!蔡元培老校长曾说:"完全人格,首在体育"。运动,能让人历练"狮子样的体力,猴子样的敏捷,骆驼样的精神"。在未来的人生中,每个北大汇丰人都需要这样的体力、敏捷和精神。

最后,祝北大汇丰商学院第二届运动会圆满成功。

加油,"商界军校"学子!加油,北大汇丰师生!

15年来，我们因远见而进步，因坚卓而发展[①]

（2019年10月26日）

亲爱的各位同学、各位老师、各位校友、各位朋友，女士们、先生们：

今天，我们聚集在一起，共同庆祝北京大学汇丰商学院建院15周年。作为创院院长，我代表学院对你们的到来表示热烈的欢迎和衷心的感谢！同时，我也借此机会，对过去15年来为学院发展贡献力量的北京大学和深圳市的领导们、北京大学汇丰商学院的全体师生员工们和校友们、国内外的社会贤达和有识之士致以最诚挚的感谢和最崇高的敬意！

15年前的一个晚上，时任北京大学常务副校长兼深圳研究生院院长的林建华、时任北京大学校长助理的史守旭和我一起开会，决定由我来深圳创办商学院。我们达成共识："深圳研究生院各学院只有建立起独立的学术和行政领导班子才能真正使北大深圳研究生院发展起来"，并决定首先推动商学院的建设和发展工作。对于在深圳创办商学院，我

[①] 本文为在北京大学汇丰商学院建院15周年庆祝大会上的讲话。

的认识是，改革开放前沿的深圳，需要一个一流的商学院；北京大学在深圳创办的商学院，一定要成为世界一流。

一晃15年过去了。在学校、深圳市政府、社会各界的支持下，在全体师生的努力下，我们从"没有老师，没有学生，只有100万元启动经费"的一张蓝图开始，凭借自力更生、艰苦奋斗的精神，创建了一个拥有80多名全职教师、90多名行政老师、1500多名在读硕士和博士，培养了近3万名企业家和各界人士，并在英国牛津郡拥有一个校区的国内一流、国际知名的商学院！

毫无疑问，我们15年来取得了很大的成就。我们今天欢聚一堂，不仅仅是为了庆祝我们已经取得的成绩，更是为了总结我们的经验教训，为未来的发展奠定更加扎实的基础。

回顾我们15年的发展历程，我们之所以能够取得这些成绩，主要有以下几点原因。

第一，立志高远，目标清晰。

一所伟大的学校，从来都是与国家、民族，以及人类的命运休戚与共的。作为国之重器，北京大学承担着为中华民族伟大复兴和世界发展进步培养最优秀人才的重任。北京大学的每一个学院，无论是什么学科，无论坐落在哪里，无论创建过程多么艰难，其最终目标都应该是中国顶尖、世界一流。

我们从建院伊始就确定了这样一个高远目标。在2007年学院的首次圣诞新年晚会上，当时我们的第一届学生还未毕业，汇丰银行还未捐款，我们就明确地宣布了目标和规划：从2004年到2007年是我们发展的第一个阶段，我们在这个阶段是非常低调的，主要练内功，招聘优秀师资，积累管理经验；从2008年到2013年，将是商学院快速发展的阶段，我们在这个阶段的目标是融入深圳，走向全国；从2013年到2023年，我们要走向世界，成为国际知名的一流商学院。

这样一个高远的立志，不仅给了我们奋斗的方向，更赋予我们奋斗的动力。尤其在面临困难和挑战的时候，它能让我们有坚定的毅力去克服困难，迎接挑战，不为眼前的不顺而焦虑，不为一时的挫折而放弃。

第二，敢想敢闯，追求卓越。

要创建世界一流，就必须面向国际，面向未来，敢于创新，追求卓越。我们从建院之初就在思考如何赶超，如何引领，如何"超凡脱俗"，如何"独树一帜"。与香港大学、香港中文大学、新加坡国立大学，以及正在启动的与剑桥大学设立双学位项目；用"专业＋辅修"的方式培养复合型人才；说服汇丰银行捐赠冠名；在英国牛津郡创办英国校区；邀请诺贝尔经济学奖得主建立研究中心提升研究水平；通过军训和严格要求培养具有团队精神、拼搏精神和自制力的未来商界精英——我们的许多举措都是前无古人的创新之事和开拓之举。

敢于创新，追求卓越，首先要敢于海阔天空地想，要研究未来发展的趋势，敢于做当前看来不可能、有争议却能引领未来发展的事。其次要脚踏实地地干，认真关注每一个细节，做好每一步工作。15年来，就是凭借着敢想敢闯的胆气和追求卓越的执着，我们把一个个战略设想变为现实，把一个个不可能变成了具体成果。

第三，无私无畏，锲而不舍。

我们这些追求卓越的独特做法并不是所有人都赞成的。社会上有人称我们是一个"奇葩"商学院，不断有人攻击我们的严格要求，"吐槽"我们没有北大的"自由"，"不为自己的学生考虑"。

我们的发展过程也不是一帆风顺的。面对社会的浮躁、远离本部的不利、利益的冲突、制度的束缚等困难和挑战，不要说去做一些别人从来没做过的事，即使只是坚持一个正确的理念、追求一个平等的地位，都不那么容易！

实现高远目标，追求完美卓越，必须要有锲而不舍的精神。15年来，无论别人怎么议论，无论过程多么复杂，我们都坚定不移地朝着既定的目标一步一步地前进，聚精会神做好主业，心无旁骛守护初心。而这种锲而不舍的精神背后是远见和无私。只有远见，才能确定自己在做正确的事。只有无私，才敢坚持做正确的事。正是因为这种远见和无私，我们才走到了今天。同样，我们要以这种精神，走向未来。

同学们、老师们、朋友们！我们在欢庆成就的同时，也要清醒地看到自己的不足。我们在科研、教学、国际化、影响力等方面还有许多改进和提高的空间。在未来的5年里，我们会重点在以下方面进行努力。

第一，加强理论与实践研究，提升在国际国内的学术影响力。

我们将不断提高对学术研究的要求，吸引和招聘更多优秀的师资和科研人员，不断鼓励学术创新，大力提升整体科研水平。尤其在宏观经济学、数量经济学、金融学、中国企业研究等领域，北大汇丰商学院要产生突出的、在国际国内有影响力的研究成果。

我们要利用大数据和人工智能等现代科技，尽快完成中国企业信息库的建设，为加强对中国企业的研究、推动创新创业、引领未来商学教育搭建平台，奠定基础。

第二，不断提高教育和管理水平，为中国和世界培养引领经济发展和社会进步的高素质人才。

在人才培养方面，我们将继续坚持高标准、严要求、宽口径、厚基础，既强调深厚宽广的理论功底，又注重踏实有效的执行能力。强调理想、境界、智慧，注重品行、修养、责任。我们不仅要培养能够促进经济繁荣的商界人才，更要培养能够引领国家发展和社会进步的精英。

从明年开始，我们将启动以英语教学为主的本科项目，首先招收港澳台和国际学生，为粤港澳大湾区的发展和实现"一带一路"倡议培养优秀人才。

第三，进一步推进国际化，为构建人类命运共同体做贡献。

中国要进一步融入世界，推动构建人类命运共同体，就必须发展国际化的高等教育。我们将努力吸引更多更优秀的国际学生来学院学习。同时，我们将更加注重国际学生与中国学生的融合发展，打造更加开放、更加多元、更加融合的校园文化。

我们将大力推进英国校区的发展，不断完善英国校区的教学和管理服务，完成宿舍、餐饮、教学和活动设施的建设和扩建工作。我们将积极开展英国校区全日制硕士项目的招生工作，尽快启动在英国的 MBA 项目，使之早日成为中国在发达国家具有广泛影响力的高等教育机构。

明年开始，我们将启动与剑桥大学嘉治商学院的双硕士项目和联合培训项目，不久还将启动主要为"一带一路"倡议沿线国家和地区培养高级经济、管理、金融人才的联合学位项目。未来，与剑桥大学在深圳的全面合作将进一步展开和深入。

各位同学、各位老师、各位朋友！我们今年院庆的主题是"远见·坚卓"。15 年来，我们因远见而进步，因坚卓而发展，在北京大学，乃至中国高等教育发展的史册上留下了北大汇丰人的隽永篇章。

今天，面对正处在大变局的世界，面对已进入新时代的中国，我们的机遇千载难逢，我们的挑战前所未有。全体师生要继续努力，携手共进。我们要在建院 20 周年之际，将北大汇丰商学院建设成为中国顶尖、国际知名、在若干领域达到世界一流的商学院。

5年的时间，说长不长，说短不短。让我们共同期待，并肩奋斗，一起奔向那充满光荣和梦想的2024年！

谢谢大家！

2020：笃学·明志[①]

（2019年12月16日）

尊敬的各位来宾，亲爱的同学们、老师们、校友们：

大家晚上好！岁月不居，时节如流。辉煌灿烂的2019年似乎刚刚开始，转眼已至岁末。今天我们齐聚一堂，回首一起走过的2019年，迎接即将到来的2020年。

首先，我谨代表学院向170多名勤奋工作、教书育人的教职工，向1000多位刻苦求学、钻研至理的全日制硕士和博士研究生以及400多名在职攻读学位的同学，向5000多名非学历教育的学员，以及遍布海内外、在不同的岗位努力进取的广大校友，向一直以来关心支持学院发展的各界朋友，致以衷心的感谢和诚挚的新年祝福！

2019年10月，我们一起度过了北大汇丰15周年的院庆，回顾了学院这15年的发展历程，庆祝已经取得的成绩，总结经验教训，为未来的发展奠定更加扎实的基础。回顾过去的这一年，在建设世界一流商

[①] 本文为在北京大学汇丰商学院2020年新年晚会上的讲话。

学院的征程中，我们在不断进取。

这一年，我们进一步推进了学院的国际化办学。我们的英国校区正在逐渐走上正轨：申请和入学的学生都比去年有所增加，第一批国际学生也来到深圳，在中国继续他们第二年硕士项目的学习。同时，深圳校区的51名同学分批前往英国校区学习，加强了对国际社会的了解，提升了眼界和能力。我们与剑桥大学嘉治商学院合作的双硕士项目和联合培训项目已正式启动，由我们推动的北京大学与剑桥大学在深圳前海的科研与教育合作项目也签署了备忘录，取得了关键性的进展。学院的国际认可度和影响力在进一步提高。在获得EPAS、AACSB的国际认证后，学院今年又成功地通过了AMBA认证，进入了国际一流商学院的行列。

这一年，我们继续坚持了对学生全方位的严格培养。在急功近利、焦虑浮躁的社会环境下，我们排除各种干扰，顶住各种压力，坚持对学生在学术理论上、道德品质上、诚信守则上的高标准严要求，在坚持保证毕业论文质量的同时，参照国际一流大学的做法，在国内率先制定和执行了毕业的最低成绩要求，杜绝混学位、混文凭的行为。对于学术不端行为，学院采取零容忍的态度。过去的两年里，我们对11位违纪违规的学生给予了严重警告、留校察看，以及退学或开除的处分。我们的做法维护了北京大学作为中国最高学府的尊严，也得到了广大师生和学校职能部门的支持。

更重要的是，我们鼓励学生自觉培养严格要求、努力拼搏、关心集体、团结共进的精神和气质。作为院长，我欣慰地看到，绝大多数同学能够勤奋学习，刻苦钻研，即使在节假日和周末，自习室里也经常座无虚席。每次活动，都有大量的志愿者们为大家服务。在各类团队竞赛中，汇丰商学院的学生均斩获佳绩：EMBA同学获得"'玄奘之路'商学院戈壁挑战赛"卓越奖、最佳公众人气奖、A+组团队季军；EDP同学成功卫冕"'工商大道'中国经营者戈壁远征"；MBA同学第四次夺得"沙鸥奖"；全日制硕士同学在深研院新生杯、趣味运动会上均获得总分第一名，刻苦准备"一二·九朗诵艺术大赛"，震撼全场。无论哪个项目，"商界军校"的学子都本着"不战则已，战则必胜"的精神去参与。

这一年，我们的科研实力得到了大幅提升。今年8月学院在延安召开了战略研讨会，会上我们确定了在未来5年提升科研水平的目标。今年有13名教师加入我们的师资团队，其中不少已经在学术研究上很有建树。在严格实行晋升考核制度的同时，学院还制定政策鼓励高水平研究，积极组织各类学术交流活动，除了举办"第四届北京大学－新加坡国立大学数量金融与经济学国际会议""第二届中国宏观经济国际年会""2019亚洲三校研讨会""第二届北京大学汇丰商学院宏观经济与金融学国际会议"等国际会议，还鼓励教师们积极融入各类学术研讨会和brown bag分享会（即午餐分享会）。教师们潜心钻研，科研发表不断增加，多篇论文发表在国际一流学术期刊上。此外，我们还创办了《北大金融评论》，填补了北京大学在金融领域缺乏有影响力刊物的空白。

同学们、老师们、朋友们！即将过去的2019年，是中国历史上颇具纪念意义的一年。5月，我们纪念了五四运动100周年。10月，我们庆祝了中华人民共和国成立70周年。100年的努力奋斗，70年的风雨兼程，中国实现了从贫穷落后到实现小康的伟大飞跃。回顾国家近百年来的革命史和建设史，中国人民不断历经艰难困苦，却又不断创造新的辉煌，我们北大人也在这段历史中为国家和民族做出了巨大的贡献。今天，面对世界的大变局，身处中国的新时代，社会对人才的专业性、创新性、责任性均提出了更高的要求。作为国之重器的北京大学，作为忧国忧民肩负社会责任、追求卓越不断创新引领的北大人，我们更要站得高，看得远，学得精，想得深，不为社会的浮躁而动摇，不为一时的利益而放弃。**过去，我们因远见而进步，因坚卓而发展；未来，我们需笃学而正心，需明志而致远。**只有这样，我们才能承担起引领未来中国乃至世界发展的重任。因此，我们今年晚会的主题是"笃学·明志"。

所谓"笃学"，就是勤于学，敏于思。做到"笃学"，需要知识的宽口径、厚基础。这是北大人口口相传的学风，也是北大人与众不同之处。"宽口径、厚基础"的核心精神就是要在学生期间打好今后长久发展的学术和理论基础，努力学习，刻苦钻研，专心致志，心无旁骛。只有今日耐得住寂寞，勤学苦练，才能有明日的叱咤风云、经久不衰。

所谓"明志"，就是要有高远的目标，要树立为人类发展、社会进步而不是为个人升官发财努力学习的志向。这是作为北大人应有的素质，也是坚持"笃学"的内在动力。我们衷心希望同学们早立志、立大志，抛却精致的利己主义，胸怀祖国和人民，不管面对多少世俗的压力，无论别人甚至身边的人怎么表现，都坚持做一个真正的、受到全国人民尊敬的，而不只是带着北大光环、利用北大品牌牟取私利、让百年名校蒙羞的"北大人"！

同学们、老师们、朋友们！我们在总结成绩、欢庆成果的同时，也要清醒地看到自己的不足。时刻看到差距，不断努力改进，这是北大汇丰商学院15年来取得成就的原因，也是我们未来继续发展的动力。在即将到来的2020年，我们将会重点在以下几个方面继续努力。

2020年，我们将继续加强理论与实践研究，提升在国际国内的学术影响力。

我们将吸引和招聘更多优秀的师资和科研人员，鼓励学术创新，鼓励在世界一流学术刊物上发表研究成果，为未来 5 年内成为中国最好的研究型商学院奠定基础。

我们要利用大数据和人工智能等现代科技，完成中国企业信息库的初步建设，为老师同学研究中国企业、推动创新创业提供平台。

我们要进一步建设好宏观经济与金融研究中心、海上丝路研究中心等，使其逐渐成为政策制定的重要参考部门。

2020 年，我们将继续提高教育和管理水平，为中国和世界培养引领经济发展和社会进步的高素质人才。

在人才培养方面，我们将继续坚持高标准、严要求、宽口径、厚基础，既强调深厚宽广的理论功底，又注重踏实有效的执行能力。强调理想、境界、智慧，注重品行、修养、责任。学院将更加严格地执行规章制度，同时成立"学生就业指导中心"，积极帮助学生进行实习和就业。我们不仅要培养促进经济繁荣的商界人才，也要培养能够引领国家发展和进步的政治领袖、学术泰斗和社会精英。为此，学院也将进一步积极支持学生的学术社团、学术讨论、社会公益活动，以及国内和国际的志愿者活动。

2020 年，我们将进一步推进国际化，提高学院的国际影响力。

在已取得 EPAS、AACSB、AMBA 认证的基础上，我们将继续提高我们在国际上的知名度，并努力吸引更多更优秀的国际学生来校学习。同时，我们将更加注重国际学生与中国学生的融合发展，打造更加开放、更加多元、更加融合的校园文化。

我们将大力推进英国校区的发展，不断完善英国校区的教学和管理，完成宿舍、餐饮、教学和活动设施的设计和审批工作，并尽快启动建设工程。

我们将落实与剑桥大学嘉治商学院的双硕士项目和联合培训项目，启动主要为"一带一路"倡议沿线国家和地区培养高级经济、管理、金融人才的联合学位项目的宣传和招生工作，做好启动港澳台与国际本科项目的准备工作。

同学们、老师们、朋友们！**忆往昔，风雪征程，我们度过了又一年峥嵘岁月；谋未来，砥砺前行，我们仍需锲而不舍，追求卓越。**在新一年即将来临之际，让我们一起以最饱满的热情来拥抱，以满腔热血来共同奋进，再创辉煌！

最后，衷心地祝愿大家圣诞快乐，新年如意，学业顺利，生活愉快！

谢谢大家！

二、论"商界军校"

2021：创！无止境[①]

（2020年12月21日）

亲爱的同学们、老师们、校友们：

大家晚上好！

时序更替，华章日新。去年"笃学·明志"晚会仍历历在目，转眼间我们又站在了新旧交替的节点。在即将告别多事之秋的2020年、跨入满怀希望的2021年之际，我谨代表北京大学汇丰商学院向170名辛勤工作、教书育人的教职工，向遍布海内外、刻苦求学的全体同学，向在不同岗位奋斗拼搏的广大校友，向一直以来关心支持学院发展的各界朋友，致以衷心的感谢和诚挚的新年祝福！

即将过去的2020年，是全球遭遇重大疫情灾难和政治动荡的一年，每个人、每个家庭、每个单位、每个国家，都经历了人类近代史上难忘的困难和挑战。然而，千磨万击还坚劲，任尔东西南北风，我们的学院，跟我们的国家、我们的人民一起，努力奋斗，锐意进取，在艰难的条件

---

① 本文为在北京大学汇丰商学院2021新年晚会上的讲话。

下，仍然获得了新发展，取得了新成绩。

这一年，我们努力克服困难，率先恢复正常的教学科研工作。 2月中旬，新冠肺炎疫情暴发，师生不能正常返校开学，作为一个国际化程度很高的商学院，我们面临比国内其他学院更加严峻的挑战。面对20多名教授不能回到中国，1500多名学生分布在全国、全球各地的情况，学院率先按时、有序地开展了线上教学活动和论文指导工作，学生们克服了时差、信号不好、网络不稳定等各种困难，圆满完成了春季两个模块的学习。学院也时刻牵挂着赴英国校区学习的20多名同学，在开展线上教学的同时，积极组织线上班会，帮助同学们解决困难，疏解紧张情绪。在疫情基本得到控制的情况下，学院在保障安全的基础上，果断要求在国内的毕业生全部返校，完成论文写作和答辩，并于6月初成功地为学生们举行了全国少有的令人难忘的2020届的毕业典礼。

疫情常态化管理下，我们努力让各项工作正常化。我们成功地在暑假举办了"2020年全国优秀大学生经济金融论坛"，近140位来自北大、清华、人大等全国各大顶尖学府的优秀学子，获邀参会，在北大汇丰展开了一场来之不易的线下相约。秋季学期的各个项目都正常按时开展，国际老师们努力克服困难回到学校。当第二模块开始时，所有授课都已恢复正常。同时，在其他学校无法承接"中国经济学年会"的情况下，学院临时接过重担，成功举办了"第二十届中国经济学年会"，600余位来自全国各地的专家学者齐聚北大汇丰，交流经济学理论和政策的研究成果。

在很多人认为多一事不如少一事的年代，我们敢于这样做的原因和动力，源自我们对学生的关心和热爱以及对事业的责任心，也源自我们对风险的管理能力和对活动的组织能力。 作为培养未来社会精英的北大

二、论"商界军校"

汇丰商学院，我们要以实际行动教育学生：**什么是勇敢，什么是担当，什么是境界，什么是责任！**

这一年，我们不断追求卓越，取得教学、科研、合作等方面的新成绩。今年秋天，有 8 位优秀学者加入学院，充实我们在宏观经济学、计量经济学、金融学等领域的教学和研究力量。科研领域也是硕果累累，不断取得突破，在国际顶级学术期刊上发表 15 篇学术论文，出版 10 本新书，并发布众多颇具影响力的经济分析和政策研究报告。"金融前沿讲堂""金融云学堂""创讲堂"和各类丰富多彩的学术活动持续开展，线上宣讲会和讲座更是火爆"云端"，不断输出优质的专业内容。

全球疫情和国际关系的紧张也没有阻碍我们的国际合作。在疫情暴发初期，我们组织校友和教职员工向剑桥大学和其他大学的医院捐赠了防疫物资，增强了合作单位之间的特殊友谊。我们与剑桥大学嘉治商学院的合作不断深入，正式启动了两校在深圳前海的合作项目。双硕士项目首批 4 名同学在秋季如期赴剑桥攻读管理学和科技政策的学位。"北大汇丰–剑桥嘉治全球创新创业大赛"的各期路演活动也顺利开展，为全球优质创新项目与资本的连接提供平台。

同学们、老师们、朋友们！巴菲特说，只有当潮水退去时，你才知道谁在裸泳。换句话讲，**越是在困难和挑战面前，越能看出谁是真英雄。**在这特殊的 2020 年，令人欣慰的是北大汇丰人展现出了极高的自我修养和坚毅的意志品质。面对不利的教学环境，全院师生努力学习新技术，积极合作，保持高质量的教学。同学们积极投身于各项志愿工作，承担属于北大青年的责任与担当。虽然今年被称为"史上最难就业季"，但我们的毕业生们仍然交出了令人惊喜的答卷，初次就业率达到 98.6%，平均每个毕业生获得两份录用通知，远高于同类院校的水平。在各类团队竞赛中，我们的学生均斩获佳绩：EDP 学员在"第六届'工商大道'中国经营者戈壁远征"中勇夺四连冠和最佳金像奖等大奖，EMBA 的勇士们在"第十五届'玄奘之路'商学院戈壁挑战赛"中取得第八名的历史最好成绩，MBA 同学第五次取得代表团队最高荣誉的"沙鸥奖"并摘得"亚沙赛"季军，全日制硕士学生在深研院"迎新杯"系列比赛及趣味运动会中继续夺得总分第一名。**最重要的是，我们始终以饱满的热情、全力以赴的精神，认真做好每一项工作，努力争取最好的成绩。作为"商界军校"，我们"不战则已，战则必胜"！**

同学们、老师们、朋友们！ 2020 年，虽历经风雨，我们仍续写辉煌。同时，我们也见证了太多的突如其来、出乎意料、不可思议，甚至无能为力。我们看到，即使在科技如此发达的现在，人类的生命依然脆弱；再发达的国家，也会出现混乱和动荡；再优秀的企业，也会遭遇衰落和破产。面对新的政治经济形势和层出不穷的新挑战，我们需要不断学习、不断更新认知来面对未来。要想在这个时代立于不败之地，我们需要永葆"闯"的精神、"创"的劲头、"干"的作风，紧随时代潮流，不断创新突破。这也是我们今年晚会的主题选择"创！无止境"的原因。

"创"，不仅指创业、创新、创造，还指创见、创优、创举。我们要做有创意的民族，能提出自己的创见，支持创业，鼓励创新，不断创造，坚持创优，缔造一个有创举的时代。**首先，"创"需要勇气**，要有敢于打破窠臼、敢想敢试、不断解放思想、告别墨守成规的勇气。任何的"创"，都会遇到阻力，甚至风险，**只有树立了崇高的理想和远大的目标，才会有"创"的勇气。其次，"创"需要智慧**，要有能够审时度势、运筹帷幄、化解各种阻力、善于取得成功的智慧。**这种智慧，来自远见，来自知识，需要不断学习，需要不断磨炼。**

"无止境",既意味着没有边界,没有束缚,也意味着不言放弃,永不停歇。一个人、一个企业、一个学院,创新一次不难,在某个领域创新也不难,难的是永不满足,不断创新,在任何领域都追求卓越,不断改进。**北大汇丰商学院正是从建院之初就确立了"创"的精神,坚持了"无止境"的理念,才有今天的发展成就。**我们今年晚会的主题也是一种创新,一改传统模式,用一种更符合年轻人的语言来表达我们未来的目标。我们就是要用这样一种精神和境界,为中国和世界培养更多的创新创业人才,不断创造更多的历史奇迹,推动人类社会的进步。

同学们、老师们、朋友们!回首 2020 年,我们不仅要为这一年的成绩而自豪,也应该看到我们仍然有很多地方需要提高和进步,需要保持清醒、时刻自省并不断改进。在即将到来的 2021 年,我们将继续提高教育和管理水平,培养更多具有领导力和创新力的高素质人才,提高北大汇丰在商界尤其在金融领域的行业影响力;坚持国际化发展,办好英国校区,加强与剑桥大学的合作,提高学院国际影响力。我们还将重点做好以下两个方面的工作。

2021 年,我们将继续加强理论研究,提升学院在国内外的学术影响力。

学院教师的科研水平是检验学院学术地位的重要标志。北大汇丰未来 5 年的重要目标是建设一个在经济学、金融学、管理学等领域具有学术影响力的一流商学院。除了吸引和招聘更多优秀的学者加入我们的师资队伍,学院将通过学术报告会、研讨会、论坛等形式促进学术交流,创建浓厚的学术氛围;通过人事和财务制度鼓励学术创新,鼓励参加国内外相关专业领域的学术活动,鼓励在国内外一流学术刊物上发表研究成果。同时,坚持严格的考核标准,对不适应学院未来发展的人员和制度也将及时进行调整。

2021年，我们将进一步加强校企合作，服务社会，提高学院的社会影响力。

目前，学院已和国家发改委、商务部、深圳市前海管理局、深圳市中级人民法院、《深圳商报》、华为、平安、腾讯、汇丰、万科、今日头条等进行了战略合作，我们也将继续加强与中央结算公司、国开行、招商银行、国泰君安、博时基金等的沟通交流，并与更多的企业、政府机构、研究机构建立广泛深入的科研、教育、咨询合作。在整合学院各研究部门的基础上，建立北大汇丰智库，重点从事宏观经济、金融、粤港澳大湾区经济发展、城镇化、乡村发展等方面的研究，为企业和政府提供服务。办好各类讲座，举办"北大深圳论坛"，让"到北大听讲座"成为深圳的经济与文化品牌。

同学们、老师们、朋友们！庚子即逝，辛丑将至。过去的磨难让我们毅力愈发坚韧，未来的希望让我们斗志更加昂扬。过去的一页即将翻过，崭新的篇章已在挥手致意。未来的一年充满着新的机遇和挑战，"惟进取也故日新"。"创！无止境"，我们就是要用这样一种精神和境界，去树立自己的丰碑，去大展未来的宏图，来面对纷繁复杂的世界，用无止境的"创"来获得更大的成绩。

最后，衷心祝愿大家身体健康，阖家幸福，万事如意，平安喜乐！

谢谢大家！

提升人文素养,陶冶道德情操[1]

(2021年1月)

说起到商学院上课,人们自然想到的是管理学、金融学、发展战略、市场营销、财务会计等帮助企业家提升经营管理和投资理财能力的课程。毫无疑问,这些课程是所有的商学院最基本的教学内容。教授们通过这些课程,培养学生从事商业活动、解决具体问题、发展壮大企业的能力。这方面的课程,旨在培养学生的"能"。

但是,一个优秀的商学院,不仅要让学生知其然,还要让学生知其所以然,知道"怎么做",更要知道"为什么要这样做"。为此,很多一流的商学院会开设经济学、政治学、历史学、社会学、心理学等看起来不那么实用的纯理论课程,旨在开阔学生眼界,加强学生的逻辑思辨能力,提升学生的"智",即基本的职业能力背后的知识和智慧。

当然,一流商学院还要注重学生的"体",让学生具有强健的体魄、拼搏的精神、协作的能力、不屈的意志。有了这样的"体育",才能培

---

[1] 本文为《素养与情操:商学院的人文课》一书的序言,该书即将由北京大学出版社出版。

养出北大老校长蔡元培所说的"完全人格"。

然而,一个肩负社会责任和承载历史使命的商学院,除了以上所说的"能""智""体",更重要的是强调"德"的培养。所谓"德",就是要有道德修养、素质情操、社会责任。诚信、公正、荣誉、责任、理想、奉献,都是未来领袖和商界精英最重要的"德"的素质。

毫无疑问,经过40多年的改革开放,中国的经济发展取得了举世瞩目的成就。世界上已没有人怀疑中国的经济实力,也没有人怀疑中国商界精英们的知识和能力。然而,在人文素养、道德情操和责任奉献方面,中国商界精英仍然有很大的提升空间。

如果说经济是一个社会的血液,那么思想文化就是其灵魂。一个企业家如果没有精神追求就会流于平庸;一所商学院如果不重视德育和人文,就会行之不远,难成一流。

北京大学有非常宝贵的人文传统和氛围,教导学生不仅要有深厚广博的知识、独立思考的能力,还要有批判与创新的精神,形成健全的人格和博大的人文情怀。正如蔡元培老校长近百年前曾指出的,"教育是帮助被教育的人,给他能发展自己的能力,完成他的人格,于人类文化上尽一分子的责任;不是把被教育的人,造成一种特别器具,给抱有他种目的的人去应用的"。

培养学生不但成为商界精英,而且成为引领国家发展的社会贤达和行为楷模,这是北京大学汇丰商学院创院以来不断思索、不懈努力和始终坚持的目标和使命。我们继承了北大忧国忧民、肩负社会责任的光荣传统,发挥北大优秀的人文精神,把塑造学生健康和卓越的人格作为首要任务。除了商学院必需的教学,我们还开设了一些看起来似乎不那么实用但实则是无用之大用的课程。这些课程可以帮助学生拓展眼界、开阔心胸、增长智慧。此外，我们还经常举办一些高质量的人文社科高端学术讲座，不仅服务于学院学生，还对社会开放，推动北大文化和智力资源与深圳城市文化的融合和发展。

由学院 MBA 项目办公室、经济金融网和"腾讯·大家"联合举办的"耦耕读书会"就是其中最多元、最具人文色彩的讲座系列。讲座主题涉及政治、经济、历史、哲学、社会、文学、摄影、音乐、建筑、考古等领域，邀请国内外知名学者、专家、作家、诗人、摄影家与读者零距离对话，并引导读者主动读书，深入思考。《素养与情操：商学院的人文课》汇集的就是这些讲座的部分精华内容，这些内容有以下几个特点。

思想为本。当今的时代呈现出知识碎片化和"快餐式"的趋势，"耦耕读书会"则提供思想碰撞的平台，倡导深度思考，引导读者看到波诡云谲的现象背后涌动的思想潮流。例如，中银证券首席经济学家、研究总监徐高通过梳理经济思想史，发现历史上赫赫有名的经济学大师们的辩论话题实际上影响着我们今天所有人的生活。复旦大学经济学院教授韦森通过比较不同的货币制度，分析货币制度的差异如何影响了东西方社会的不同演化路径。中国经济 50 人论坛成员、经济学家盛洪通过中西对比，解释了自由主义的误区，以及何为"英式自由主义"等。这些思想都是对人类文明进程的深入解读，有助于商学院学生把握人类进步的方向。

角度新颖。朱熹曾说："为学须觉今是而昨非，日改月化，便是长进。"一些习以为常、以为自己了解的概念、知识，换个角度看，就会有新的收获。近代军事史学者、上海国盛（集团）公司副总裁姜鸣从地缘政治学的角度解读了"一带一路"倡议和中美战略博弈。南京大学文学博士、北京理工大学教师刘晓蕾从生命的权利、精神追求等角度解读了《水浒传》《金瓶梅》等中国古典文学名著,令人耳目一新。

审美多元。美育可以塑造人性,蔡元培老校长甚至认为美育可以代替宗教。西安建筑科技大学教授、陕西省摄影家协会主席胡武功通过介绍当代纪实摄影的异化,指出大众审美的误区,认为"美"不是刺激眼球,不是一种物质存在,而是一种感受。清华大学建筑学教授贾珺在讲解古代园林建筑时指出,古人通过叠山、理水、借景等手法,不仅强调视觉,还借助听觉、触觉,达到文学中移觉手法的艺术和审美境界。旅日作家李长声讲解了茶道对日本审美的影响,指出中国美讲究对称、完整、和谐,日本则反其道而行,极力反人工,追求残缺美,形成其独特的审美——侘。

深入浅出。社会心理学上有个名词叫"知识的诅咒"(Curse of Knowledge),意思是自己知道的就以为别人也知道,写作或讲述时语言晦涩难懂且不加解释,让读者和听众不知所云,难以理解。《素养与情操》中的作者则通过通俗易懂的文字、形象生动的语言让知识直达人心。例如,著名经济史学者、北京大学人文讲席教授李伯重讲中国商业和商人成长史,开篇先定义了"商"字,一路娓娓道来,思路清晰易懂;畅销书作家、宋史研究者吴钩讲解宋朝的金融体系,用电影《无双》做比较,令读者心领神会。

凡此种种,恕不一一列举。读者在阅读中自有体会。

"经济学家以及政治哲学家之思想,其力量之大,往往出乎常人意料。事实上统治世界者,就只是这些思想而已。许多实行家(实践者)自以为不受任何学理之影响,却往往当了某个已故经济学家之奴隶。"其实,约翰·凯恩斯(John Keynes)这句话中的深刻道理不只适用于经济学或政治哲学,在任何领域里,思想的力量都是最强大的。希望《素养与情操:商学院的人文课》的出版,能让更多的读者感受到北大汇丰人文讲座的魅力,掌握其中的思想,提升人文素养,陶冶道德情操。

展卷阅读,享受这场人文和思想之旅吧。

以健康的体魄和抖擞的精神迎接挑战，开创未来[①]

（2021 年 4 月 17 日）

亲爱的老师们、同学们：

大家下午好！

是月季春，万花烂漫。在这美好的春天，我们迎来了北京大学汇丰商学院第三届运动会。作为学院年度重要集体活动，运动会是追求卓越的竞技场，也是展示风采的大舞台。首先，我代表学院对踊跃参赛的师生员工和专程从全国各地赶来参加活动的校友及亲属们表示热烈的欢迎！对为比赛顺利举行辛勤工作的工作人员和志愿者们表示衷心的感谢！

北京大学历来重视体育。早在 1905 年，京师大学堂就举办了第一次运动会，开了中国高校运动会之先河。当时的文告说："造就人才之方，必兼德育、体育而后为完备。"蔡元培先生所倡导的"完全人格，

[①] 本文为在北京大学汇丰商学院第三届运动会上的致辞。

首在体育",也激励着一代又一代中华学子崇尚运动,全面发展。

今年是中国共产党成立100周年,而正是100多年前发起的新文化运动和五四运动唤醒了民众,促进了中国共产党的诞生。作为新文化运动标志的《新青年》,曾在1917年4月号上发表了青年时期的毛泽东的《体育之研究》一文,文中特别指出:"体育之效",不仅可以"强筋骨",还"足以增知识""调感情""强意志",他强调,"体育一道,配德育与智育,而德智皆寄于体,无体是无德智也"。可见革命领袖对体育的重视。

从事任何一项伟大的事业,如果没有健康强壮的体魄和艰苦卓绝的精神,就不可能取得最后的胜利,而体育锻炼恰恰是强健身体、增强意志的重要途径。今天,我们庆祝建党百年,不仅要牢记可歌可泣的辉煌历程,还要传承先烈顽强拼搏的奋斗精神,经历体育运动的淬炼,弘扬昂扬向上的蓬勃朝气。

北京大学汇丰商学院始终注重在"能、智、体、德"四个方面对学生的培养。近年来,我们坚持全日制硕士的入学军训和常态化的素质拓展训练,积极组织EMBA、MBA和EDP同学参加各项赛事。去年,EDP学员在"第六届'工商大道'中国经营者戈壁远征"中勇夺四连冠和最佳金像奖,EMBA勇士们在"第十五届'玄奘之路'商学院戈壁挑战赛"中取得第八名的历史最好成绩,MBA同学第五次取得代表团队最高荣誉的"沙鸥奖"并摘得"亚沙赛"季军,全日制硕士学生在深研院"迎新杯"系列比赛及趣味运动会中继续夺得总分第一名。这些成绩,无不彰显着我们"商界军校"不战则已、战则必胜的气魄!

通过本次运动会,我们不仅要强健体魄,磨炼意志,还要增进不同专业、不同部门师生的交流,培养领导力,增强凝聚力,将北大汇丰的师生校友拧成一股绳。让我们肩并肩,手挽手,以健康的体魄和抖擞的精神迎接挑战,开创未来!

最后,预祝北京大学汇丰商学院第三届运动会圆满成功!

谢谢大家!

展示"商界军校"磅礴画卷①

（2021年9月5日）

尊敬的国家一级战斗英雄廖其定同志，惠州军分区、深圳市警备区、南山区武装部的各位领导，解放军全体承训指战员同志们，北大学工部、宣传部和深研院的各位领导，亲爱的北京大学汇丰商学院2020级、2021级的参训同学们：

大家早上好！

首先，请允许我代表北京大学汇丰商学院，对圆满完成各项训练任务胜利归来、参加结营仪式的全日制2020级和2021级全体同学，表示热烈的欢迎和衷心的祝贺！

同时，我要对站在服务国家高端人才培养战略的高度，对我们北大汇丰"商界军校"育人模式给予鼎力支持的中国人民解放军承训部队的各级领导和教官们，表示诚挚的感谢！谢谢你们为支持培养国家精英人才的积极努力和勇敢担当！谢谢你们15天来克服重重困难，在疫情防

---

① 本文为在2021年北京大学汇丰商学院全日制硕博项目国防教育营结营仪式上的致辞。

控和训练组织方面的周密部署和严格施训！谢谢每一位参训教官以身作则，一丝不苟，圆满完成了预定的各项训练任务！谢谢你们积极认真，精心尽力，带领同学们完成了汇报表演的排练工作，绘就了"商界军校"的磅礴画卷。各位教官，你们辛苦了！

在此，我也要感谢和祝贺2020级和2021级的全体同学，七天的训练是充满挑战的，也是艰苦的，但是你们展现出了昂扬向上的精神风貌和顽强意志！带队的李明老师特别用"真诚"两个字描述同学们的特质，认为同学们在训练中表现出了"完善自我，提升境界"的可贵的自觉意识，能积极主动地投入各项训练和文体活动中去，并取得了很好的成绩，对此我深感欣慰！

同学们，老校长马寅初曾说："所谓北大主义者，即牺牲主义也。服务于国家社会，不顾一己之私利，勇敢直前。"每一位北大人都承载着为民族复兴、社会进步和人民幸福而奋斗的历史使命，而这也正是北大"爱国、进步、民主、科学"的光荣传统在行动上的具体体现！

同学们，你们正处在未来几十年建设富强、民主、文明、和谐的社会主义现代化国家的历史进程中，**你们的理想和担当就是国家的前途和民族的希望。而要扛起这沉甸甸的历史责任，除了深厚的理论功底和扎实的专业知识，你们还必须有"劳筋骨，累体肤，炼意志"的自觉，在严苛的环境下修炼和完成"从士兵到将军"的蜕变**。今年暑假我到西藏看望了在那里支边的数百位北大校友，其中也包括我们深圳研究生院的毕业生。他们在雪域高原，用自己的勇敢和智慧，战胜各种困难，给藏族同胞送去了知识、健康、欢乐和吉祥！你们的这些师兄、学姐，甚至一些支教的北大本科学妹、学弟用自己的行动告诉了世人什么样的精神才是真正的"北大主义"！

二、论"商界军校"

"弘扬北大精神，培养更多的'北大主义'传承者。"这是北京大学汇丰商学院育人模式创新探索的追求，也是我们对民族发展和国家振兴使命的担当。在过去的16年里，我们通过不懈的努力，以高质量的教学和科研发展，通过世界三大权威机构的国际认证，成为全球最受雇主欢迎的十大商学院之一，其中重要的原因之一就在于我们拥有"德、智、体、能"全面发展的人才培养观和人才培养体系。我们在全国率先推行了商学院研究生准军事训练课程，以军营为训练基地，以士兵为教官，对全体新生进行综合素质训练，全面提升同学们的领导力、执行力、团队精神和拼搏精神，为更好地完成在校学习和未来肩负的使命奠定坚强的精神和意志基础。近13年的实践证明我们的选择是正确的，效果是显著的，我们将继续努力，不断总结经验，为更好地培育未来商界精英与各界领袖探索出一条新路。

北大汇丰商学院"商界军校"的建设和学生素质的提升一直以来都受到深圳市警备区和南山区武装部领导及解放军承训单位的大力支持和协助，对此我们深表感谢！我们的严格培养模式，也得到了家长们的积极支持，在此，我代表学院表示衷心的感谢！今天家长们也将通过视频直播观看同学们的军训结营汇报表演。

最后，再次祝贺同学们军训取得圆满成功，预祝今天的军训结营汇报表演精彩震撼！

谢谢大家！

2022：智领未来[①]

（2021 年 12 月 20 日）

尊敬的各位来宾，亲爱的老师们、同学们、校友们：

大家晚上好！

今天，我们欢聚一堂，共同回顾即将过去的 2021 年所取得的各项成果，一起憧憬 2022 年的崭新未来。在这岁序更迭的时节，我谨代表北京大学汇丰商学院，向 170 多名辛勤工作的教职员工，向 1600 多名刻苦求学的在读学生，向数以万计在世界和祖国各地奋斗拼搏的校友们，向无数一直以来关心支持学院发展的各界朋友们，致以衷心的感谢和诚挚的新年祝福！

即将过去的 2021 年，又是一个极不平凡之年。我们有庆祝建党百年的荣耀，也有持续抗击新冠肺炎疫情的艰辛；我们取得了一系列的发展成果，也经历了很多新的挑战。今年既是北京大学深圳研究生院建院 20 周年，也是汇丰商学院努力奋斗的第 17 个年头。一路走来，我们勇

[①] 本文为在北京大学汇丰商学院 2022 新年晚会上的讲话。

担使命，锐意进取，锲而不舍，砥砺前行。回顾2021年，作为力争成为世界一流的北大汇丰商学院，在行业影响力、国际影响力、学术影响力、社会影响力等方面，都取得了一些新的成绩。

所谓行业影响力，主要表现在我们培养的学生对各行各业发展的影响。影响力之大小，取决于我们学生培养的质量。通过17年的不懈努力和坚持，学院的高标准和严要求以及我们学生的专业知识和综合素质，越来越被社会各界所认可。2021年，在新冠肺炎疫情仍然肆虐，经济仍然疲软，在严峻的就业形势下，我们近300名全日制硕士和博士毕业生却逆势而上，平均每人获得三个工作机会，大部分学生被行业的头部企业聘用，中国人民银行和国家发改委等中央经济决策部门也聘用了我们的学生。学院首届金融科技专业学生顺利毕业，深受业界欢迎。今年学生获得的就业机会和平均薪资水平不仅超过了去年，甚至超过了没有疫情的2019年。另外，2021年，北大汇丰金融研究院的"金融前沿讲堂""金融前沿对话""金融云学堂""金融茶座"等继续在线上及线下有序举办了40多场，吸引了数以万计的金融界人士的参与和关注。可以说，北大汇丰商学院在中国经济界，尤其在金融行业的影响力越来越大。

所谓国际影响力，主要体现在我们与国际一流高校交往与合作，以及吸引国际一流学生和老师的能力。合作学校层次的高低和合作内容的广度及深度，也是国际影响力的反映。2021年，疫情仍然阻隔着各国之间的交流访问，地缘政治因素破坏了西方国家与中国的正常关系。然而，包括英国校区在内，我们留学生的申请人数和实际报到人数都比去年有所增加。有留学生克服重重困难，专门飞到别国接种了中国疫苗，然后来北大汇丰商学院学习。我们与剑桥大学嘉治商学院的合作不断深入,继与其管理学、科技政策硕士项目开展学生合作培养后,又新增了剑桥大学全球 EMBA 和北京大学中国研究硕士的合作学位项目。两院合作的"全球创新创业大赛"吸引了线上线下超过 3000 名创业观察员和特邀观众的参与,近 150 个优质创业项目参与角逐。另外,在获得 AACSB、EFMD、AMBA 的国际认证后,2021 年我们又通过了 EQUIS 的资格审核并已启动认证。可见,北大汇丰在国际上的影响力也越来越大。

所谓学术影响力,主要通过教授们的学术研究和论文发表体现,不仅反映在数量上,更体现在水平上。今年,又有 8 位优秀学者加入了北大汇丰,全职教师规模达到 78 人,其中副教授及以上的比例上升至 45%,科研实力得到进一步增强。2021 年,学院教授们在国内外一流学术刊物上发表论文 54 篇,其中国际顶级刊物 12 篇,出版专著、论文集、教材等 7 部。高质量的学术发表比去年增加 50%,还有 31 篇 SSCI 论文已被接收并即将发表,相信明年的优质论文总量还会大大增加。学院教授们承担纵向研究课题 7 项(包括获国家杰出青年科学基金资助项目)、横向研究课题 20 项,科研总经费超过 1100 万元。学院举办学术讲座 68 场。"第三届北京大学汇丰商学院宏观经济与金融国际会议""第五届北京大学 – 新加坡国立大学数量金融与经济学国际学术会议"等国际学术交流活动也如约而至。博士研究生在"第 21 届中国经济学年会"上发表了论文。根据 IDEAS 网站 2021 年 11 月的信息,北大汇丰商学院的学术排名已经跃居所有中国经济研究机构的第九位,远超许多历史悠久名校的经济学院和管理学院的排名。总之,学院不仅在培养学生方面取得了令人瞩目的成绩,在学术研究方面也将成为中国高校的重镇。

所谓社会影响力,主要表现在对所处地区和国家的政治、经济、文

化、社会等方面发展的贡献，以及民众和政府对学校的认可。过去一年里，为促进国家乡村振兴战略的实施，我们与延安大学乡村发展研究院一起，积极开展"新农人"公益培训，并在教育部指导下，承接了北京大学"乡村振兴千万带头人培养计划"。我们在陕西省委组织部的协助下，启动了选调生的公益培训计划。作为坐落在粤港澳大湾区的学院，我们除了每年为当地培训数千名企业家和管理人员，还通过举办丰富多样的讲座，把"到北大听讲座"的文化带到了深圳。今年3月，首届"北大深圳论坛"成功举办，1300余位专家学者与各界人士与会共谋深圳新篇，展望大湾区精彩未来。我们的老师经常出现在各类媒体上，就国际国内经济金融问题发表专业见解。北大汇丰智库虽然成立不久，但充分发挥其理论指导、实证研究与决策咨询相结合的优势，获得政府和社会的关注，今年已入选广东省高校特色新型智库。"忧国忧民，肩负社会责任"，是北大精神之一，也是每个北大汇丰人的使命。2021年1月，EMBA 1011班的薛景霞校友荣获"全国抗击新冠肺炎疫情民营经济先进个人"荣誉称号；2月，EMBA 6班的黄晖校友荣获"全国脱贫攻坚先进个人"荣誉称号；7月，当面临河南特大暴雨与洪涝灾害时，我们的EMBA和MBA学生校友火速开展了支援灾区的志愿活动，纷纷捐款捐物，涓滴成流，支援抗洪救灾，用实际行动诠释北大人的责任与担当。

老师们、同学们、朋友们！不平凡的2021年即将过去，但新冠肺炎疫情却还未结束，世界范围内的政治、经济、技术也充满了不确定性。即将到来的2022年或许并不意味着一切都会变得更美好。面对充满挑战的政治经济形势，面对脆弱多变的外部环境，面对百年未有之大变局，我们需要用更高远的眼界、更宽阔的胸怀和更深沉的智慧，直面严峻的挑战，引领未来的发展。因此，我们今年晚会的主题是"智领未来"。

何为"智"？"智"不只是指智力、智商，更重要的是指智慧、智谋、智能。所谓**智慧**，是一种高级的综合能力，包含感知、理解、联想、逻辑、辨别、分析、判断、决策等多种能力。智慧让人能够深刻地理解人、事、物，以及现状、过去、将来，拥有思考、分析、探求真理的能力。智慧的源泉是知识，只有不断学习，努力探索，勤于思考，善于分析，才能成为一个充满智慧的人。所谓**智谋**，指的是用智慧的头脑，分析所处的环境和谋划未来发展的道路。面对政治经济形势的新变化和层出不穷的新挑战，我们既要不断地调整策略以应对新的环境，也要着眼于长期发展趋势，遵循规律，坚守原则。所谓**智能**，是用聪慧的方法解决各种问题的能力。在不确定和多变的环境里，想做成一件事是不容易的，尤其略有风险的创新行为，其往往会遇到各种质疑和阻力。为此，我们除了要有坚定的理念和锲而不舍的精神，还必须善于克服困难，才能最终取得成功。

老师们、同学们、朋友们！北大汇丰商学院17年的历程，就是智慧、智谋、智能引领的过程。我们有目标、有计划、有步骤、有方法，立志如山，行道如水，一步一个脚印地走到了今天。面对日益复杂和不确定的未来，我们需要更加充分地依靠"智"的引领作用，继续用智慧、智谋、智能去获得未来的成功。

2022年，我们将继续加强理论与实践研究，提升在国际、国内的学术影响力和社会影响力。我们将吸引和招聘更多优秀的学者加入北大汇丰大家庭，发表更多高水平的学术论文和更大影响力的研究报告，在更广阔的学术领域提升和展示我们的科研力量。学院还将持续推进各项学术报告会、研讨会、论坛的举办，以促进学术交流与创新。我们将继续办好北大汇丰智库，发挥比较优势，在宏观和粤港澳经济、城镇化与乡村发展、金融业发展、海上丝路经济等领域做出独特的情况分析和政策建议。

2022年，我们将继续坚持国际化和严要求的办学特点，进一步扩大学院的行业影响力和国际影响力。明年秋天开始，北京大学与剑桥大学的全球EMBA和中国研究合作学位项目将正式启动，我们要认真做好招生、教学、管理工作。我们要进一步办好英国校区，加强英国校区的师资力量，启动英国校区的MBA项目。我们还将启动与北大国际关系学院合作培养的本科国际经济与金融项目，首批15至20名学生将于明年秋季来汇丰商学院就读一年。我们的MBA也扩大了招生规模，新增50个名额，明年将有200名MBA学生入学，MBA项目成为学院越来越重要的教育项目。

老师们、同学们、朋友们！与持续不断的新冠肺炎疫情周旋和在纷繁复杂环境下前进的2021年即将过去，满怀期待但又充满不确定性的2022年即将到来。但无论未来面临什么样的困难和挑战，只要我们有理想、有境界、有激情、有智慧，我们就一定能够不断战胜困难，取得成功。胸怀天下，智领未来，让我们再次携手上路，书写属于北大汇丰的华彩新篇章！

最后，衷心祝愿老师们、同学们、朋友们新年快乐，身体健康，万事如意，阖家幸福！

谢谢大家！

三、致青年学子

　　历史给予你们机会,但也给予你们挑战,我希望北大的教育给你们打下坚实的基础,使你们历经风雨而永葆高远之志,饱受艰难而不失奋斗激情。让我们海阔天空地想,脚踏实地地干,为中国的发展,为人类的进步,做出我们北大人应有的贡献!

三、致青年学子

管理与领导艺术①

（2005 年 10 月）

今天的讲座是让我来谈管理与领导艺术，我猜大概是因为我自己做了许多教学管理工作的缘故。回国以后，我的第一份工作是北大中国经济研究中心的副主任，中心自 1994 年成立以来，我负责了将近 8 年的常务工作。2002 年当校长助理，我主要负责北大教育基金会和校友工作。另外，我自己在学生时代也做过很多学生干部工作——中学毕业下乡时，曾担任学校赴黑龙江先行排的排长；在美国留学时，也曾担任加州大学（戴维斯）中国学生学者联谊会的主席、中国留美经济学会会长等，有一些体会和经验，可以来和各位分享。

今天讲座的对象是学生助理，那我就主要从助理的角度来谈谈管理。学生助理还分为一般助理和专项助理，性质不尽相同，所要求的工作重点也不太一样。一般助理什么都需要做，专项助理主要负责一两件具体事。在座的每位同学可能都有不同的需求，我就从我的经验，以及

---

① 本文为在北京大学学生助理学校 2005—2006 学年第一学期"管理与领导艺术"高级助理培训讲座上的演讲。

我本人对于学生助理的要求出发，谈一谈做好学生助理的几个基本点。

第一，要有认真负责的态度。

认真负责的态度说起来很容易，但真正要做到却并不简单，它需要你全力以赴地去做好每一件小事。

大家可能抱着不同的想法来做助理，有人是为了帮助学校完成工作，也有人可能是为了学点东西，得到锻炼，还有人就是想勤工俭学，也不排除有人是为了简历上多一些经历有利于今后的工作或深造。我觉得这些理由都可以被认同。在美国留学时，我做过助研和助教，我当时做助教就是为了勤工俭学。但是，一旦做了助理，就要全力以赴，因为好的工作习惯就是在这个过程中养成的。做助理是为别人服务，却是对自己负责。我自己在做助理的工作期间，始终是带着认真的工作态度来完成每一项任务的。工作的原因是需要钱，但工作的态度却从来不与所给的工资挂钩，更多的是希望在工作中考验自己的能力，在老师和同学中留下良好的口碑。

作为一个学生，学习当然非常繁忙，但是我往往把助理的工作作为我首先要完成的任务。当时我师从一位著名经济学家，我也给他做助研。老师交给我任务时，我一般都会问一问什么时候要完成，这并不是因为我想把工作拖到最后一天，而是希望尽量在这之前完成，给老师留下一个好印象。对于自己的事情我经常会比较拖沓，但是对于老师的事情，我却看得很重要，会抓紧时间去办，因为这是在别人面前建立自己信誉的方式。给自己的老师或顶头上司干活是这样，给别的老师工作也是这样。做助教时往往会为一个不熟悉甚至不认识的老师工作，常常有许多助教一起工作，无论哪种情况，我同样认真负责。

在加州大学，每年都会由学生来评选优秀助教。当时我们系有30

多位助教，绝大多数是美国人，而我作为中国人，却以绝对的高票获得当年唯一的杰出助教奖，现在在系里的光荣牌上仍然刻着我的名字。和美国人相比，我能获得这个奖项，并不是因为我的英语比他们好或能力比他们强，很大程度上是因为我的认真负责。这个奖是学生对我的最直接的肯定。

因为我的认真负责，我的老师也因此对中国学生产生了信任感，在我离开之后，又选择了一位中国学生来做助研。确实，在国外，有时候一个人的表现能够代表一个国家的形象，你的认真负责，可能改变别人对你甚至对一个国家、一个民族的看法。认真负责，把别人的事情当成自己的事情来做，既能够锻炼自身的能力，同时也能够获得别人的信任。

第二，要眼里有"活儿"。

有些事情也许不在你的职责范围内，但是你也可以去做。作为办公室的一般助理，需要做什么有时并没有明确的规定，没任务的时候你可以坐在那里不动，也可以主动找些事做，如收拾收拾办公室，整理整理电脑里和柜子里的档案文件，主动帮领导承担一些工作甚至一些琐碎的事，甚至提出一些工作建议等，这就是工作的主动性。

我在美国留学时，也曾经在办公室做过勤工俭学的工作。主任交给我的工作，我总能很快完成，然后跑过去问："还有什么要做的？"要是没什么事的话，我就把办公室整理得干干净净，主任对此很满意。

有这样一个故事：一家公司招聘人才，有两个人应聘，考察的内容是让他们两个人去看货是否到码头了。其中一个人回来就说货已经到了；而另一个人回来后，不仅报告货已经到了，还主动汇报了到货的时间、经手人，以及提货的手续、交通、费用等详细信息。第一个人就是完成了任务，他当然没有错，但显然第二个人做得更好。积极主动地做好相关工作，会为你赢得更多的机会和更大的收获。

总的来说，就是眼里要有"活"。助理是一个很灵活的工作，需要想得到位，做得主动。这一点不仅在做助理的时候很重要，以后走上工作岗位也非常重要。

第三，要和同事全力合作，处理好人与人之间的关系。

对上级、下级、朋友都需要合作。在处理各种关系的时候，要注意原则性，不要轻易破坏规矩。什么事情都有一个基本的底线，作为学生助理同样也是如此，尤其是在你有一些小权力的时候，这时，你更要明确自己的责任，不要越过规则的线。

事实上，处理好关系，对自己要严格，对他人也要有尺度。高高在上，颐指气使，就会使得下级丧失办事热情；做事没有领导风范，没有主意，关键时候不拍板，就会缺乏威信，也办不成事。管理过严，会使部门发展缺乏活力；管理太松，又会导致工作没有效率。所以，掌握其间的尺度非常重要。

人在一生中，要处理很多类型的问题，光能干不行，光聪明也不行，还要有团队精神，EQ（Emotional Quotient，情商）和 IQ（Intelligence Quotient，智商）一样重要。合作能力、交流能力，现在已经越来越被重视。在美国，审核一个教员能否获得终身教授职位时，人际关系也是很重要的一个因素，因为系里会让每一位教授投票。一些中国人在美国不能拿到终身教授的职位，有时不是因为他论文发表得不够多，而是因为他不善于和别人合作交流，与同事格格不入。我不是说学术不重要，但光有这点不够，否则光看论文的硬指标就行，为什么还要每个人投票。现在很多科研项目都要求合作，甚至跨学科、跨部门的合作，没有与人合作的团队精神就很难得到很好的发展。人与人的交流是相互的，你不主动和别人交流，可能并没有妨碍别人，但是别人可能更愿意选择那些和自己有交流的人合作。所以，大家应该把握好人与人之间的关系，真诚地对待别人，不要让这一点限制了自己的发展。

那么，怎样在工作中处理好人与人的关系呢？这需要你们慢慢磨炼，同时也要注意保持自己的本色。与人交往并不是玩弄手段。现在有些书专门教大家处理人际关系，比如所谓的"厚黑学"，让人觉得很累。其实真正的交流，只要带着善意和别人交往，就会成功，而不应该依靠手段。处理好人与人之间的关系不是要拼得你死我活，而是要和谐相处。你们做学生助理也要为自己以后的工作积累经验，所以，现在就应该注意锻炼自己这方面的能力。

我想谈的就是以上三点，下面的时间留给同学们提问，希望你们的提问能够激发我更多的灵感。谢谢大家！

学生A：您能不能谈一下，作为领导怎么运用创新去领导和管理一个团队？谢谢！

海闻：刚才我谈的三个方面都不是从领导的角度，而是从助理的角度出发的。对一个有创新意识、有作为的领导，要求当然更高。首先，要有丰富的学识。要做到这一点，光读书不行，还要有全局的、开阔的视野。同时，自己的经历、经验也很重要，要有自己的想法，要有vision（远见）。

领导有两种：一种是开拓型的；另一种是处理问题型的。可能在中国，大部分领导都是处理问题型的，因为开拓型的工作存在失败的风险，而成功的回报却很不确定。你刚才所说的创新其实是开拓型的领导应该具备的素质。**成为一个开拓型的领导，首先要有开拓精神**。很多人不是没有能力，而是没有勇气，有眼光，但是没有精神；还有些人则可能有精神，却没有眼光，做事情很认真，却缺乏好的主意。所以，一个好的领导需要同时具备精神和眼光，**开拓的"胆"和"识"，缺一不可**。有"胆"有"识"，就能创新，就能在团队中树立威望，就有助于你领导和管理好一个团队。

助理其实也是一种学生领袖、一种领导。你们要好好干，从现在开始就要锻炼自己，因为成为一个优秀的企业领袖或者政治领袖的素质，是通过锻炼培养出来的。

学生 B：北京大学的环境中，每一个同学都非常优秀。您觉得应该如何在一个优秀员工团队中树立自己的威信？如何摒除别人对自己的偏见并融入群体？

海闻：关于第一个问题，在同龄人中当领袖，的确是比较困难的。你要比别人想得更多，做得更好，比别人快一步，让别人感到你不可超越，在团队中树立起你的威信。比如在进行决策时，最好先想好别人可能会反对你的理由，并找出每个问题的几种可能的解决方案且进行利弊分析，这样在进行讨论的时候，其他人就会发现无论从哪个方面都没有办法驳倒你，你的威信就会在这个过程中逐渐树立起来。

关于第二个问题，**一是做事要认真**。要为公，不要斤斤计较，不要处处打自己的小算盘。要脚踏实地，不要光说不做或说多做少，给人留下华而不实和虚伪的印象。同时，也要比别人做得更细、更好。要在自己的岗位上做出可喜的成绩，以德服人，以才服人。**二是做事要宽容**。要尊重别人，认真倾听和考虑他人的意见，不要高傲，不要一意孤行。只有保持谦逊、尊重别人才会被别人尊重。**三是要主动与其他人合作交**

流，参加群体活动。要让人觉得你很真诚，很容易接近。

北大人在社会上给人的印象可能不是很务实，但是，我们每一个人都可以用行动来改变这种印象。遇到滴水的水龙头，顺手去关；看到地上的烟头，顺手去捡。**做小事并不妨碍你完成大事业，举手之劳往往能够成就一个人。**

我有两个座右铭，一个是"海阔天空地想，脚踏实地地干"。"海阔天空"，就是做人要有大志，理想要大；"脚踏实地"，就是做事要务实认真，踏踏实实。北大人，既要有海阔天空的理想，也要脚踏实地地工作。就说我自己吧。我在农村下乡的时候就想着要读大学，上了大学就想着要出国，到国外学习工作后又想着要回国创业，海阔天空啊！当然，我没有想过当副校长。但我做事又非常细。在 CCER 兴建万众苑的时候，我负责工程监督，包括每一个细节，比如空调的安装位置、灯饰和家具的选用、窗帘颜色的搭配。因为 CCER 是中式建筑，如果外面到处挂着空调壳子，装修不协调，就会显得不伦不类。细节往往也能反映出管理水平和领导的文化与智慧，这就是脚踏实地。

另一个座右铭就是"比上不足，比下有余"。要时时怀有满足和感激的心态。事业的成功，或许要几十年来验证，但是，永远不要丧失自己的理想。什么因素对人的成功影响最大呢？外貌？性格？学识？我觉得自信、乐观的性格最为重要。在失败时，不要丧失自信；在成功时，不要满足，更应锐意进取。

学生 C：现在我们很多同学毕业后都面临着各种各样的选择——出国、就业、读研等。您觉得我们应该如何面对选择和坚持自己的选择？

海闻：我想先从自己的经历说起，我经历过"上山下乡"，从 17 岁到 26 岁，可以说人生中最美好的 9 年时光，我都是在农村度过的，生活的经历可能比你们的更丰富。上大学时我 26 岁了,毕业时 30 岁,当时也面临几个选择,大的方向主要有三个:一是做学术,二是就业,三是从政。从政的机会是可遇不可求的;一般的就业我不感兴趣,即使经商,也不是发挥自己优势的职业。我清楚自己的弱点,知道自己不适合做什么,就努力避开自己的弱点,寻找既有发展前途又适合自己的发展方向,最后选择出国读书,搞教学科研。

  每个人都有自己的人生规划,最重要的是坚持。如果想要工作,可以本科毕业之后就找工作,从基础干起。要做学问,可以选择读硕士、博士。不管是读研、出国,还是其他的选择,都可能要经过几次尝试才能成功。要坚持自己的想法,并不断尝试。同时,还要明确自己的目标,围绕着这个目标来做准备,增加自己成功的机会。

北大人不仅要有梦，更要有魂[①]

（2008年6月7日）

从昨天下午开始，北大校园里又格外热闹起来。未名湖畔，博雅塔下，朗润园内，一群群、一队队穿着各种毕业袍的学子们流连忘返，摄影留念。每个人的脸上既有成功完成学业的胜利喜悦，又不乏即将离开母校的一丝眷恋。燕园又迎来了一年一度的CCER毕业典礼。

往年的毕业典礼都是在6月份，今年则提前到了5月底，最主要的原因是CCER的创办者林毅夫教授将在今天完成他作为CCER主任的使命，并将于下午启程，前往华盛顿履行世界银行高级副行长兼首席经济学家的重任。我也将于今天正式辞去CCER副主任的职务。CCER将在周其仁教授的领导下开启新的一页。因此，今天的毕业典礼不仅是2008届CCER学生完成学业走向工作岗位或继续深造的新起点，也是CCER发展的新的里程碑。有机会在这样重要的庆典上发言，我感到非常荣幸。

[①] 本文为在北京大学中国经济研究中心2008年毕业典礼上的讲话。

今天我有四个身份在这里发言。第一个身份是教师。林毅夫教授走后，我将是最后一位从CCER创办就开始在这里任教的教师了，所以今天我作为教师代表发言。第二个身份是CCER副主任。从CCER创办以来，整整15年，我一直是CCER的副主任。随着毅夫教授的卸任，我也不再兼任CCER领导，所以这是我最后一次以副主任的身份发言。第三个身份是副校长。作为北大校领导，我代表学校来祝贺大家顺利毕业。第四个身份是学长。今年是我入学北大30周年的纪念之年，所以我也作为北大学长和校友代表来与即将毕业的同学说说话。由于我有多重身份，我一直没有想好今天该讲些什么，以至于昨晚辗转难眠。思索再三，我决定今天谈三个方面：第一，感谢林毅夫；第二，祝贺毕业生；第三，永做北大人！

首先，我要感谢林毅夫教授。创办CCER是林毅夫教授长期以来的梦想，这个梦可能从1979年就开始了。我是在座的老师中最早认识林毅夫教授的。1979年他刚来北大时，我也正好在北大经济系念书。在一次听诺贝尔经济学奖得主克莱因（Lawrence Klein）教授的演讲时，坐在右边前排的一位年轻人用流利的英语向克莱因教授提问，给我们所有人都留下了很深的印象。当我们还在懵懵懂懂地试图了解世界的时候，林毅夫已经开始挑战诺贝尔奖得主了！再一次相遇是在1985年的纽约，我们一起成立了中国留美经济学会，从那时起我们就在探讨怎样将现代经济学引入中国，同时也让中国的经济学走向世界。后来毅夫教授先行回国，并且多次动员我们回国发展中国的经济学教育。我们还曾一起在小南门外的韩国餐馆商讨北大的经济学教育问题。1993年，我们开始筹备创办CCER，1994年CCER正式创立。从1993年到现在已经整整15个春秋了，我很荣幸作为林毅夫教授的副手在CCER的创办和发展过程中与之一同奋斗,为中国经济学的教育和研究贡献了我们的智慧和热情。在这15年中,我本人也从林毅夫教授那里学到了很多东西。前天的教授聚会上,我们总结了四个方面:第一,林毅夫教授是杰出的学者,是最早在国际一流学术刊物上发表经济学论文、介绍中国经济改革的中国学者,这也是他被聘为世界银行第一位华人首席经济学家的原因。第二,林毅夫教授是出色的领导,CCER有很多背景不同的老师,林毅夫教授可以把观点不同、年龄不同、脾气不同的人们聚集在一个大家庭中,颇有当年蔡元培校长的气魄,CCER在过去15年中能取得这样的成绩与他的卓越领导是密不可分的。第三,林毅夫教授又是一位优秀的教师,他的课堂堂爆满,同学们常常忍着严寒酷暑和饥饿劳累不愿离去。直至临别前的昨晚,他还坚持上完了最后一堂课。他无愧是北大学生热爱的师长。第四,林毅夫教授还是各位师生热心慈祥的兄长,当老师和同学们遇到困难时,他都会慷慨地提供帮助,给予支持。林毅夫教授是我们北大人的骄傲和榜样!在林毅夫教授即将离开CCER赴世界银行任职之际,我想代表所有的老师和同学对他在过去15年中对CCER的发展、对北京大学的教育、对中国经济的改革所做出的贡献表示衷心的感谢!

其次,我要祝贺全体毕业生。今天是北大中国经济研究中心和北大国际MBA的毕业典礼。我要代表CCER的全体教师和北大的全体教师祝贺今天在座的每一位毕业生。今天是你们的节日!经过数年的努力,你们将从北京大学毕业了!你们即将走上社会,参与中国的改革与发展。你们取得的成绩是来之不易的,过去的几年里,大家都付出了努力,付出了心血。双学位学生几乎要牺牲所有的晚上和周末的时间,CCER的硕士和博士要比其他院系的学生更辛苦,MBA和EMBA的同学也要从繁忙的工作中抽出时间来应对紧张的学习。CCER 的老师一向很严格,繁多的作业、高难的习题,常常使一些同学不仅"郁闷",有时甚至"要疯了"。然而,看到学生们熬夜苦读,看到学生们站着听课,老师们不禁被大家的努力和执着感动。我们知道,只有经过了这样的钻研和磨炼,你们才能真正学到知识,才能面对未来的挑战!今天在同学们即将离别的时候,希望大家理解老师们当时的严厉和苛刻。

最后,是给大家的毕业寄语:永做北大人。毕业后你们就要踏上社会,但是不论到哪里,你们都不要忘记自己是一个北大人。今年有两件事情让我感受颇深。第一件事情是北京大学 110 周年校庆,第二件事情是"5·12"汶川地震。北大校庆让我们再次意识到自己的责任,汶川大地震使我们重新审视自己的灵魂。北大的历史,就是一部为中华民族崛起而奋斗的历史。因此,每一个北大人,不应该是普通人。**虽然我们也会像其他人那样平凡地去工作、去生活,但我们都应该有个梦!**而这个梦不是普通的梦,而是一个林毅夫教授半生所追求的那样美丽的梦!**在这个梦里,我们应该始终有个远大的目标,一个将个人事业和祖国前途紧密相连的目标,这是北大人的特殊之处**。北大人还要有一种勇于牺牲的精神。**这便是梦中的魂!**有人说,在这次地震中,最让人感动的是母爱和师恩。在我看来,这体现的是一种无比高尚的魂。地震拷问了每一个人的灵魂,作为老师,我被在地震中表现出来的师魂深深地震撼和打动。生死关头彰显人性的力量,危难时刻见证师魂的伟大。德阳东汽中学谭千秋等一大批中小学和幼儿园老师,用自己的生命、自己的血肉之躯为学生牢牢守卫住了生命的大门。安县桑枣中学的叶志平校长具有远见卓识,工作尽职尽力,时刻挂念学生的安危,于危难中挽救了全校学生的生命。"责任高于一切,成就源于付出。"这句话写在桑枣中学的墙上，也应该刻在我们每个北大人的心里。作为北大的教师，我从心里感激他们用生命对我们进行的教育。我们含泪向他们致敬，向他们学习，我们一定要做对得起人民、拥有伟大师魂的北大人！

　　同学们，在你们即将离开学校走向社会之际，作为你们的老师、兄长和校友，我希望你们永远牢记，**北大人不仅要有梦，更要有魂！**

珍爱北大[1]

（2009年6月26日）

各位老师、同学、家长：

今天，我们在这里隆重举行北京大学国家发展研究院暨北京大学中国经济研究中心、北大国际MBA 2009年毕业典礼。我谨代表北京大学闵维方书记、周其凤校长等全体校领导向今天毕业的1000多名博士、硕士、双学位学士，以及MBA毕业生表示衷心的祝贺，并预祝此次毕业典礼圆满成功！

2009年，无论对国家、对北京大学，还是对国家发展研究院来说，都是一个值得纪念的年份。90年前，北大学生为了国家民族，为了独立自由，为了民主科学，冒着被捕被杀的风险，走上街头，掀起了伟大的五四运动，奠定了北大的历史地位，也确立了北大人的历史责任。60年前，经过几代人的前仆后继，浴血奋斗，我们终于结束了近百年来贫穷落后的历史，向全世界人民庄严宣告：中华人民共和国成立了，中国

---

[1] 本文为在北京大学国家发展研究院2009年毕业典礼上的讲话。

人民从此站起来了！15年前，一批怀着让国家繁荣富强、让人民幸福安康理想的学子在美国学习工作了很多年之后，回到和来到了北大，创建了北京大学中国经济研究中心，推动了中国经济学和管理学的教学科研发展，为中国的现代化建设培养了一批又一批优秀的人才。

然而，最最重要的，2009年，是今天在座的1000多名同学从北大毕业之年。经过了两年、三年、四年或更多年头的勤学苦读，你们就要从北大毕业了！而不管你们何年入学，你们都属于2009届。从2009年开始，你们将以北大人的身份走向社会，走向世界。2009年，将是你们生命中永远值得纪念的一年！

今天，我站在这里，代表学校祝贺你们。但我更愿意以老师和北大学长的身份欢送你们，给你们送上毕业寄语。毕业后你们就要踏上社会，但是不管走到哪里，无论从事何项工作，你们都要珍惜北大的声誉，牢记北大的使命，永远不要忘记自己是一个北大人。**北大人可能是一种荣誉，但我更希望你们将其当作一种责任！**一种追求卓越的责任，一种发展创新的责任，一种为国为民的责任，一种为人楷模的责任！这是因为，北大不是一所普通的大学，它是承载中国人民希望的一所学府。从戊戌变法到五四运动，从提倡科学、民主到创建世界一流大学，北大始终走在民族振兴的前列。无数北大师生为之奋斗，不惜付出巨大的代价，才赢得了我们今天的声誉。对我们取得的任何成就，人们都会感到自豪和兴奋；对我们犯的任何错误，人们都会感到痛苦和失望！任何一个在北大工作或从北大毕业的人，都没有权利来毁坏这种声誉，都没有权利让中国人民失望。

2005年，当许校长和我带着北大艺术团访问美国高校时，各地的中国使领馆隆重接待，各地的华人华侨携儿带女驱车百里来观看演出，在他们眼里，这是中国大学生的代表，是中国人民寄予厚望的一代。代表团的所有师生都深受感动，都体会到了作为北大人的光荣与责任。2006年，当英国报纸将北大排在全球第14位时，在美主要的中文报纸都在首页用通栏标题报道"北大亚洲第一"，体现出海外侨胞们对北大的期望。同时，在北大或北大人身上发生的任何事件，都会受到人们的特别关注，每当北大人犯罪或出现任何令人失望的行为时，人们都会有强烈的反应。这一切，都反映出全国人民对北大和北大人的高度期望。

因此，我们每一个北大人，都要严格要求自己，要无愧于北大的声誉。**我们不要仅考虑北大给我们带来了什么，要更多地考虑我为北大贡献了什么！**

当然，当好北大人，更因为我们爱北大！30多年前，和在座的各位同学一样，我有幸考入北大。那时我们的条件远不如现在，我们只有拥挤的宿舍、昏暗的灯光、粗劣的饭菜，可我们很满足，很充实，因为在经历了多年动荡后，我们深知我们来到北大的目的——为了学习知识，为了建设祖国，为了经世济民。在北大的4年，我们收获了知识、信心、荣誉和爱情。正因为我们进入了北大，我们才有今天的成功！我们对北大的这份感情是永远割舍不掉的。在海外留学和工作的时候，听到北大的成就我们会高兴，看到北大的问题我们会痛心。我们爱北大，我们也要对得起北大！当30多年后我们北大经济系77级同学回到母校的时候，我们可以自豪地说，我们没有一个同学做过对不起人民的事！

各位同学，你们经过在北大的勤奋学习，吸取先贤、大师们的教诲，学习世界先进的知识，探索经世济民的真谛，你们是中国的优秀人才。你们即将走上各自的工作岗位，成为社会的中坚力量。但请永远牢记，你们是北大人！**北大人可以不发财，但不可以贪婪；北大人可以不升官，但不可以腐败；北大人可以不成功，但不可以做对不起国家、对不起人民的事**。因为我们是北大人，因为我们肩负历史责任，因为我们深爱北大！

海阔天空地想，脚踏实地地干[①]

（2010年6月20日）

尊敬的各位同学、老师、家长：

时光荏苒，光阴似箭。几年前同学们带着实现梦想的喜悦进入北大学习的情景还历历在目。转眼间大家都已经完成学业，即将奔赴祖国的四面八方，一部分同学还将远渡重洋，到世界各国去进一步学习深造。在今天庆贺同学们毕业的典礼上，首先请允许我代表闵维方书记、周其凤校长以及全体校领导对同学们顺利完成学业表示最衷心的祝贺！对为培养学生付出辛勤劳动的老师和家长们表示衷心的感谢！

同学们，毕业典礼不仅是你们的欢乐时刻，对全体老师来讲也是一个激动和幸福的日子，因为我们又为国家培养了一批优秀人才。对于我来说，每次参加中国经济研究中心（现在的国家发展研究院）的毕业典礼都非常兴奋，因为我不仅是学校领导，更重要的，我仍然是国发院的老师，一直在给我们双学位和EMBA的学生上课，也一直在指导着经济学的硕士和博士研究生。我们的毕业典礼是非常特殊的，可以说，这

[①] 本文为在北京大学国家发展研究院2010年毕业典礼上的讲话。

是北大最大的院系毕业典礼。我们今天有 1400 多名同学要毕业，包括博士生、硕士生、EMBA 和 MBA 以及经济学的双学士和辅修学员。而且，这是北大最有代表性的院系毕业典礼，国家发展研究院是一个跨学科的学院，我们的双学位学生来自全校的各个院系，我们还有不少来自其他高校的同学。另外，这也是北大历史最悠久的院系毕业典礼之一，到现在为止已经有 13 届了。从中国经济研究中心第一届的毕业典礼到现在，我几乎每届都参加，当然前几次主要是主持，后面几次就开始发言。每次在发言的前一天晚上，我就睡不好觉，一直在想要跟同学们讲什么，因为毕业典礼不仅是我们庆祝过去取得成绩的时刻，也是同学们新的征程的开始，毕业典礼上的发言是对同学们的临别寄语。

2008 年中心的毕业典礼上，我演讲的主题是"北大人不仅要有梦，更要有魂"。那一年的汶川大地震中，有位北大毕业生只谈个人价值，不顾学生安危。针对这种情况，我对我们的毕业生说，北大人不能光谈梦，这个"梦"里面最重要的价值观应该是为民为国。2009 年，我的发言主题是"珍爱北大"。北大人不仅仅是一种荣誉，更是一种责任，当我们走向社会，人们会用一种很高的标准来要求我们，我们的一举一动都要对得起北大师生百年积累的声誉。

那么，今年我们要谈什么呢？今年人们比较关心中国高等教育的问题，以及人才培养的问题。钱学森在去世前提出了一个问题：我们的大学为什么培养不出国家需要的杰出人才？那么，我们需要什么样的杰出人才呢？我认为，一个能够适应我们国家未来发展需要的人才，需要两方面的素质：一方面的素质是，必须有崇高的理想、开阔的视野；另一方面的素质是，要能够脚踏实地，吃苦耐劳。这两方面的素质不仅需要在学校里培养，更需要学生在毕业之后进行自我培养。所以，在今天欢送同学之际，我想送给同学们我的一位小学老师曾经送给我的一句话——"海阔天空地想，脚踏实地地干"。

"海阔天空地想"有两个含义：一个是要想得有高度；另一个是要想得有广度。我们到北京大学来学习，不仅仅是为了找一个好工作。尽管工作是我们必需的，但是我们的目的、目标不能仅限于找一个好工作。我们的眼光不能太短太浅，我们的心中应该怀着国家的大事、民族的大事、人类的大事。这是北大人的文化，这是北大人的传统。北大不是一所普通的大学，从1898年诞生起，北大就是为了国家、为了民族、为了赶超先进、为了让中华民族屹立于世界之林而创办的一所大学。即使所有人都没有理想，北大人也不能没有理想。所以说"海阔天空地想"的第一个含义是必须要有高度。第二个含义，我们想得要宽广，要充满想象力，要始终有激情。创造力来自想象力，而想象力来自激情。我们要始终保持一种年轻的心态，不要过早地"看破红尘"。CCER的老师其实都很有激情，同学们说老师们都很"潮"，我最近也在上"校内网"（即现在的"人人网"）。我们就要有这种年轻的心态，始终满怀激情。只有对任何事业都充满激情，你才能去"异想天开"，才会去努力寻找知识，才能够见多识广。现在很多人读书不是为了成就一番大事业，而是为了找工作，对知识和探索不感兴趣，入学后上不了几天课就去实习。我对我们的研究生说，未名湖不是阳澄湖，大家不是进来"涮一涮"就叫"阳澄湖大闸蟹"。我们是培养学生深厚功底的一所高等学府，北大的学风是宽口径、厚基础。一定要学得宽，学得广，打好学业基础，一定要培养自己长久的实力，才能有突破，有创新。

"脚踏实地地干"也有两个含义：一个是要干得具体；另一个是要干得扎实。没有理想不行，光有理想也不行，理想的实现必须通过一件一件的具体事情。我们北大学生经常被人认为有思想、缺行动。有人比较北大、清华两所学校的情况，说清华的同学是上面有一个任务下来他们就讨论怎么干，而北大的同学则讨论为什么要干。我们当然要考虑为什么，但光考虑为什么是不够的，我们必须具备脚踏实地从事具体工作的能力。如果我们不做具体事的话，再高尚、再宏伟的目标都是实现不了的。所以说，我们，尤其是我们北大学生，必须有脚踏实地的实干精神，要做具体的事情。脚踏实地的另一个含义我认为是扎实，要一步一个脚印，坚持不懈，不取得成功绝不放弃。很多事情，当我们坚持不下去的时候再坚持一下，就有可能取得成功，科学创新是这样，经济建设也是如此。

今天，在同学们即将离开学校奔赴新的岗位之际，我衷心希望你们能做一个有崇高理想、广阔胸怀，同时又具有扎实功底，能苦干实干的人。理想与实干这两者是相辅相成的。我们如果没有一个崇高远大的理想，就没有毅力和方向，就很容易丧失信心和动力。但我们如果没有脚踏实地的苦干精神和解决具体问题的能力，那么任何伟大的目标都不可能实现。

同学们，中华民族正处在前所未有的历史发展阶段，未来二三十年是中国能否成功转型和发展的关键时期。一方面，我们的经济仍将继续高速增长；另一方面，我们的社会也将发生深刻的变化。历史给予你们机会，但也给予你们挑战，我希望北大的教育给你们打下坚实的基础，使你们历经风雨而永葆高远之志，饱受艰难而不失奋斗激情。让我们海阔天空地想，脚踏实地地干，为中国的发展，为人类的进步，做出我们北大人应有的贡献！

谢谢大家！

开启苦难辉煌的人生[①]

(2011年6月25日)

尊敬的各位家长和亲友,亲爱的各位同学和老师:

凤凰花落,荔枝泛红。春逝夏至的自然更替,迎来了南国燕园的又一个毕业季。两三年前的秋天,我们迎接同学们入学时的情景还历历在目,转眼间大家都已经完成学业,即将从深圳走向全国,走向世界。今年,北京大学深圳研究生院共有490名学子顺利毕业。在此,我代表学校,也代表北大深研院向各位毕业生表示衷心的祝贺!同时,我也要向为培养学生倾注了智慧和心血的全院教职员工,以及给予深研院大力支持的深圳市政府和人民表示诚挚的感谢!

同学们,2011年是你们人生中非常重要的一年。对你们来说,大学本科的毕业只说明你们完成了阶段性的学习,而研究生的毕业是你们真正走向社会的开始,也是你们独立人生的起点。离开南国燕园,也许你们再也不用为考得不好而担心失去奖学金;再也不用忍受校园建设

[①] 本文为在北京大学深圳研究生院2011年毕业典礼上的讲话。

带来的噪声；再也不用担心因为在 BBS（Bulletin Board System，网络论坛）上的肆意发泄被老师约谈"喝茶"。但是，踏上社会并不意味着你们能更加轻松，表现不佳失去的将是更大数额的奖金；肆意发泄可能没人找你"喝茶"，但可能直接请你走人；一些错误有可能连改正的机会都没有。社会将不会再把你们当孩子来娇惯，你们将对自己的一切言行负责！

同学们，毕业，对年轻的你们来说，是人生的开端。是成功，是失败，是幸福，是苦难，都要你们自己去创造，去承担。在你们即将奔赴人生新征程的时刻，作为校长，作为老师，作为学长，作为朋友，我想和你们分享一下对人生的理解。

第一，人生要有目标。我相信每一个进入北大的学子都有自己的梦想与目标，但是我们到北大来学习，绝不仅仅是为了找一个好工作。作为北大人，人生的目标一定要远大，因为社会赋予我们北大人一种特殊的使命与责任，那就是，我们必须承担起促进国家发展、人民幸福和世界和平的历史责任。法国哲学家蒙田（Michel de Montaigne）说："一个有使命感的生命是人类最伟大的作品。"只有当一个人树立了远大目标，人生才能始终充满激情和动力，才能在取得成功时不自满、不骄傲，在面对失败时不气馁、不放弃。

第二，人生要学会坚持。人的一生不会永远一帆风顺。我们都羡慕成功，希望辉煌，而越是成功辉煌的一生，就越意味着要经历艰难困苦，正如奇异珍贵的钻石不易得到、高耸入云的山峰不易攀登一样。然而，坚持是不容易的，坚持需要信念，坚持需要忍耐。孙中山先生说得好："夫天下之事，其不如人意者固十常八九，总在能坚忍耐烦，劳怨不避，乃能期于有成。"不论道路多么曲折，不论负担多么沉重，人生的道路上一定要学会坚持，学会忍耐，只有这样，才能实现我们理想的目标。

第三，人生要懂得改变。这里的改变有两层含义：一是要改变世界；二是要改变自己。为什么要改变世界？一方面，不断改变世界，让生活变得更美好本来就是我们奋斗的目标；另一方面，我们要学会不断用自己的行动去影响别人，改变环境，从而实现理想，获得成功。为什么还要改变自己？这是因为世界始终处于持续的变化之中，我们对世界的认知不可能全面和彻底，我们需要不断补充和修正自己对世界的认识。同时，我们自己在思想、认识、能力上也并不都是完美的，也多有缺陷。伟人从来不是不犯错误的人，而是犯了错误能够迅速及时纠正的人。人要学会坚持，但不能固执；人要有自信，但不能自负。只有懂得改变，懂得调整，我们才能适应环境，驾驭环境，实现目标，获得成功。

同学们，2011年也是中国历史上的重要一年。再过5天，将是中国共产党成立90周年纪念日。中国共产党从成立到夺取胜利的历史，就是一部共产党人为了远大目标勇于坚持、不断改变的奋斗史。最近，我正在阅读金一南先生所著的《苦难辉煌》一书，这是一部详细记述红军长征的史书，也是一部透析人生哲理的佳作。在同学们即将踏上社会之际，我想用这本书的名字来勉励大家：在即将开启的人生中，希望你们不怕苦难，祝愿你们获得辉煌！

谢谢大家！

挫折的时候记住我们曾经的梦想①

（2012年6月23日）

各位老师、家长、亲友，亲爱的同学们：

荔枝满园收获季，桃李芬芳毕业时。今天对于北京大学深圳研究生院来说是一个特别喜悦的日子，因为我们又迎来了一年一度盛大的毕业典礼。今年是一个大丰收的年头，几年来我们播撒的希望的种子，在今天得以收获！除了汇丰商学院、信息工程学院、人文社科学院2009级和2010级的418（信息工程学院139、汇丰商学院155、人文社科学院124）名同学顺利完成学业，我们还迎来了许多个"首"字。

今天，国际法学院的首届54名同学毕业了！

今天，汇丰商学院的首批6名国际留学生和首届EMBA学生毕业了！

今天，我们2009年调整成立的环境与能源学院和城市规划与设计学院的首批共105（环境与能源学院40、城市规划与设计学院65）名

---

① 本文为在北京大学深圳研究生院2012年毕业典礼上的讲话。

同学毕业了!

今天,化学生物学与生物技术学院硕博连读的首届12名同学也毕业了!

这所有的"首"字,都是我们建设一流国际化校区进程中的里程碑。

老校长胡适曾经说:"一粒一粒地种,才有满仓满屋的收获。"我们几年来一起耕耘,一起流汗,一门一门课地上,一个一个项目地做,一个一个问题地解决,一个一个困难地克服,我们也终于迎来了这满仓满屋的收获!

刚才,典礼开始时,我们通过视频回顾了那些年一起走过的历程,有欢笑有泪水,有执着有彷徨,此中滋味只有一起走过才能体会。在这个特别的日子里,我要代表北京大学和北大深圳研究生院对今天毕业的所有同学和他们的家长表示衷心的祝贺,对为之付出的各位教师员工和给予我们支持的深圳市政府表示诚挚的感谢!

各位同学,2012年是你们人生中的重要一年。你们完成了一生中最重要的学习,带着北大人的光环和责任走向社会。2012年,也是北大历史上的重要一年。100年前的5月15日,清末建立起来的京师大学堂正式改名为北京大学并由严复担任首任校长,开启了北大追求民主、科学、独立、自由和引领社会进步、促进国家发展的历史篇章。作为著名的思想家和教育家,严复呼吁变法,提倡西学,强调仁德。

呼吁变法,是为了推动社会前进,唯有不断改革图新,国家才能发展。严复不仅著文阐述维新的必要性、重要性、迫切性,而且翻译了赫胥黎(Thomas Henry Huxley)的《天演论》①和亚当·斯密(Adam

---

① 《天演论》,即《进化论与伦理学》(*Evolution and Ethics*)。

Smith）的《国富论》①，以"物竞天择，适者生存"以及"时代必进，后胜于今"作为救亡图存的理论依据。提倡西学，是为了促进东西方科学文化的交流，推动中国的进步。严复反对洋务派"中学为体，西学为用"的观点。他认为"中学有中学之体用，西学有西学之体用，分之则并立，合之则两亡"。西学亦有其体系规律，不可实用主义地分割摘取。严复甚至早在百年之前就对一些学科规定"一切皆用洋文授课"。强调仁德，是为了促进中国的强盛。严复认为，一个国家的强弱存亡取决于三个基本条件："一曰血气体力之强，二曰聪明智慧之强，三曰德性义仁之强"。民力、民智、民德，是一国强盛的基础，提升国民的力、智、德，是教育的责任。

我之所以在今天的毕业典礼上重温100年前北京大学首任校长严复的思想，一是为了坚定我们北大深研院改革创新、走国际化道路、培养高素质人才的办学方向，二是为了表达我们对全体毕业生在各个岗位上发挥聪明才智、勇担社会责任的殷切希望。**严复校长所提倡的改革与开放的精神，依然是北大生存与发展的基础。他所强调的力、智、德，依然是北大人必须具备的素质。**

我常常对学生们说，北大不是一所普通的大学。北大从创办之日起，就与国家同呼吸共命运。我们到北大来学习，绝不仅仅是为了找一份好工作、交几个好朋友，也不只是来学习知识技能以搞好企业，发财致富。社会赋予我们北大人一种特殊的使命与责任。今天，在欢送毕业生走向社会之际，我想再一次强调，作为北大人，我们要有自由的思想，也要有负责任的行为。我们要承担起促进国家发展、人民幸福及世

---

① 《国富论》，即《国民财富的性质和原因的研究》（*An Inquiry into the Nature and Causes of the Wealth of Nations*）。

界和平的历史重任。

我特别要指出的是，随着中国经济的快速增长和国际地位的不断提高，我们的视野将从长城内外扩展到七洲四洋，我们的责任也将从中华民族扩展到全体人类。这是北大新的历史使命，也是我们北大人21世纪的责任与胸怀！

老师们、同学们，今天是伤感离别的日子——告别你们朝夕相处的同学、老师和这美丽的校园，但今天也是开心启程的日子——开启你们新的、充满梦想和希望的征程。同学们，迷茫的时候不要忘记我们当时为什么上路，挫折的时候要记住我们曾经的梦想！请永远记得春园路口凤凰花开的地方是你的家，请永远记得北京大学对你们殷切的期待，请永远记得南国燕园对你们深情的嘱托！

同学们，起航吧，放飞梦想，勇敢地翱翔！

三、致青年学子

在研究生生涯中将自己锻造成才，奠定未来工作学习基础[①]

（2012年9月6日）

尊敬的各位老师、各位同学：

你们好！今天，我们满怀喜悦地迎来了929名2012级的新同学、18名新教师和24名新员工。在此，我代表北京大学和北大深圳研究生院的全体师生对各位成为南国燕园大家庭成员表示衷心的祝贺和热烈的欢迎！在这929名同学中，有来自五大洲的25个国家的33名国际留学生，你们不仅要开始研究生的学习生涯，还要迎接在异国学习的各种挑战。让我们以特别的掌声欢迎你们，并祝愿你们在未来2—3年中成功地完成学业，并成为各国与中国之间的友好使者。

同学们，2012年是值得纪念的一年。100年前，清末建立起来的京师大学堂正式改名为北京大学，并由翻译了亚当·斯密《国富论》的严复担任首任校长，开启了北大追求民主、科学、独立、自由，引领社会

---

① 本文为在北京大学深圳研究生院2012年开学典礼上的讲话。

进步，促进国家发展的历史篇章。100年后的今天，你们进入了北京大学，开始了你们研究生的学习生涯。在你们的人生中，这是一个非常重要的阶段。对于大多数人来说，这也许是你们一生中最后一次全日制学习。如果说，本科的学习只是让你开阔眼界、增加知识的话，那么研究生的学习则要求你们确立专业、选择未来。本科时，你们还可以无忧无虑，"不想长大"；研究生时，你们不得不开始思索人生，负起责任。

这几天，我一直在想，在这个人生重要阶段的开始之际，作为学校领导、老师和学长，除了祝贺和欢迎，我应该跟你们说些什么呢。

前几年的开学典礼上，我向同学们介绍了北大深圳研究生院，因为那时大多数同学还不太了解我们这个坐落在改革开放前沿的新校区。这两年的开学典礼上，我强调了国家的发展和北大的使命，介绍了我们建设一流国际化校区的目标和措施。在今天的开学典礼上，我则想谈谈我们应当如何在未来2—5年的研究生生涯中有效地将自己锻造成才，奠定未来几十年工作和学习的基础。

与本科教育不同，研究生的学习主要靠自己，时间也更加有限。所以，在入学之初就应该明确未来几年应如何度过，切实让自己的人生因为北大而变得不同，因为努力而得到提升。远大的目标、自由的思想、负责的行为、健康的体魄，这些都是我们未来成功的基础。

首先，我们要有奋斗的目标。这个目标要远大，只有拥有崇高的理想和远大的目标，才能拥有勇于创新的精神和坚持不懈的动力。乔布斯之所以能成为成功的企业家和创新者，是因为他有"改变世界"的目标。世界上的成功者都有自己远大的目标，都有自己的梦。有了远大的目标，我们就会积极主动地为实现这一目标而刻苦学习，不会把读研当作镀金，不会为实习而放弃上课，不会因为学习的辛苦而退却，也不会因为社会的浮躁而动摇。

其次，我们要有自由的思想。纵观历史，学术研究与制度创新就是不断突破边界、挑战权威的过程。目前各个学科的发展不断走向交叉与前沿，自由的思想是在这些交叉与前沿中找到方向、实现突破的重要保障。研究生阶段的学习不是简单接受知识，更重要的是钻研与创新。自由与包容，是北大的立校之本，也是我们应有的学风。

与自由的思想相辅相成的是负责的行为。一直以来，提到北大人，人们想到的只是"自由"，却忽视了我们对负责的行为的要求。我们所强调的自由是思想的自由和学术的自由，而负责的行为则是北大人行为示范和学为楷模的基础。古人说"不以恶小而为之，不以善小而不为"，负责任的行为不仅体现在对国家和对社会方面，也贯穿于日常学习和生活之中。今天你在学习研究中抄袭造假，明天你就可能在工作中营私舞弊。

最后，我想说说健康的体魄。老校长蔡元培90多年前就指出"完全人格，首在体育"。体育锻炼不仅可以强身健体，还可以磨炼意志。坚强的意志和强健的身体是我们实现梦想的基本保障。知名企业家、北大校友黄怒波先生曾经登遍世界名山，仅珠穆朗玛峰就登顶三次，他在登山归来后说："我没有发现世界上比体育运动更难的事情，不论是科研探索，还是商海鏖战，看过众山之小，你会发现你更有自信了。"大学城有很好的运动设施，希望同学们能够很好地利用这一条件，积极参加体育锻炼，以强健的身体迎接未来的挑战。

同学们，建校110多年来，北京大学的发展始终与国家民族的命运息息相关。巍巍上庠，国运所系，当今中国正崛起为世界大国，一个国家如果没有一批勇于担当的精英，那么就不可能承担世界大国的责任，而北大人应该有心怀天下的责任感。北大曾经的文科学长陈独秀说:"即使全世界都陷入了黑暗,只要我们几个人不向黑暗附和、屈服、投降,便能够自信有拨云雾而见青天的力量!"这正是北大人真实的精神写照。同学们,你们进入北大后会感悟到更多社会对北大人的期望、失望甚至责难,希望你们能始终正视人民的期待,担负起时代的重托,也希望你们能够将北大人特有的社会责任与使命深深融入血液,在求学中不断形成影响个人一生的北大人的价值观念。

同学们,你们即将开启研究生阶段的求学之旅。我希望你们从一入学就立志高远,脚踏实地,让这段旅程里的每一个时刻丰富你的成长,完满你的生命,使你从知识体系到价值观念都得到全面的提升。希望你们继承北大的历史传统,融合深圳的创新精神,为国家的富强、人类的幸福勇于探索,勇于求真,做出新一代人独特的贡献。

最后,祝所有的新同学、新老师和新员工们在新的学年中身体健康,学业有成,工作愉快!

高远的心，乐观的心[①]

（2013年7月6日）

各位家长和亲友，亲爱的各位同学和老师：

今天，我们相聚在鸟语花香、蝉鸣树幽的南国燕园，迎来了北大深研院又一个不舍的"毕业日"。今年，北京大学深圳研究生院共有723名博士和硕士顺利毕业。在此，我代表学校，也代表北大深研院向各位毕业生表示衷心的祝贺！同时，我也要向为培养学生尽心竭力的全院教职员工，以及给予深研院大力支持的深圳市政府和人民表示诚挚的感谢！

同学们，你们即将离开生活了数年的南国燕园，离开你们朝夕相处的同窗与导师，离开你们极为珍贵的青春岁月。对于绝大多数同学来说，这是自幼儿园以来全日制学习的终点和新的人生的起点。你们再也不用为做不完作业而烦恼，再也不用为经常不断的考试而熬夜。但同时，你们也再不会有朝夕相处几年的同窗好友，社会也再不会把你们当孩子来

[①] 本文为在北京大学深圳研究生院2013年毕业典礼上的讲话。

娇惯！此时此刻，难免泪涕横腮，百感交集。

对2013年毕业的同学们来说，或许有很多的遗憾：你们目睹了新宿舍的建造，忍受了连夜施工的噪声，却没能享受新宿舍明亮宽敞的住宿环境。汇丰商学院的学生听到我一次又一次地承诺毕业前可以在新大楼上课，但至今他们还只能在外面欣赏。国际法学院的学生参加了新楼的奠基，临走了却还没有看到大楼的身影。你们没有看到离校园最近的地铁7号线的建成，也没有机会通过新建的栈桥从宿舍区直通大学城体育中心。更重要的是，你们遇上了"史上最难就业年"，而期盼中的稳定房价却始终没有出现。这一切似乎都是遗憾，其实也是人生旅程中的必然，而同时，人生中也必然会有独特的收获和幸福。天地是无所谓仁慈偏爱的，它对待万物是平等的。没有完美的时代，也不要抱怨社会对你不公，唯有自身不断努力和修身养性，才能得到更多收获，才能不断取得成功。

北大教授梁漱溟先生认为人类面临三大问题，顺序错不得。先要解决人和物之间的问题，接下来要解决人和人之间的问题，最后要解决人和自己内心之间的问题。同学们，你们生活在这样一个变革的时代，既有很多发展的机会，也有很多转型中遇到的问题。未来，不知还有多少不满与遗憾在等待着你们，竞争的激烈可能会让你"压力山大"，平庸的现实可能会让你失去激情。解决人和物的关系在这个时代已有诸多不易，解决人和人的问题更面临诸多挑战，正视自己的内心世界，更是回避不了的问题。

亲爱的同学们，世界是你们的，也是我们的，但归根结底是你们的。你们如旭日东升，前程灿烂。在你们即将踏上新的征程之际，作为师长我有一些人生经验与你们分享，这些经验也可以说是我对你们的临别赠言。

第一，一个人一定要有理想，或者说要有奋斗目标。用现在流行的话说，要有梦。这是支撑一个人不断奋斗的原动力。雨果（Victor Hugo）说过："生活好比旅行，理想是旅行的路线，失去了路线，只好停止前进了。生活没有了目的，力量也就枯竭了。"我年轻时因为家庭出身不好，从考中学开始，屡遭挫折，备受打击。当时我的理想很简单，就是要证明自己不是一个坏人，而是一个愿意为人民、为国家做贡献的人。有了这样的目标，就能应对各种压力，任何挫折都被当作实现理想过程中的必要经历。当然，理想是可以不断调整的。上了大学后我的理想是做个优秀的经济学家。当了校领导后，我的理想是推动中国高等教育的改革和发展。这就是我努力工作不断开拓的原动力，也是不断解决内心矛盾、在逆境中继续坚持绝不放弃的原动力。

第二，一个人一定要乐观。有人说，要懂得坚持。我认为只有乐观的人才能坚持得住。乐观来自自信，自信来自知识。当然，乐观也是一种心态，这种心态则取决于对人生的态度。世上最难掌握的是人生哲学。有理想的人不容易满足，容易满足的人往往不会有很高的目标。能做到既有远大目标，又容易满足是不容易的。满足是对现状的认可和接受，对已有成就的肯定。我的经验是，取得成就时要多想想未来的高远目标，多看看不足；遇到困难挫折时则要多欣赏自己已取得的成就，给自己鼓鼓劲。只有这样，才能始终保持乐观。容易悲观丧气的人、经常牢骚满腹的人是不会有大出息的。要相信"面包会有的，牛奶也会有的"，以及"山是可以移掉的"。有了这种乐观的心态，就能在挫折面前不气馁，在困难面前不动摇。巧合的是，雷蒙校长即将出版他的重要演讲集，书名就叫《乐观的心》，他强调成就一番事业要有一颗"忍耐的心，乐观的心"。我想，凡是事业成功的人都有这样的人生感悟。我也想借用雷蒙校长的 style（风格）来概括我的临别赠言，那就是要有**"高远的心，乐观的心"**。

  同学们，你们即将远行，希望北大的教育给你们打下坚实的基础，使你们历经风雨而永葆高远之志，饱受艰难而不失奋斗激情。南国燕园这片热土是你们永远的家，镜湖白塔殷切期盼你们成功的讯息。最后，希望你们常回家。作为教师，我会守候在南国燕园，"海老大"随时欢迎南燕学子回来看看！祝福你们！

  谢谢大家！

你们不必急于获得成功[①]

(2015年7月4日)

各位老师、亲友,亲爱的同学们:

每当南方的荔香氤氲在校园的每个角落,毕业生们就要开始准备行囊,奔赴人生的下一站。都说毕业典礼是离校前的最后一课,每一年我都绞尽脑汁地想,作为在三尺讲台上陪伴你们的师长,要在这个时刻跟你们谈些什么。刚才在毕业视频中看到一张张熟悉的脸孔,听到一声声不知离愁的欢笑,跟着你们哼起《燕园情》的旋律,我的心里充满了骄傲、欣慰和不舍。接下来,我将仔细地聆听你们每个人的名字,授予你们北京大学沉甸甸的学位,最后一次接受你们的颔首之礼,为你们拨穗,在心里为你们即将到来的新的征程默默祝福。

今年,北京大学深圳研究生院有包括在座各位同学在内的847名学生圆满完成学业,即将走上新的工作和学习岗位,其中82名同学获得了"北京大学优秀毕业生"的称号。在此,我代表北京大学深圳研究生

[①] 本文为在北京大学深圳研究生院2015年毕业典礼上的讲话。

院的全体教职工和在校生向各位同学及你们的亲友表示衷心的祝贺！同时，我也要向为培养学生倾注了智慧和心血的全院教职员工以及给予我院大力支持的深圳市政府和人民表示诚挚的感谢！

北大深研院自2008年全面启动建设世界一流国际化校区的计划，确立了"专业知识、综合素质、国际视野、社会责任"的培养方针，送别大学之际，也是检验我们的培养成果的时候。以此为镜以自鉴，你给自己打几分？"专业知识"是否达到了融会贯通的水平？"综合素质"能否使你在白热化的社会竞争中脱颖而出，能否在文明建设中成为社会的楷模？面临问题与进行决策时能否跳出来运用"国际视野"察微知著？最重要的是，当我们的师生广及七洲四洋，我们的"社会责任"也将从中华民族扩展到全体人类。这是北大在新时代的历史使命，也是你们这一代北大人应当拥有的博大情怀和义不容辞的责任。你们准备好了吗？

在精英教育越来越普及的今天，就业形势也日趋严峻。高盛（Goldman Sachs）公司2014年有8300个招聘岗位，收到了27万份求职申请，录取率为3%。谷歌（Google）公司2014年收到300万份求职申请，只录取了7000人。华尔街和硅谷顶级人才的竞争也持续加剧。在政策支持下，更多的北大深研院学子另辟蹊径，开启了自己的创业之路。在穿上庄重的学位服的那一刻，你们是否还有些忐忑，是否对未知的未来感到不安？是否在目睹了他人的香车、高薪、豪宅后感到丧气和焦虑？2014年，有一部叫《人生不是一场马拉松》的短片在网络上广泛传播。在短片的开头，人们鼓足干劲浩浩荡荡地冲出起点，一边要费尽心力地赶超对手，另一边要在时间洪流的直道上心急如焚地超越自己。我们每个人都是跑步者，时间流逝不能回头，因而我们不断催促自己：快一点，再快一点，一定要早日取得成功。然而，静下心来，我们认真地问自己：

一定是这样吗？一定要这样吗？

同学们，当你们即将走上跑道，即将开始你们人生征程的时候，我想对你们说一句：你们不必急于获得成功。**要知道，任何成功都是需要积累和坚持的**。著名导演李安早年在美国电影界打拼多年无果，失业6年，甚至一度打算去学最热门的计算机改变生活，但在妻子的提醒与支持下，他坚持了自己的梦想，然后有了《推手》，有了《喜宴》，再后来有了《卧虎藏龙》，有了美国主流社会所推崇的《断背山》，以及风靡世界的《少年派的奇幻漂流》。人生的路很长，不要囿于一时的得与失。走出校园，只是你们作为社会人的开始，在你们长达30年、40年甚至更长的职业生涯中，未来的5年仅仅是一个开端。"生活不只是眼前的苟且，还有诗和远方"，只有把眼界放开、放远，你们才能超越当下，看到另一种可能和一个更大的世界。

同学们，你们不必急于获得成功。很多人说你们毕业后的第一份工作非常重要，要我说，也没那么重要。我的第一份工作是农民，但这并不妨碍我成为一名学者。我并不否认第一份工作本身很重要，但这并不是成功的必要条件，而更应把第一份工作当作磨炼和积累的重要阶段。你们虽然毕业了，但你们仍然要学习，学习职业的规则，适应社会的环境，你们需要获得良好的声誉，更需要积累他人对你的信任。**我希望你们不要太计较第一份工作的收入和名气，而要注重这份工作带来的经历和挑战**。曾经有一个学生，毕业时拿了人人艳羡的offer（录用信），可工作没多久就打电话告诉我要辞职，理由是太累。我不反对跳槽，但是我不赞成他以这个理由辞职，因为这是选择放弃。**成功需要坚持，成功需要磨砺**。

同学们，你们不必急于获得成功。《荀子》里有这样一句："能积微者速成"。当你们思考应该怎样珍惜时间的时候，先从不浪费时间开始；当你们思考应该怎样实现理想的时候，先从当下具体的事情做起。不囿于一时的得失喜悲，即便在寒冬里也要想着不远的春天。要相信自己，要相信努力的意义，要相信生命自有其韧性，你的所有经历和思考会指引你选择心中向往的方向。我们不以金钱和地位论英雄，不以时间和空间谈成功。**只需要记住，只要永远不让心里的火焰熄灭，成功就只是时间的问题。**

同学们，今天你们毕业了，今天你们从北京大学毕业了，我希望你们能充分地意识到这不仅是一种荣耀，更是一份责任。除了一部分EMBA和MBA学生，你们大多数出生在全球化的洪流中，是深受互联网文化熏陶和被自媒体浪潮席卷的一代人。**你们追求独立，崇尚自由，然而自由是扁担的一头，另一头挑起的是责任。而责任永远是北大人的立身之本，是北大人最耀眼的校徽。**一个有责任感的人，才能催生锲而不舍的精神，才能催生乘风破浪的勇气，才能催生砥砺奋进的决心，这是全体北大人必须具备的精神，也是取得成功必不可少的条件。

同学们，你们毕业了，你们即将走向各自的工作岗位，成为社会的中坚力量。临别前，我想再次重复几年前我在北大国发院毕业典礼中讲的话：北大人可以不发财，但不可以贪婪；北大人可以不升官，但不可以腐败；北大人可以不成功，但不可以做对不起国家、对不起人民的事。因为我们是北大人，因为我们肩负历史责任，因为我们深爱北大。

谢谢大家！

三、致青年学子

谈"海阔天空地想,脚踏实地地干"[①]

(2015年11月5日)

2015年11月5日下午,伴随着初冬的寒意,第36期"教授茶座"在新太阳学生中心举行,热烈的交流氛围让活动室里显得格外温暖。这一次做客"教授茶座"的嘉宾是北京大学校务委员会副主任海闻教授。学生主持人、环境科学与工程学院2015级本科生虞雪筠以及20名同学与海闻教授围绕"海阔天空地想,脚踏实地地干"这一话题进行了深度交流。

茶座一开始,海闻先解释了本次茶座话题的具体含义。他认为"海阔天空地想"不能简单等同于"仰望星空"。他说:"'海阔天空地想'不仅要有高远的志向,而且要有自由的思想,就是尽可能地发挥想象力去做事情,想象力应该是没有边界的。'脚踏实地地干'与'海阔天空地想'同样重要,有主意的人往往很多,但是能把主意落实下来的人并不太多。如果不注重细节,只有一个主意,而没有人去落实,还是不能

[①] 本文根据第36期"教授茶座"整理,资料来自北京大学教育宣传办公室。

成功。"如果能把这两种精神结合起来，可能是比较完美的状态。

有同学对于理想与现实间的差距感到很苦恼，不知道自己选择的道路是否正确，海闻开导说："没有哪一条人生道路是绝对正确的，所以在路上遇到困难时一定要反思，这条路对我自己和整个社会而言有没有前途和意义；我对它有没有兴趣；有没有更好的选择；在可选择的范围内哪个最适合我。"他还建议同学遇到挫折时和志同道合的人聚一聚，聊一聊，共同交流，相互支持，因为这可能是克服困难的一个好办法。

一位同学纠结于研究生学制的长短，怕多读了一年书就耽误了工作，海闻语重心长地劝导他说："千万不要太过于计较年轻时候多学两年的时间，人生是长跑，不要计较一时的得失，坚持不懈地打好基础，将来做什么都会受益。这好比盖房子，别人盖到两层的时候你还在往下挖地基，这时候千万不要着急，要相信只要地基打好了，你的房子最终会比别人的高。"

还有同学对于当今社会的浮躁感到忧虑，海闻表示有同感。他说："现在的大学生很容易受到社会上一些风气的侵蚀，有两点需要特别注意，一是不要浮躁，二是不要太自我。"同时他也期望北大的学生能成长为有理想、有情怀的人，"社会上总要有一批有理想的人，北大就承担起了这份责任，培养了一批批有理想、有情怀的大学生，对得起国家的资源和社会的期望。"

【海闻微语录】

1. "海阔天空地想"不仅要有高远的志向,而且要有自由的思想,就是尽可能地发挥想象力去做事情,想象力应该是没有边界的。

2. "海阔天空地想"和"脚踏实地地干"这两种精神如果能够结合起来,可能是比较完美的状态。虽然二者确实不太容易结合,但还是要努力地去做。

3. 有主意的人往往很多,但是能把主意落实下来的人并不太多。如果不注重细节,只有一个主意,而没有人去落实,还是不能成功。

4. 我就比较喜欢做一些别人认为不可能的事情。只要这件事情我认为方向对,而且将来是一定能做成的,那我就会去做。

5. 年轻人既要去想大事,又要具体落实。不能丢掉理想,也不要看不起小事,要一步一个脚印地去落实。

6. 千万不要太过于计较年轻时候多学两年的时间……这好比盖房子,别人盖到两层的时候你还在往下挖地基,这时候千万不要着急,要相信只要地基打好了,你的房子最终会比别人的高。

7. 不要觉得学习深造几年会耽误你工作,人生中像你们现在这样全日制学习的时间不多,而工作的时间还有很长。

8. 人生是长跑,不要计较一时的得失,坚持不懈地打好基础,将来做什么都会受益。

9. 读书多了,积累多了,即使将来年龄大了,也依然有知识能力,依然有发展空间,社会依然会需要你。

10. 社会上总要有一批有理想的人，北大就承担起了这份责任，培养了一批批有理想、有情怀的大学生，对得起国家的资源和社会的期望。

11. 只有改变社会的理想，却没有执着的精神，这样也肯定不会成功。

12. 有理想有情怀，是北大人的骄傲，但是北大人也需要吃苦耐劳的精神和面对困难坚韧不拔的品质。

13. 在实现理想的过程中当然会遇到挫折，志同道合的一群人时常聚一聚，聊一聊，共同交流，相互支持，可能是克服困难的一个好办法。

14. 大的理想应当坚持，不能轻易放弃，而小的目标可以随着时代的变化而不断调整。我从来没把赚钱当成理想，这点从未改变。

15. 没有哪一条人生道路是绝对正确的，所以在路上遇到困难时一定要反思，这条路对我自己和整个社会而言有没有前途和意义；我对它有没有兴趣；有没有更好的选择；在可选择的范围内哪个最适合我。

16. 我总觉得一个人没有十年时间做不成一件大事，要在一条道路上坚持去走，不要总是变来变去。

17. 现在的大学生很容易受到社会上一些风气的侵蚀，有两点需要特别注意：一是不要浮躁，二是不要太自我。

18. 有时候可以选择放弃一件事，但要记住，可以因为不感兴趣而放弃它，千万不能因为它难而放弃它。

19. 我觉得职业规划要综合考虑各方面因素，比如兴趣、工作的意义、个人能力等，将这些因素加权平均才能得出最合适的职业。

20. 大学生不要着急就业，年轻时多学一点，多经历一点，多吃些苦，这些磨砺会使你一生受益。

21. 做事情要一张一弛，自己要有把控力。弓不能总拉得太紧，但需要拉紧的时候就要全力以赴，有些时候该放松也要放松，千万不能把自己放在被动的位置。

22. 想做事做出成果，就要专一；想享受人生，就可以选择多样。专一和多样是学习、工作和生活中的不同的维度，二者其实并不矛盾，处理好了可以互相促进。

23. 不要去管别人怎么看，自己内心的强大很重要，有时候需要自我陶醉、自我欣赏，尤其是遇到困难和挫折的时候。

24. 眼界很重要，经历过一些事，了解过一些事，就会有不一样的看法和思路。

（王景茹整理）

满不在乎，而又全力以赴[①]

（2017年6月3日）

尊敬的各位来宾，亲爱的老师和同学们：

大家下午好！我们曾在丹桂飘香的南国之秋里相遇，一张张面孔从陌生到熟悉；我们终在凤凰花开的炎炎夏日里离别，一幕幕欢聚从不舍到怀念。今天，北京大学汇丰商学院全体毕业生、家属、老师们欢聚一堂，共同祝贺287名全日制硕士研究生（包括37名国际学生）、98名MBA学生、74名EMBA学生完成学业，顺利毕业，祝贺39名在职企业管理专业高级专门人才研修班学生通过论文答辩，完成学业。让我们一起，见证他们生命中最重要的仪式之一，祝愿他们未来事业辉煌，前程似锦！

今天是北京大学汇丰商学院成立以来第一次全院的毕业典礼，也是我第一次以汇丰商学院院长的身份做毕业致辞。为此，我非常高兴，**因为我喜欢"第一"，"第一"意味着创新和引领，"第一"也意味着最佳**

[①] 本文为在北京大学汇丰商学院2017年毕业典礼上的讲话。

和卓越。北大汇丰商学院已经创造了不少个"第一"。我们是北大在深圳的第一个独立院系,开创了中国一流高校异地办学的成功先例。我们在英国牛津郡开设了中国高校在海外第一个自有产权、自主管理、自授学位的校区,开启了中国一流大学走向世界的历史篇章。

其实是不是第一并没有那么重要,毕竟第一是在极少数的情况下才能做到的。**真正重要的是敢于创新,追求卓越,努力争取第一的精神**。经过近40年的改革和发展,中国已经不再贫穷,不再短缺,经济总量已是世界第二。我们的高等教育也得到了迅速的发展,从1977年招收27万名大学生增加到2016年的738万名大学生。中国在各方面都已不再缺"量",缺的是"质";不再缺"普通",缺的是"精品"。我们需要更多高质量的商品和服务,需要更多高水平的科研和教育,需要更多能够担当起推动国家建设、社会进步和世界发展的优秀人才。为此,我们需要培养一大批肩负责任、追求卓越、守正创新、引领未来的学生,这就是北京大学的历史使命,也是北大汇丰商学院的历史使命。

前段时间,北大国家发展研究院的学生采访我,问我北大学生应该有什么特色。我说这个社会仍然需要有执着精神和崇高使命感的人,否则谁来承担起社会责任呢?社会发展靠谁来推进呢?如果受到最好教育的北大人都没有使命感,这个社会还有什么希望!因此每一个北大人都需要明白:**北大不仅是光环,更是一种责任**。北大人不能仅仅随波逐流,还要常常思考自己应该如何"与众不同"。当我们踏入社会,为作为北大人而骄傲的时候,不要忘记自己的责任。即便在普通岗位上也应当做到自律,做到引领,做到最好的自己。

勇于创新和追求卓越,努力争创第一,说起来容易,做起来很难,过程中有千难万险,没有强烈的使命感,是很难坚持下去取得成功的。

任正非是成功的,他的使命是要让"中华有为";乔布斯是成功的,他的使命是"改变世界";扎克伯格在哈佛大学的毕业演讲中也提出"要创建一个所有人都有使命感的世界"。有人可能会说,只有成功人士才讲使命感。但我认为,**有使命感的人才有可能成功。正是有了很强的使命感,才能有不屈不挠的动力去克服困难不断创新,去排除万难争取成功**。

今年是恢复高考的第 40 年。40 年前,作为 570 万名来自各行各业的初高中考生之一,我有幸考入北京大学。4 年的北大学习和生活让我们懂得了什么是理想,什么是责任,什么是创新,什么是卓越。北大 77 级涌现出了许多杰出的科学家、优秀的教育家、成功的企业家,还培养了共和国的总理和许多部长、省市领导,以及许多一流大学的校长。我们是有理想和使命的一代,我们继承了北大的光荣传统,努力为推动中国的改革开放做出卓越的贡献。

40 年过去了,我们这一代人即将完成我们的历史使命,世界将属于今天的年轻人。扎克伯格说:"每一代人都有属于自己的作品……现在轮到我们来做一些伟大的事了。"今天,我们在座的毕业生中,绝大多数是 1990 年后出生的一代"新新人类"。这一代人有其独特的性格。你们充满活力,个性独立,不拘一格,富有创意,**做事满不在乎,而又全力以赴**。这是你们的特点,也是优点。

满不在乎不是玩世不恭,不是没有理想和使命,而是不拘泥于传统,不畏惧权威,不留恋名利,不在乎得失。同学们,人生路上难免会有失意的时候,希望你们不要在乎暂时的得失成败,在不顺的时候更要意志坚定,勇敢执着。人生的成功固然重要,但我更希望你们学会享受奋斗的过程与沿途的风景,对结果不必过于在乎。说实在的,创新引领和追求卓越都不是容易的事，往往需要与众不同，还要面对世俗的不解、利益的冲突，甚至制度的制约。只有明确自己的使命，坚定自己的目标，不在乎别人质疑的眼神和短视的批评，才能坚持到底，获得成功。

当然，满不在乎只是一种心态，改革创新和追求卓越更需要全力以赴，要使出"洪荒之力"来认真做好每一件小事，努力战胜每一个挑战，积极完成每一个步骤。成功的人大多注重细节且追求完美。对于全力以赴的人，成功只是必然。

同学们，今天你们毕业了，在祝贺你们完成学业的同时，我还要给你们也给我们自己布置一项新的作业。这个作业的完成时间是 7 年。在未来的 7 年内，我们的任务是把北大汇丰商学院办得更好，在学术研究、国际化发展、智库建设、人才培养等方面取得更大的成绩，初步建成一个国际知名的商学院；你们的任务是肩负历史使命，树立高远目标，发扬敢于创新、追求卓越、努力争取第一的精神，满不在乎而又全力以赴，在各自的企业中和领域里做出属于你们"新新人类"的优秀作品。**到 7 年后的 2024 年，在庆祝北大汇丰商学院建院 20 周年的时候，让我们一起来相会，共同交上一份令人满意的作业！**

再次祝贺全体毕业生。

谢谢大家！

学校不仅是学知识的地方，更是培养人、锻炼人的地方[①]

（2017年9月2日）

首先，我代表北大汇丰商学院欢迎2017级MBA的新同学。我对"7"比较有感情，因为我是北大77级的，40年前到北大读书，改变了我的人生。我相信，同学们在未来的两年中，也会体会到在北大学习的不同。

我们为什么要上学呢？当然是为了学知识，这是最基本的需求。学知识是工作的需要，也是人生的需要。

从工作上说，我们需要不断更新知识。中国正处于转型时期，不但在体制上正从原来的计划经济逐渐走向市场经济，在产业结构上也正从以农业为主的发展中国家转型为以先进制造业和现代服务业为主的中等发达国家。短短30多年，中国从世界第15名的经济体发展到如今世界第二大经济体。这个变化不仅仅是量的增加，更是质的飞跃。未来有更多的挑战要我们去面对，这就需要我们不断更新知识。

---

① 本文为在北京大学汇丰商学院2017年MBA开学典礼上的讲话。

我们的工作也在转型。在座很多同学本科学的可能是理工科或者是与经济、管理相差甚远的一些专业。到了工作岗位以后，除了需要不断地做好自己原有的工作，还要学习怎样与人协调，学习怎样做好管理工作，这就需要重新学习新的知识。所以，学习知识是工作的需要。

从人生上说，我们需要不断提升自己。人的需求是有层次的。我们最基本的需求是生存和温饱。我们还有很多不同的物质追求，从基本生活品到高级奢侈品。到了一定的阶段以后，我们需要的是超越物质的东西。在你的资产负债表当中，资产不仅仅包括有形的资产，还包括一些无形的资产，如知识、能力、境界。所以，我们需要学习，需要提升自己。除了了解自己工作和职业以外的东西，同学们还要了解政治、经济、历史、哲学，要懂得中国，懂得世界，懂得社会，懂得未来。这是人到了一个更高层次后的需求。

因此，来到北大，我们首先要学习知识，学习与工作有关的知识，学习超越工作提升人生境界的知识。然而，来到学校，尤其来到北大，你们不仅仅是为了学知识，因为这些知识可以从网上学，可以跟朋友、同事学，也可以通过各种各样的短期培训课程学。在"互联网+"的时代，一直有人认为将来网络可以替代学校，其实这些观点在十几年前就已经有人在讨论了。如果我们仅仅是为了获得一种知识，那么我们的确可以有很多途径，可以通过清晰的视频、网络的互动以及各种类型的培训课程。**但学校不仅仅是学知识的地方，更是培养人、锻炼人、对人的一生产生重大影响的地方。**

今年刚好是我们77级高考40周年，很多媒体采访我。有人问我当年高考最大的收获是什么，我说："考上了北大。"北大让我改变了自己，从而也改变了我的人生。

我认为上一所好学校，尤其上一所顶级学校，能获得很多通过网络学习和一般的培训课程获得不了的经历，有学习知识以外的收获，主要表现在以下几方面。

第一，同学情谊。大学对学生有录取标准，作为中国最好的学校，北大录取的都是最优秀的学生，学校给同学们提供了一个建立永久友谊的机会。这一点并不是所有机构都能做到的，只有大学，尤其是好大学才能够做到。很多知识不只是从书本上学的，也不只是从老师那里学的，而是同学之间互相学的。

我非常感谢我的北大同学们，40多年了，我们始终保持着很好的联系。在上学的时候，我们讨论过很多问题，讨论过课上学习的理论，讨论过中国经济的改革，讨论过世界上发生的事情，讨论过未来的人生。现在，我们仍然在讨论各种问题，但更多的是互相帮助，互相支持。这些优秀的同学是我们一生中最宝贵的财富。

第二，文化熏陶。每一所学校都有自己独特的文化。北京大学之所以能够成为一所独特的学校，因为它不仅仅是一个学习的地方、创造知识的地方，更是一个承载中华儿女梦想的地方。北大创办于国家危亡之际，因此有一种独特的文化与精神。所谓北大精神概括起来包括两个方面。

一个方面是忧国忧民，肩负社会责任。我们要关心国家大事，关心社会发展。就像今天校友会的金鹿同学谈到的公益计划那样，我们要对社会有所付出。北大人要成为行为楷模，我们的一举一动，都要在社会上起一种引领作用。

另一个方面是追求卓越，不断改革创新。我们要做最新、最好、最美的事情，要精益求精，追求完美。今天，你们到了北大，就要认同北大的精神，自觉地接受北大文化的熏陶，成为真正的北大人。

第三，素质提升。除了知识，在学校学习有助于个人素质的提升，尤其作为北大学生，在理想眼界、道德情操、行为举止、精神面貌等方面都有可能在校园生活中得到提升。素质提升可以通过学校教育、文化熏陶、同学影响、活动参与等获得。北大汇丰商学院对学生的素质提升非常重视，强调从点滴小事做起：待人接物要有礼貌，公共场合要注意公德。台上有人讲话，台下的人就应该安安静静地听，要懂得尊重别人，不应聊天或玩手机；宴会上有人发言，下面的人就不应大声说笑、敬酒喧哗。通过学院的各种活动，通过教育与自我教育来达到学生素质的提升。

第四，社会认可。学校为什么要发毕业证？为什么要发学位证？因为这是一个"合格证"，是向社会证明，经过学习和考核以后，你达到了学校的要求。这是学校对你的"背书"，是网络和一般培训做不到的。学校的毕业证和学位证不仅仅要证明你完成了学业，同时也要证明你在学校的表现是合格的。不是所有成绩合格的学生都能毕业的，毕业还有道德行为的要求。对违法乱纪的行为，学校会进行处分，甚至退学开除。所以，我们的学校会负责任地发这些证书，坚持高标准、严要求，不辜负社会的信任。

最后，我对各位未来两年在北大汇丰商学院的学习提几点希望。

首先，希望大家树立一个更高的目标。我们要做最好的我们。我60多岁了，仍然有18岁的梦想。所以，你们在这个年龄，更应该有梦想。目标一定要高，心态一定要好，这样当你遇到困难的时候，便不会怨天尤人。其实，抱怨是一种"癌细胞"，既不利于你的成长，也不利于你的健康。有了更高的理想和目标，也就有了更乐观的态度和更强大的动力。

其次，希望大家努力完成学业。北大汇丰商学院的学习和纪律要求很严格，要努力完成学业，积极参加各种活动，把它们视为对自己的磨炼和挑战。

最后，希望大家更多、更积极地参与学院的发展。我们的学院还很年轻，虽然我们每天都在努力，在向更高的目标前进，但是我们也知道自己有很多的不足，需要不断地改进我们的工作。同学们是学院的主人，希望大家认同学院的理念，同时积极地参与学院的工作，甚至帮助学院改进，代表学院去影响社会。

祝 2017 级同学在未来的两年中，学习愉快，身体健康，梦想成真！

虚心劲节，贞志凌云[①]

（2018年6月2日）

尊敬的各位来宾、亲爱的老师和同学们：

大家下午好！今天，北京大学汇丰商学院的老师们，2018届的毕业生们、家属们欢聚一堂，共同祝贺316名全日制硕士研究生、122名MBA学生、91名EMBA学生完成学业，顺利毕业！祝贺33名在职企业管理专业高级专门人才研修班学生完成课程学习并通过论文答辩，获得硕士学位！

两年或三年前，你们踌躇满志，带着喜悦和忐忑，来到了北大汇丰商学院。今天，你们满怀梦想，带着激动和期待，即将离开南国燕园。作为院长，我向同学们表示祝贺，也希望借此机会，向为学生们的成长付出辛勤汗水的老师和员工们致以最衷心的感谢！向学生们的家长和家属们，致以最美好的祝福！

今天，当你们坐在这里，穿着学位服，唱着《燕园情》，分享着毕

[①] 本文为在北京大学汇丰商学院2018年毕业典礼上的讲话。

业生代表的离别抒怀,品味着校友们的"过来人"之说,聆听着老师们的永无止境的谆谆教导,我不知道此刻的你们,心里在想着什么。

也许,你们在感恩。你们在感谢父母,对成家的同学来说,你们也在感谢家属。正是父母含辛茹苦的抚养和家属们一如既往的支持,你们才能一路成长,不断发展,考入北大,完成学业,踏上人生中新的更加辉煌的征程。

人必须懂得感恩,这是做人最起码的教养和素质,也是人生成长中不可或缺的"阳光雨露"。懂得感恩,意味着拥有阳光的心态,意味着能够尊重他人,意味着懂得抑制私欲,意味着愿意积极回馈社会。

学会感恩,说起来容易,做起来困难。感恩,不仅要感谢那些帮助过自己的人,还要感谢那些批评过自己的人,甚至感谢那些坚持原则而使你的个人利益看起来受到某种损害的人。懂得感恩的人,是永远懂得孝敬父母、爱护亲人的人,是永远懂得理解和原谅别人的人,是永远懂得依靠自己克服困难而不抱怨环境的人。他们不会因为父母没有显赫的身份地位或年迈衰老而嫌弃之,不会因为老师的批评教育、严格要求而怨恨之,不会因为母校、国家、社会的某些不足或自己的不顺而唾弃之。作为国之重器的北京大学,首先就要培养具有这种品质素养的人,培养具有这种道德情操的人。这与我们的"爱国、进步"不矛盾,与我们的"民主、科学"不矛盾,与我们的批判质疑精神不矛盾,与我们的兼容并包胸怀不矛盾。而懂得感恩、懂得奉献,恰恰就是这些北大精神和文化的道德基础。

也许,你们在回忆。在北大汇丰商学院的两年或三年,对于你们来说,究竟是一场什么样的经历呢?借用流行歌曲的歌词问大家一句:"你都如何回忆我,带着笑或是很沉默?"

三、致青年学子

老实说,北大汇丰商学院的学习经历,让你们不回忆都难。我们是一所与众不同的学院,有人戏称我们是一所"理想主义"的商学院,有人讥讽我们是一个"变态"院长领导下的一所"奇葩"商学院,甚至我们自己的个别学生也会在网站上匿名发泄对学院的不满。前几天我跟不同年级的一些同学聊天,其中一位刚参加完论文答辩但还不知道结果的2015级同学用非常复杂、难以描述、近似"忍住不哭"的表情对2017级的同学说:"希望你们享受在学院的学习生活。"

的确,我们有很多与其他学校不同的甚至有些似乎不近人情的做法:我们的全日制研究生居然有军训和拓展;我们的硕士学制居然长达三年,还是全英文教学;不管是学术学位还是专业学位,我们一律强调深厚的理论功底;我们甚至规定在前一年半里除了假期以外不准实习;迟到旷课居然都要扣分;作弊造假会被毫不留情地处分;每年都有一些学生因为论文没有达到要求而不能按时获得学位甚至丢掉了工作。

毫无疑问,在北大汇丰商学院学习的两年或三年中充满了压力和挑战,有时甚至还有痛苦和迷茫。在此期间,我见证了你们在自习室里的挑灯夜战,甚至在周末和节假日,教室里也常常座无虚席,看到了你们参加各种讲座时的积极踊跃,也知道你们写论文时的绞尽脑汁和痛苦煎熬。你们没有时间去关心"奔跑"了或没"奔跑"的"兄弟",甚至明星们来了也没人搭理。

在此期间,我还见证了你们在训练场上摸爬打滚,挥汗如雨。在军训、海训、拉练、春秋游,在学院和学校的运动会上,在"'玄奘之路'商学院戈壁挑战赛""亚太地区商学院沙漠挑战赛"和"'工商大道'中国经营者戈壁远征"中,你们都取得了优异的成绩。

总之,在北大汇丰商学院,进来和出去,学习和生活,都不容易!

当然，我们也有很多值得骄傲的地方：我们的校友很多也很团结，遍布北京、深圳、上海，以及海外。同学们找工作时都说："师兄、师姐很给力。"我们的毕业生很受欢迎，尤其在金融机构、政府部门、研究单位。我们的校友学术功底扎实，勇于拼搏，成长很快，不少已成为行业最佳分析师、公司高管、创业者、高校教授。学院的国际影响力与日俱增，学院创办了英国校区，请进了诺贝尔经济学奖得主，还在进一步向国际一流挺进。

因此，希望你们的回忆里不仅仅有磨炼和痛苦，更应有理解和认同、收获和喜悦。相信过一二十年再来回忆，还会有幸运和感激！

也许，你们在畅想。对于绝大多数的全日制同学来讲，从今天开始，你们即将步入人生的全新阶段。未来的目标是什么？未来的工作和生活是怎样的？一些人关心什么时候能"有房有车""财务自由"；一些人更在乎事业的前景、未来的发展。但无论你们关心什么，在乎什么，大目标也好，小目标也好，为人类谋幸福也行，柴米油盐里过日子也行，我希望你们永远不要忘了自己是北大人。

北大人为什么就这么特别？我们回顾一下过去120年的历史就知道答案了。当年京师大学堂的诞生，就是中国人饱受列强侵略后励志图强的产物，通过办学"以期人才辈出，共济时艰"。从五四运动到创建中国共产党，从抗日救亡到建设祖国，从"团结起来，振兴中华"到"守正创新，引领未来"，北大人始终忧国忧民，北大人永远肩负责任。

北大人还有什么特别？那就是北大人的敢于创新和引领潮流，北大人的坚守执着和追求卓越。搞计算机的老一代北大人王选，成为当代毕昇，带领大家"告别铅与火，迎来光和电"。搞数学的新一代北大人张益唐，不惜坐上几十年的冷板凳，终于在58岁时一鸣惊人，破解了"孪生素数猜想"难题，其证明被国际同行誉为有"文艺复兴之美"。今天，另一个北大人的楷模，我们的大师姐、"敦煌女儿"樊锦诗又给我们展示了她的平凡与伟大，她用40多年的执着和坚守，保护、研究和开发了敦煌文化遗产。她的付出，天地动容；她的奉献，功德无量。

因此，你们在畅想未来的时候，一定要有"北大元素"，不管做什么，首先要有理想，要有境界，要有精神，要有责任，要有底线，要有节操。"玉可碎而不可改其白，竹可焚而不可毁其节"。同时，要努力做到最好，要有高度，要有远见，要有智慧，要有谦虚，要有创新，要有引领。要像竹子那样，**"未出土时先有节，便凌云去也无心，"虚心成大器，劲节见奇才**。

同学们，今天，你们即将从北京大学汇丰商学院毕业。作为2018届学生，你们毕业于非常值得纪念的一年。从国家层面讲，今年是改革开放40周年，总结过去，展望将来，通过更加深入的改革开放，中华民族必将实现伟大复兴。从学校层面讲，今年是北大建校120周年，学校以"守正创新，引领未来"为主题，从"成就、反思、未来"三个维度，思考面向未来的高等教育，在新时代开启新征程。从学院层面讲，今年是北大汇丰商学院走向国际之元年。跟同学们一样，我们也即将步入一个更加重要、拥有更多挑战、更有意义的历史新阶段。让我们相互勉励，一起出发，面向未来，携手共进！

心与沧浪，志在青山[①]

（2019年6月1日）

尊敬的各位来宾，亲爱的老师们和同学们：

大家下午好！今天是一个值得在座各位铭记的日子，我们欢聚一堂，共同祝贺北京大学汇丰商学院306名全日制硕士研究生（包括30名国际学生）、123名MBA学生、107名EMBA学生完成学业，顺利毕业！祝贺40名在职企业管理专业高级专门人才研修班学生完成课程学习并通过论文答辩，获得硕士学位！为此，我代表北京大学汇丰商学院，向所有毕业生以及哺育他们成长的父母和陪伴他们学习的家属表示诚挚的祝贺！向不辞辛苦和尽心竭力地为学生传道授业的老师和员工们致以衷心的感谢！

对所有毕业生而言，每年的毕业典礼，既是庆祝和感恩的盛会，也是庄严而隆重的课堂。而这特殊的最后一课，是由毕业生、校友、老师、嘉宾们共同主讲的。刚才，我们听到了毕业生们对学校生活的回忆，对

[①] 本文为在北京大学汇丰商学院2019年毕业典礼上的讲话。

严格要求的感叹,对老师家长的感恩,对同学情谊的留恋,对未来工作的憧憬。我们听到了校友毕业后工作与生活的分享,听到了老师对学生们步入社会的嘱托和希望。

这最后一课的重要内容之一是嘉宾演讲。毕业典礼上请的嘉宾,都是各行各业的杰出代表,都是为国家、为人类做出重要贡献的英雄楷模。他们的奋斗经历,是我们工作中的学习榜样;他们的人生感悟,是我们生活中的心灵禅语。去年,我们聆听了北大学长、"敦煌女儿"樊锦诗的感人故事。为传承中华历史文脉,保护人类文化遗产,她在茫茫大漠中的莫高窟守护和研究了半个多世纪,殚精竭虑,鞠躬尽瘁。今年,我们又有幸请到了你们82级物理系的学姐、优雅美丽的中国载人航天工程空间应用系统总指挥高铭。从载人航天工程一名普通的科技人员成长为总指挥,她在过去的20多年里舍弃了很多这个时代令人羡慕的机会与生活,在极其重要而又紧张艰苦的岗位上顽强拼搏和执着坚守,为中国载人航天做出了杰出的贡献,也收获了不同寻常的绚烂人生。这最后一课的最后一位演讲者,是作为院长的我。其实,在过去的两三年里,从最初的"北大历史和北大精神"到每年的新年演讲,从开学典礼、军训动员到一次次的班会,我已经讲得够多了。根据经济学的原理,我每次准备毕业典礼演讲的时候,都担心自己发言的"边际效用"会递减到了零。不过,没有关系,只要不是负的就行。

我今天要跟大家分享的是如何在不同的环境下,坚守自己的理想与信念,同时又能审时度势,因势利导,解决问题,获得成功。

我今天之所以要提这个问题,是因为我们正面临一个不平凡和不确定的环境。经过40多年的改革开放和发展,中国经济进入了一个新的历史阶段。人民开始追求更高水平的生活质量,这就需要中国的产业不断转型升级,需要企业不断提高技术和管理水平。自动化、大数据、人工智能的发展,也对劳动力的素质和技能不断提出更高的要求。同时,经济的持续下行、对金融的改革整顿,以及以中美贸易摩擦为代表的国际环境的变化等,不仅给 EMBA 和 MBA 同学的企业发展带来新的挑战,也给全日制同学的就业带来更加激烈的竞争,给未来的工作和生活带来更大的压力。

面对这样的环境,我们应该怎么办?我想主要强调两点。

第一,要立志高远,坚定不移。高远的目标,不仅是奋斗的方向,更是奋斗的动力。尤其在面对困难和挑战的时候,更需要目光远一点,这不仅可以帮助我们在困难和挑战面前从容面对,不迷失方向,还能让我们有强大的动力去克服困难,应对挑战。只有站得高才能看得远,才能不为眼前的不顺而焦虑,不为一时的挫折而放弃。

立志不仅要高远,还要坚定,如巍巍青山,肃穆千载,风吹雨打,岿然不动。立志高远坚定的含义是,无论条件如何艰难,环境如何恶劣,社会如何浮躁,压力如何巨大,都要坚持守住底线,做正确的事。说实在的,在现实中做到这一点是不容易的,需要理想,需要远见,需要智慧,需要责任。这一点,樊锦诗做到了,高铭也做到了,因为她们有一个共同素质:对自己投身的崇高事业矢志不渝,坚韧不拔。正如高铭在一次采访中所说,令她感触最大的是四个字是"激情、坚持",而这种激情与坚持的动力,来自从内心深处迸发的家国情怀。樊锦诗和高铭,都是真正的北大人!

第二,要有良好的心态,永远乐观。学生毕业后步入社会,一定会遇到很多新的挑战。尤其对于没有工作经验的全日制学生,你们会发现一连串的压力和焦虑接踵而来:比"996"还要辛苦的工作、不知何时才能买得起的住房、不知道是自己想要的还是父母盼望的婚姻和子女，以及不受领导重视自叹怀才不遇的失落，等等。

其实，困难和挑战并不是现在的人们所独有的，生活和工作上的压力也并不只是你们这一代人才会面临和承受的。**每一代人有每一代人的挑战和压力，只是表现形式各不相同罢了。面对任何挑战，我们都要有一个良好的心态，积极寻找化解的办法。**

中国古代流传着一首民歌叫《沧浪之水》，原文是"沧浪之水清兮，可以濯吾缨。沧浪之水浊兮，可以濯吾足。"这里的"沧浪"意指世道和环境，"水清"意指太平盛世，"水浊"意指世道浑浊。环境好时，高歌猛进；环境差时，韬光养晦。**水之清浊人不能控制，但人可以根据水的清浊或环境的顺逆来决定自己的行为，掌握规律，顺势而为。《沧浪之水》的含义之一，就是要学会立志如山，行道如水。**

人不仅要有高远的目标，锐意进取，也要有宽阔的心胸，乐观前行，只有这样才能在恶劣的环境下生存发展。

同学们，两年或三年前的丹桂之秋，你们怀着憧憬与忐忑的心情相聚南国燕园，在汇丰商学院开启了学习生涯的新篇章。今天，在你们即将离开北大校园、前往更广阔的天地、开始新的征程之际，我希望在北大汇丰商学院的磨炼给你们带来的不只是痛苦和压力，更多的还有智慧和力量。我衷心希望和祝愿各位心与沧浪，志在青山，远见坚卓，终得精彩！

致北大新同学的一封信[1]

（2019年7月）

亲爱的同学：

你好！当你看到这封信的时候，你已经是北京大学的最新成员了，恭喜你！

42年前，像你们一样，我也接到了北京大学的录取通知书。但与你们不同的是，我不是一个刚毕业的中学生，而是一个在祖国边疆农村下乡9年、已经26岁的"知识青年"。不过，我们那一级还有年龄更大的，有一个32岁的两个孩子的爸爸！他是1966年的高中毕业生，一直等到1977年恢复高考才有机会上大学。当然，我们中也有像你们一样的中学应届毕业生，但多数比你们还小，因为那时从小学到高中才9年。

不同年龄的同学在一起学习是我们那一届北大学生的特点，每个人的基础不同又是另一个特点。我们经济系同学的学历，从初一的到高三的都有。即使是完成了高中教育的同学，学业荒废多年，学习大学课程

---

[1] 本文为2019年致北大新同学的一封信，与当年北京大学的录取通知书一同寄出。

也是很辛苦的。但是，那时的我们对知识的追求，如枯苗望雨，似久饥盼食。每天一早出操锻炼身体，夜深了还挑灯看书。我英语不好，分到了"慢班"，从 ABCD 开始学起，为了尽快赶上去，就准备了很多单词卡片，一有时间就拿出来背，甚至在走路和在食堂排队时口中都念念有词。我最佩服历史系的一个同学，他干脆就背《英汉词典》，词汇量迅速提高，这也为他后来出国深造打好了语言基础。几十年后，当年教过我们高等数学的靳云汇教授感叹地说："你们是我教过的数学基础最差的学生，但也是最用功、最拼命的学生！"

我们之所以如此用功学习，是因为有一种北大人应有的使命感和责任感。我们是恢复高考的第一批大学生，当时，国民经济到了崩溃的边缘，改革开放迫在眉睫。作为北京大学的学生，我们深知肩上的重任。"忧国忧民，肩负社会责任；追求卓越，不断改革创新。"这是北大的传统和精神，也是我们这一代北大人的历史使命。为此，我们如饥似渴地学习，为将来参加国家建设和发展做好准备。

"宽口径，厚基础"是北大人口口相传的学风。大家都很注重专业理论学习，同时也不忘了解其他学科的知识，开阔眼界，提高格局。学习不是为了考试和毕业，而是为了积累知识与才能，为未来的发展奠定深厚的基础。记得当时法律系的同学除了本专业的学习，还经常到我们经济系来听课并参与对经济改革的讨论。我也去法律系听课，考虑经济发展中如何加强法治建设。我们班的易纲同学，上学时就关心国家大事，努力学习前沿知识，后来出国留学，如今成为中国人民银行的掌门人。此外，我们中还出现了一大批科学家、教育家、文学家、经济学家、企业家等。北大 77 级，人数虽不多，但人才济济，在国家的改革开放中起到了中流砥柱和承上启下的作用。

如今，40多年过去了，我们这一级的北大人都已经过了耳顺之年。我们这一代人即将完成我们的历史使命，世界将属于今天的年轻人。脸书创始人扎克伯格说："每一代人都有属于自己的作品……现在轮到我们来做一些伟大的事了。"现在，北大的传奇将翻开属于你们的篇章了！你想在北大的历史上写下什么呢？我相信，在你人生的重要阶段里，在北大追求世界一流的征途上，你会志存高远，砥砺前行，拼搏向上，谱写辉煌！

同学，收拾好行装，准备出发吧！

海闻

北大经济系77级学生

2019年7月7日

三、致青年学子

心中永远要有个太阳[①]

（2020年6月3日）

亲爱的各位同学、各位老师、各位朋友：

大家下午好！今天是一个值得在座各位永远铭记的日子。我们在非常特殊的历史时期，克服各种困难，相聚在这里，举行了一场独特的毕业典礼。

首先，我要代表北京大学汇丰商学院的全体教师和员工祝贺319名全日制硕士研究生（包括30名国际学生）、139名MBA学生和102名EMBA学生完成学业，顺利毕业！我要向哺育他们成长的父母和陪伴他们学习的亲友表示热烈的祝贺和诚挚的敬意！同时，我也代表学校和学院，向兢兢业业、尽心竭力为学生传道授业的教师和员工们致以衷心的感谢！在此，我还要特别祝贺我们全日制硕士研究生在今年极其不利的经济环境下实现了94.5%的初次就业率！这一数据远远超过了同类院校的水平。这充分证明了北大汇丰商学院多年来注重理论功底、保证教学

[①] 本文为在北京大学汇丰商学院2020年毕业典礼上的讲话。

质量、强调理想责任的重要性。

每年这个时刻，我们都会隆重地相聚在一起，祝贺同学们经过努力，完成研究生阶段的学习，获得硕士学位。过去的两年或三年，对大多数同学来说，是人生中的最后一段校园生活，也是最后一次能够心无旁骛、专心致志地系统学习和潜心钻研的机会。对于全日制学生来说，毕业典礼是一条分割线，跨过它，你们将正式起航，步入人生的新阶段。对在职学生来说，毕业典礼也是一条新的起跑线，跨过它，意味着你们的人生中取得了新成就，开始了新征程。

因此，每一年的毕业典礼，对大家来说都非常重要，既是完成学业的庄严仪式，也是同学们离开学校前的最后一课。许多在毕业典礼上的演讲，成为催人奋进的感人诗篇和经久不衰的至理名言。在今天的毕业典礼上，作为院长，我代表学院，祝贺大家，欢送大家，在各位踏上新的征程之际，送上我的临别赠言。

众所周知，今年的毕业典礼是在一个非常特殊且令人难忘的时期举行的。我们正在经历新冠肺炎疫情，几个月时间的封闭隔离，至今没有完全恢复正常。我们在毕业典礼上要戴着口罩，保持距离。新冠病毒仍在全球肆虐，累计超过600万人确诊，近40万人死亡。疫情不仅严重影响了中国的经济，使之出现了改革开放以来最大幅度的负增长，也给全球的经济和社会带来了近百年来最严重的冲击。与此同时，意识形态和政治的干扰、中美关系的恶化和经济上的逐渐"脱钩"，使整个世界正在出现严重的分化和对立。如果说，去年学生毕业时面对的还是一个不确定的世界，那么今年的毕业生将要面对的是一个全球经济衰退和国际政治对立的确定局面。当然，这种状况并非永恒的，但确实是我们需要用勇气和智慧来面对的现实。

面对疫情，面对灾难，面对困难，面对挑战，一首由全球各地的北大汇丰学子通过网络录制的歌声给大家带来了温暖、勇气和希望。同学们写道："虽疫情千里相隔无法相见，但我们还有歌声传递力量，环球同凉热，四海共冬春……希望全球的人们，都能够早日迎回阳光。"

面对疫情，面对灾难，面对困难，面对挑战，我们为什么期盼阳光？

我们期盼阳光，因为阳光象征着光明。人们通常把公平、正义、民主、和平、进步、健康、幸福等视为光明，把歧视、邪恶、专制、奴役、战争、瘟疫、苦难等视为黑暗。人类的历史就是一个不断战胜黑暗、争取光明的过程。不管困难有多大，前景有多暗淡，我们通过不断改革来追求光明的目标不能改变，我们通过更大的开放来实现世界和平和进步的努力不能放弃。作为肩负民族振兴和社会进步重任的北大人，无论何时何地，无论从事何种职业，我们都不要忘了北大的文化和传统，都要为光明而奋斗。

我们期盼阳光，因为阳光饱含着温暖。万物生长，靠的是太阳带来的温暖和能量。人的成长，同样离不开亲人和朋友给予的温暖。人世间，温暖是人与人之间的关心和爱护。在遇到困难和挑战时，我们更需要人们之间、国家之间的互勉和互助。我们不仅要感恩别人给我们的帮助，更要在别人有困难时无私无怨地给予帮助，用温暖去战胜寒冷，用温暖去消除偏见，用温暖去抵御邪恶，用温暖去推动合作。温暖并不意味软弱，冰冷也不代表强大。面对复杂的国际形势，我们要坚信人民的力量，坚信温暖的力量，不畏艰难，不言放弃，发挥各自的优势，继续推动世界各国合作共赢的进程。

我们期盼阳光，因为阳光给予了能量。太阳无时无刻不在给地球输送能量，以孕育世间万物的生长。无论是战胜困难，还是实现理想，都需要有足够的永不枯竭的能量。人的一生不会一直一帆风顺，事业的发展不会永远没有挫折，民族振兴的道路上也不会一路平坦，在困难和挫折面前，坚定信心，勇往直前，锲而不舍，百折不挠，需要有足够的能量。这种巨大的持续的能量必定来自高远的目标和无私的理想。唯有如此，才能不为眼前的不顺而焦虑，不为一时的挫折而放弃。没有理想和目标，就会缺乏持续的能量和动力，人生终究走不了太远，用现在流行的话说，就是"在电视剧里都活不过三集"。

我们期盼阳光，因为阳光预示了希望。无论黑夜如何漫长，无论阴云如何密布，黑夜终会过去，阴霾必将散去，阳光终将普照大地。正如歌中所唱："阳光总在风雨后，乌云上有晴空"。阳光的心态和乐观的境界是战胜困难、取得成功的必要条件。在学院创建初期的一次晚会上，面对质疑和迷茫，我朗诵了食指作于 1968 年的诗《相信未来》，"当蜘蛛网无情地查封了我的炉台，当灰烬的余烟叹息着贫困的悲哀，我依然固执地铺平失望的灰烬，用美丽的雪花写下：相信未来……我要用手指那涌向天边的排浪，我要用手掌那托住太阳的大海，摇曳着曙光那枝温暖漂亮的笔杆，用孩子的笔体写下：相信未来。"

同学们，两年或三年前的秋天，你们怀揣理想，充满激情，从各国各地来到南国燕园，在汇丰商学院刻苦学习，经受磨炼，书写了人生的新篇章。而今天，你们就要告别北大校园，开启人生的新征途。突如其来的疫情打乱了很多人的生活，也让你们一出校门就要面对一个杂乱纷争、充满挑战的世界。但是，你们是早晨八九点钟的太阳，朝气蓬勃，充满希望！作为临别赠言，我希望你们心中永远要有个太阳，永远充满温暖和力量，努力奋斗，乐观向上，用智慧和勇气驱散迷雾，为世界带来阳光！

高瞻远瞩,行稳致远[①]

(2021年6月7日)

尊敬的各位来宾,亲爱的老师们、同学们:

大家下午好!

时光荏苒,流水匆匆,与新冠肺炎疫情的战斗还没有结束,不知不觉中我们又迎来了2021年的毕业典礼。本以为去年举行的戴口罩的毕业典礼是独一无二的,没想到今年的毕业典礼上大家仍然需要戴着口罩。

今年我们共有520名学生毕业,包括319名全日制硕士研究生、110名MBA学生、90名EMBA学生和1名博士研究生,其中有25名是国际学生。在此,我代表北京大学汇丰商学院的全体教师和员工祝贺你们顺利毕业!同时,还要祝贺36名在职企业管理专业高级专门人才研修班学生完成课程并通过论文答辩,获得硕士学位!我也代表学校和学院,向辛勤哺育你们成长的父母及亲友们致以诚挚的敬意!向兢兢业

[①] 本文为在北京大学汇丰商学院2021年毕业典礼上的讲话。

业、辛勤耕耘的教师及员工们致以衷心的感谢!

说实在的,在北大汇丰商学院完成学业是不容易的!汇丰商学院作为中国最国际化、最严格的商学院,首先是入学难。同学们经过层层考核、面试的激烈竞争,好不容易被录取了,才发现"苦日子"才刚刚开始。等一门门课修完了,才知道真正的挑战还在后面。相信过去几周的毕业论文的写作和答辩是让每个学生都难忘的经历,但同时也是每个学生在研究方面大大提高的过程。北大汇丰,就是这样一所"商界军校",如果没有军人般的拼搏精神和"打工人"钢铁般的意志,是很难在北大汇丰坚持下来并顺利毕业的。因此,我要给今天所有的毕业生点个赞!"打工人",你们辛苦了!

最近,社会上流行一个词,叫"内卷",到处都在用。我不懂,就去百度搜索了一下,原来"内卷"本是一个社会学的术语,现在被用来描述在没有增量资源的情况下,整个社会对存量资源争夺加剧的一种社会现象。我还搜索了一下"怎样避免内卷?"答案包括移民、出家、当"卷王",还有就是"躺平"。

当然,以上这些答案不会是北大汇丰毕业生们的选择。我相信,我们的学生更多地会考虑:如何创新创业?如何开拓资源?如何引领发展?如何消除内卷?因为这才是作为"常为新的,改进的运动的先锋,要使中国向着好的,往上的道路走"的北大人;才是100多年前推动新文化运动、唤起民众觉醒、发起五四运动、创建中国共产党的北大人。

众所周知,今年是中国共产党成立100周年。最近,电视剧《觉醒年代》展示了百年前北大师生满怀理想、献身革命的经历。他们在迷茫中寻找真理,在黑暗中探索未来,胸怀天下,心系苍生,前赴后继,不怕牺牲,为中华民族的独立和解放做出了不朽的贡献。

百年之后的现在，回首世纪沧桑，放眼当今世界，作为即将毕业的北大人，面对未来的人生，你们该如何选择？如何实践？**作为北大的老师和学长，我希望你们无论面对什么环境，不管"内卷"或者"外卷"，都要做到不焦虑、不灰心、不放弃、不"躺平"**。我们要像100多年前的北大学生一样，始终充满热情，"以青春之我，创建青春之家庭，青春之国家，青春之民族，青春之人类，青春之地球，青春之宇宙"。

面对未来的人生，我们必须要高瞻远瞩。这个"高"，就是境界之高，理想之高。要把个人的命运与人民的利益紧密地联系在一起，把个人的理想与国家发展和人类命运紧密地联系在一起。有了这样的境界，我们就能登高望远、举目千里、鉴往知来、发愤图强，反之则容易目光短浅、坐井观天、急功近利、苟且偷安。只有站在这样一个高度，我们才能有宽阔长远的视野，才能淡定地面对困难的环境，乐观地看待历史和未来，从容地应对好人生中遇到的各种挑战。

面对未来的人生，我们也一定要行稳致远。这个"稳"，就是做事要稳，发展要稳。若想走得远，首先必须走得稳。境界越高，眼界越远，做事越踏实，步伐就越稳健。人生就像一次戈壁挑战赛，路途遥远，地势险峻，最终的胜利不是看你最初的成绩，而是看你能否坚持到底，顺利完赛。因此，当你们刚刚跨出校园大门进入社会时，当你们刚刚完成学业开始新的征程时，你们不必急于追求成功，不必太在乎收入、名气、地位。当自己还不具有真正实力的时候，这些身外之物反而有可能成为继续前进的障碍。这些障碍既可能来自自己，也可能来自外界。"匹夫无罪，怀璧其罪"，财富、名誉和地位本身都没有罪过，但是，一味贪图这些或者以此来炫耀的时候，它们就可能引来灾祸。

人活百年，亦如航船劈波于大洋，要想行得稳，学问无疑是重要的

"压舱石"。今天，同学们完成了人生中这一阶段的学业，毕业有期，但学习应是终身的。近代文学家、翻译家，曾在京师大学堂任讲席的林纾先生认为，"读书如积谷愈多，总得救荒之一日"。唯有不断学习，才有"稳"的底气，"稳"的能力，才能心中沉稳，脚下安稳，才能致远，才能有为。

同学们，两年或三年前的秋天，你们怀揣梦想，从各国各地来到南国燕园，在北大汇丰刻苦学习，经受磨炼，一起走过了成百上千个日日夜夜，留下了一幕幕拼搏奋斗的青春记忆。今天，你们就要告别北大校园，踏上新的征程。**我希望你们在未来的人生中，始终能够高瞻远瞩，厚积薄发，行稳致远，进而有为！**

最后，祝各位同学毕业快乐！

谢谢大家！

坚守理想信念，发挥专业特长[①]

（2022年7月3日）

亲爱的同学们、老师们、朋友们：

大家好！

今天我们欢聚一堂，共同庆贺北大国际法学院2022届128名硕士研究生完成学业，顺利毕业。在此，我代表学校，祝贺你们取得的成绩，祝福你们开启了新的征程！同时，也向支持和陪伴你们成长的家长及亲友们表示衷心的祝贺；向恪尽职守、辛勤耕耘的教职员工们致以诚挚的感谢！

时光荏苒，光阴似箭。自2007年专程去纽约邀请雷蒙校长一起创建国际法学院，转眼15年过去了。如果没有记错的话，这是我第三次参加国际法学院的毕业典礼。第一次是在2013年，我作为北京大学副校长兼深圳研究生院院长参加了典礼并致了辞。第二次是在2015年，作为深圳研究生院的代院长，我参加了国际法学院的毕业典礼，也致了

[①] 在北京大学国际法学院2022届毕业典礼上的致辞。

辞。一晃又是7年过去了,虽然我很少到国际法学院来,也没有参与国际法学院的任何事务,但一直关注着国际法学院的发展,关心着同学们的成长。毕竟,这也是我创建并在最初几年参与管理的学院之一。

15年前,中国加入WTO不久,经济全球化深入发展,中国日益融入世界,国家急需大量具有国际法律知识、拥有独立从事涉外工作能力和资格的应用型高级法律人才。为此,我们办起来这个独一无二的、既学中国法律又学美国及其他发达国家法律的国际法学院。我们希望国际法学院培养的学生,能够为走向国际的企业服务,不仅要维护企业的正当利益,也要帮助企业了解国际法律规则,尽量避免不必要的冲突和损失。我们更希望我们的学生,能够为国家服务,推动国家的法治建设,也推动国际法律规则的改革和发展。这也是我们建立北京大学国际法学院的初衷和目标。

如今,在大家的不懈努力之下,当初的谋划正在一步一步地成为现实。这一理想的实现,也离不开一届又一届国际法学院同学们的远见和努力。我知道,国际法学院的学习是国内法学院中最具挑战性的:不同的法律体系、大量的文献阅读、晦涩难懂的法律术语,而且还是英文的。做出这样的选择需要远见,更需要勇气。在许多年轻人愿意"躺平"的年代,你们却在三或四年前选择来到这所独具特色的法学院,走上了一条艰苦的求学道路。如今,同学们完成学业,即将奔赴四面八方,在不同的岗位上开启新的人生。临别之际,我想向同学们提出两点希望。

第一点,希望你们坚守理想信念。法律人的理想和信念是什么?是维护人民群众最根本的利益,是公平、公正、正义、平等。尤其作为北京大学的毕业生,学习法律不应仅仅是为了找一份好工作,更要以建设法治中国为己任。40多年来,中国通过以市场为导向的改革开放,成为了世界第二大经济实体。然而，改革开放的坚持、市场经济的健康发展，都需要法律和法治的保证。因此，无论你们将来具体做什么——律师、法官、检察官、公务员、政策制定者——你们都要记住两点：一是守住自己的法律和道德底线；二是为国家的法治建设做贡献。

这两点说起来简单，真正做起来并不容易。作为一个刚刚踏上社会的年轻人，你们会面临许多生活上的挑战，也会遇到很多利益的诱惑。但作为法律人，战胜挑战和抵御诱惑的最好武器是对法律的崇尚和敬畏，是法律人的理想和信念。常思贪欲之害，常怀律己之心，我们就能守住底线，一生无憾。

同时，法治建设也不是一件容易的事。中国有着几千年人治的封建历史，如今要让法律制度作用于经济、政治、文化、社会的各个领域，让全民树立法治理念，让守法成为人的自觉行动，还有漫长的路要走。然而，作为北大法律人，我们必须有这样的理想和信念，衔石填海，坚持不懈，相信通过我们一代又一代人的不断努力，我们终能建成一个具有现代文明的法治社会，而我们每一个人，都要为此做出哪怕微小的贡献。

第二点，希望你们发挥专业特长。 国际法学院学生的专业特长是什么？是精通中国和英美法律，是具备跨国工作的能力。当初我们创办国际法学院的初衷就是培养这样一批国内外都急需的人才，希望这个目标不被淡化和忘却，因为这是国家的需要，也是你们在职场上独树一帜的比较优势。

从国家层面来说，经济全球化仍是最终的趋势。尽管这几年世界的政治经济发生了很大的变化，中国与美国等西方国家的关系出现了严重问题，但合作共赢的动力仍然存在，各国之间的经济交往仍在继续。并且，越是这样的局面，就越需要跨国法律人才来强调规则，维护法治，加强沟通，促进稳定。世界经济的发展始终是波浪式前进的，三十年河东，三十年河西，但无论河东河西，法律是始终需要的，也是解决分歧的重要手段。

从个人层面来说，发挥比较优势是职场激烈竞争中最重要的策略。据了解，中国目前有600多所法学院，还有上千所学校有法律专业，每年培养数万名法律和法学硕士，但能同时获得中国法法硕和美国法J.D.学位的学院只有我们一所！想当年我多次到教育部学位办申请，北大最终能够获批颁发英文J.D.学位是多么的不容易，你们应该充分发挥这方面的优势，好好珍惜这一学位的作用。这些年，不少年轻人为"内卷"而焦虑，但跳出各种"内卷"的最好办法就是独辟蹊径、别具匠心、出类拔萃、与众不同。要做到这些，你们不仅在校时要严格训练自己，参加工作后更要不断增强能力。在人云亦云的社会，要坚持自己的理念，要通过继续学习和实践来强化自己的比较优势，只有这样，才能在竞争中脱颖而出，才能立于不败之地，才能成为国家和社会最需要的人。

同学们、朋友们，中华民族正处在前所未有的历史发展阶段，未来一二十年将是中国能否成功转型和复兴的关键。"世界是你们的，也是我们的，但是归根结底是你们的。"历史给予你们机会，但也给你们责任，我希望北大的教育给你们打下坚实的基础，希望你们能为中国的发展，为人类的进步，为世界的和平，做出北大人应有的贡献！

最后，再次祝同学们毕业快乐，前程似锦！

附 录

在黑龙江省虎林县红卫公社任乡村教员的生涯持续了很长时间,后来海闻还曾担任公社中学副校长。海闻说,记不清有多少双渴望读书的眼睛曾经注视着自己。如今,当他站在北大500人的大讲堂,依然能看到那些眼光像星辰般闪动,挥之不去。这也许就是海闻最终成为一名教育者的起因。

"种子"寻找"森林"前奏曲[①]

40年前,在北大荒守望的知青海闻,曾经徜徉在静静的白桦林里,听风声掠过青春的渴望;40年后的今天,他又在深圳熟识了榕树,母树与子树相依相偎,共同成长,久而久之形成一片森林,枝繁叶茂。

海闻想,自己或许就是一粒寻找的"种子",渡尽劫波之后,已经越来越接近"森林"的怀抱。

血书明志

1969年3月,江南淫雨霏霏的早春,17岁的海闻从天堂之城杭州出发,奔赴北大荒插队落户,这是海闻用一封血书表达决心后换来的成果。

"感觉自己要赎罪,就是这么一种心态。家庭成分不好,要成为革命者,就要首先改造自己,脱胎换骨地改造。"海闻插队的地方在黑龙

[①] 本文原载于《中华儿女》。"种子"寻找"森林"前奏曲[J]. 中华儿女,2010(4):45–47.

江省虎林县，具体地点是红卫公社前卫大队。

在此之前，因为那个特殊年代的特殊形势，少年海闻遭受了人生的严重打击：由于家庭成分问题，他与梦想的重点学校杭州一中失之交臂，就像"菜场里的剩菜一样"，被划拉到了一所民办中学。懵懵懂懂的海闻不知所措：为什么自己天生就被打上了低人一等的烙印？人生的方向又在哪里？

直到有一天，他兴奋地发现，恩格斯、周恩来这些革命者的出身也不好，却通过自身的不断努力，走上革命道路，成为坚定的革命者。"他们能，我为什么不可以？"自此，做革命者成为海闻的梦想，也开启了他的别样人生。

1969年，知青"上山下乡"去黑龙江，海闻带头报了名，但是家庭成分问题又把他拦在了政审这一关，"连吃苦的机会都被剥夺了"。执着的海闻按捺不住内心的冲动，连夜写了一封血书！

"虎林县属于珍宝岛地域，那时正好和苏联有摩擦，他们说我有海外关系，政审不合格，不能去。我就有点急了，写了封血书。那封血书现在应该还在我的档案里。"

或许正是由于这份带血的呼告，海闻的申请终于得到批准。他踏上了遥远而陌生的黑土地，彻底抛开了儿时想当一名飞行员的梦想，开始了未知命运里的前进之路。

他的想法很简单也很纯粹：改造自己，改变命运。

10年茫茫

一去就是10年，江南少年海闻转眼长成了"东北大汉"，喝酒、吃蒜、割麦、刨粪、垒墙，尤其是割大豆秸，让他的一双手变成了天然的"皮手套"。到了冰天雪地的时节，还要带上玉米饼子和生蒜，步行8公里去修水利。

和他一起去插队的知青，有的再也没能回来。

"有一个知青掉进了河里，他会游泳，但是手被水草缠住了，解不开。岸上的人不会游泳，就扔镰刀想砍断水草，但扔不准，扔在他头上、胳膊上、肩膀上，最后他实在撑不住了，喊了一声：毛主席万岁！就沉下去了……"

艰苦的岁月映衬着生命的脆弱。一次，一个当炊事员的知青"顺"来一块肉，大家炒了下酒，喝着喝着就唱起了歌，唱到最后所有人一起号啕大哭。

尽管如此，那时候的海闻，也从未动摇过当革命者的梦想。

"我是村里出了名的'出活的'，很多人就是磨洋工，我在两年内就拿到了'一等工'，也就是农民最高的工分。"

"当时农村盛行'大寨评工法'，自己说自己应该拿多少工分。我很谦虚，说拿'三等工'吧。队长就说我该拿'二等工'。结果有一个农民，他是车把式，队里最厉害的，他说海闻干活不错，但技术上还应该磨炼，还差一截子。队长说正因为技术上还需要磨炼，所以是'二等工'，要不然就是'一等工'了。我当时特别感激，觉得自己没有因为家庭成分不好被农民看不起，他们在我最苦难的时候包容了我。"

冥冥中自有天意，不久，海闻接到通知，让他到村小学当教员。一开始海闻拒绝了，他认为自己的首要任务是认真接受贫下中农再教育，直到1971年的那个早晨，海闻认可了大队书记的说法："帮助贫下中农的孩子学文化，也是接受贫下中农再教育的一种方式"。他认真思考了一番，觉得这个方式不错，在教孩子们读书的同时，自己也有了更多的学习机会。

乡村教员的生涯持续了很长时间，后来海闻还曾担任公社中学副校长。海闻说，记不清有多少双渴望读书的眼睛曾经注视着自己，如今，当他站在北大500人的大讲堂，依然能"看"到那些眼光像星辰般闪动，挥之不去。

这也许是海闻最终成为一名教育者的起因。

梦想上学

几年后出现了知青返城潮，但认定自己一生将留在农村的海闻没有闻风而动。乡村小学的教学生涯让他体会到知识的宝贵，他一心想寻找重新上学的机会。但是，家庭成分问题再次成为海闻的梦魇，政审又一次跳出来给他以迎头痛击。

"好多同学慢慢都被推荐上了大学，很多远不如我的也走了……"1973年，邓小平同志的短暂复出给了海闻一次机会，小心翼翼的海闻选择了一个相对冷门的专业——东北林学院道路工程系。"去深山老林修路总可以了吧？"然而，装着他出色成绩单的档案又被退了回来。

"第一次村里推荐我，公社把我拿掉了；第二次公社推荐我，县里又把我拿掉了；等到了第三次，报考东北林学院道路工程系，公社和县里都推荐了，结果学校说道路工程是保密专业，还是没要我！"

伤心的海闻倍感失落。接下来生产队干脆就不推荐他了，大队书记开会说："再推荐他也是瞎名额"。然而，贫下中农并没有抛弃他，而是开始了发展这个家庭成分不好但表现积极的知青入党的艰难历程。

海闻说，自己最不容易的，是在那个艰苦的岁月入了党。

"1975年，村党总支同意了我的入党申请，报上去，公社不同意；1976年又报，公社同意了，县里不同意，都是因为我家有海外关系，政审不合格。"

几经波折，结局颇具戏剧性。

1977年，海闻已在公社中学工作，中学党支部又将同意海闻入党的报告递交给了公社党委书记。党委王书记很发愁，论表现海闻没说的，但他二舅是国民党高官，去了台湾，这在当时很敏感。这时，公社的文教助理对公社书记说："他本人肯定没问题，他舅舅去了台湾，但不一定是坏人，说不定还是共产党地下党员呢。"历史上，确实有很多地下党员潜伏在国民党里，也有不少去了台湾。就这么一句话，说服了书记，批准了海闻入党。

对于年轻的海闻来说，这无疑是前进道路上最大的褒奖！

燕园求索

1977年冬，黑龙江省虎林县红卫公社知青海闻的人生拐了一个急弯。全面恢复高考让海闻有幸走进梦寐以求的考场，铺开的试卷有如一片金黄的麦田，他"割"了一把人生中最美好的"麦子"。

在此之前的一个夏日，海闻正好到北京出差，还正好住在北大西门附近的一个疗养院。他站在北大的大门外，往里面看了半天都没敢进去，特别羡慕，又特别失落。当时他想，自己这辈子还有没有机会跨进大学校门呢？

这一年，高考报考人数为570万，录取人数为27万。无论现在人们是否承认"高考改变命运"这一命题，海闻的人生新路确实从这里开始了。海闻的第一志愿是北大图书馆学系，结果阴差阳错，被分配到了陈岱孙、胡代光、厉以宁这些顶尖经济学家云集的经济系。这真是世事难料！

从此，未名湖畔的男生寝室，一群20多岁的年轻人经常进行激烈的争论，熄灯后仍然不止。争论的焦点通常集中在"私营经济是否应该存在""企业自主权的范围如何界定""什么是民主政治""物价如何放开"这些当时还比较新潮的话题。

一起"卧谈"的室友，有中国人民银行副行长兼国家外汇管理局局长易纲、摩根士丹利华鑫基金管理有限公司总经理于华、中和应泰管理顾问有限公司董事长金立佐、宁夏回族自治区党委宣传部事务副部长张克洪等，班里还有国务院副秘书长兼总理办公室主任丘小雄、国务院副秘书长毕井泉和国家发改委副主任张晓强等（以上均指2010年时）。这些人的命运都在那段时间发生了转折，并影响着现在的中国。

"我们不太关心具体成绩，也不讨论将来从事什么工作，我们只讨论国家大事。"回忆起当年的"燕园卧谈"，海闻说："现在看似平常的事，当时争论得很激烈，比如能否开办私人企业、企业有没有雇人的权力，甚至企业能不能自主发奖金，都是不确定的。"

接触到西方经济学理论的海闻开始思考中国的经济现状。平时阅读《人民日报》时，海闻会用自己的判断去理解、分析事实，他用"冲击和挑战"来形容当时的状况。

是时，经历了一场"实践是检验真理的唯一标准"大讨论后的中国，经济建设和改革开放正在启动。1978年的大年初一，时任国务院副总理邓小平飞赴太平洋彼岸的美国。也是在那一年，邓小平入选《时代》

（*Time*）周刊的封面人物。

随着眼界的逐渐开阔，出国留学的念头也在当时的北大校园里诞生。"我们拿着小板凳在大礼堂看电影，一帮同学就开始讨论：为什么邓小平有改革的思想？结论是邓小平出过国，见过世面……"

讨论中，同学们有时也会突发奇想，他们想给中央领导写信，希望国家支持学生勤工俭学出国。"出去的目的就是学学、看看人家到底是怎么搞建设的、怎么搞经济的。"最终，海闻付诸行动，从北大一毕业就登上了自费赴美留学的道路。

1982—1992年，对海闻来说又是一个翻天覆地的10年。他于美国加州大学（戴维斯）获得经济学硕士和博士学位后留校任教，并最终获得福特路易斯学院的终身教职，进入了美国的主流社会。

但那个时候的海闻，依然有一种"革命尚未成功"的感觉。他总想再做些什么，为了曾经的青春誓言和梦想。他在等待归国的机会，等待一个能将中国的经济学和国际接轨的契机……

寻找国际化的"北大森林"[①]

从最初的京师大学堂与同文馆合并至今(指2009年),北大已有110余年的历史,"国际化"一直是其不变的办学宗旨。多年来,北大一直没有放弃这种定位,承担西学开路先锋的角色,梦想为中国现代化进程提供多方面的精神养分和人才领袖。而自1998年明确提出要办成"世界一流大学"的发展愿景之后,北大的国际化进程骤然加速。

时势紧迫,不进则退,中国现在虽然早已不是鲁迅先生所说的"搬动一张桌子都要流血"的时代,但是变革的阻力仍然无处不在。海闻说:"但是我们必须应变,主动去变,若非如此,就无法顺应国际化竞争,无法达成世界一流大学的愿景。"

在承继北大传统与延伸国际化疆域之间,海闻一直在努力寻找一条新路。身为北大副校长兼北大深圳研究生院院长,海闻坦陈自己肩头的重要任务:通过深圳校区的"分公司变革",推动北大的国际化进程。

[①] 本文原载于《中华儿女》。孙凯文,陈方,宋汉晓. 海闻:寻找国际化的"北大森林"[J]. 中华儿女,2010(4):42-45.

归国创举

1992年邓小平南方谈话之后，身在海外却时刻关注国内变化的海闻决定回国。那时，他已经在美国留学并从事教学工作长达10年之久，获得美国福特路易斯学院的终身教职，进入了美国的主流社会。

不久之后，和林毅夫在北大小南门外的"餐馆谈话"提供了契机。在这个被戏称为"军机处"的地方，那时的林毅夫和海闻一样，热切期盼着能令中国的经济学与国际接轨。海闻是中国留美经济学会的创办人之一，并担任了四届理事和一届会长。他和国内的关系一直没断，每年暑假都要到北大给研究生上课，还一直交着党费。

"怎么把北大的经济学搞上去？怎么把中国经济学提高到国际先进水平？我回来的一个很重要的目的，就是推动中国经济学的教育和研究的发展，而不是写多少文章。"

进入1994年，当时海闻面临两个选择：一个是去国务院发展研究中心国际合作部，去了就是副局级；另一个就是回北大，把北大的经济学教育和研究做起来。

最终海闻没有选择从政。同期归国的，还有当年睡下铺的兄弟易纲。两人会同林毅夫、张维迎等一起创办了北京大学中国经济研究中心。中心成为国内一流的经济学研究和教学机构。

北京大学中国经济研究中心是北京大学进行教学和科研体制改革的一种新探索，也是吸引海外留学人员回国服务的开创性尝试。中心实行学校和董事会领导下的主任负责制，鼓励专职研究人员根据个人学术专长和兴趣对经济管理理论和中国改革发展的各个领域进行研究，迅速汇集了一大批杰出的中青年经济学和管理学学者。

这是海闻人生的精彩"10年",作为中心的常务副主任,从位于北大朗润园的办公区的建筑格局和设计风格,到每间办公室的家具和窗帘,他都亲自到市场上挑选采购,并乐此不疲。

记者:从知青时代您就一直当老师,是不是这种教学情节最终促使您选择回到北大?

海闻:回北大跟我的理念是一致的。第一,我希望能推动中国的经济学教育与研究,尤其是看到中美间经济学的差距,这个想法就更加强烈了。第二,我这个人可能做教育工作比较合适,也可能因为一直当老师,总觉得做外事工作不适合。

记者:当时给自己确定了什么样的目标?

海闻:我回来的一个核心目标就是推动中国的经济学教育与研究,基本的工作包括几个方面。第一,我是中心的常务副主任,中心的教学安排、研究生项目、本科生的双学位项目,我都要具体管理。设置课程、招收学生、组织活动等我都亲自参与。中心搞好了就是一个样板,它的课程设置、论文要求,甚至包括介绍中心的小册子,我们都希望能够为别的经管类院系的发展提供一个范例。第二,我们从2001年起创办了"中国经济学年会",旨在让全国高校的经济学师生参与对经济问题的规范研究。为什么选2001年呢?寓意是跟世纪同行。21世纪是中国的世纪,至少在经济方面,所以我们从世纪之初,就要把"中国经济学年会"办起来。现在越办越好,已经很成熟了,每年大概有300多篇论文,600多人参加。

记者:搭这么大的台子并冠以"中国"的名称,有没有引起非议?

海闻:当时的确也有不同的声音。有人反对,认为我们在普及西方经济学;还有人认为"旗子"扯得太大,时机不成熟。我说,不成熟也要上,一定要跳出北大,做一个全国高校和经济学界交流的平台。林毅夫后来也同意了,他说"美国经济学会年会"(American Economic Association Annual Meeting)开始也是很粗糙的,后来就越做越好。

记者: 忙于"搭台子"会不会影响您自己"唱戏"?会不会影响您自身的学术研究?

海闻: 这个"搭台子"的工作的确让我在学术研究上做出了许多牺牲,但是我始终认为,我是"搭台子"的人,不一定非要自己在台上"唱戏",请更合适更优秀的人来"唱戏"比光顾自己"唱"要好。我的理想是把优秀的学者组织起来,组成一个团体,多做一些事情,多影响一些人。

记者: 这个"影响人"的目的达到了吗?

海闻: 当然达到了。除了年会,我们还做了一个中国经济学教育科研网,从1999年到现在(指2009年)已经10年了,是一个非常专业的经济学学术网站,每天都有8万人次以上的登录,最多时有十几万人次。纯粹的一个学术网站坚持了10年,这就是影响力。

南国新局

2008年10月22日,这一天注定会载入北京大学的史册。这一天,以促进中国法律教育国际化、推动跨国法律教育为使命的北京大学国际法学院隆重创院;与此同时,在获得汇丰银行1.5亿元社会捐助后,始创于2004年的北大深圳商学院正式冠名为北大汇丰商学院,海闻亲自兼任商学院院长。两个全新学院的诞生,是海闻推动北大国际化的崭新成果。

时势紧迫，如不变革就无法顺应国际化竞争，无法达成建成世界一流大学的愿景。而深圳校区先行一步，既没有本部那么多的历史包袱，又可以避开争议和聚焦——这是海闻南下深圳着力经营南国燕园的主要思路。

群贤毕至，"大佬"云集。其中两位"洋面孔"尤其引人注目：一位是美国联邦最高法院大法官安东尼·肯尼迪（Anthony Kennedy），另一位是康奈尔大学前校长雷蒙。雷蒙曾任密歇根大学法学院院长，但此时他的新身份是北大国际法学院创院院长——第一位在中国大学担任全职院长的外国人。国际法学院采用苏格拉底教学法，鼓励学生和教授之间相互挑战和质疑，以推进对问题的探讨，旨在培养满足国际化需求的法学人才。

"既然是深圳校区，就要突出和本部不一样的地方。这个区别是什么呢？一个是发展北大本部没有的学科，与本部形成互补；另一个是做北大想做还没有完全做到的事，就是更加现代化和国际化。"为此，海闻创造性地提出了"前沿领域、交叉学科、应用学术、国际标准"的办学方针和"世界一流国际化校区"的办学目标，一系列改革悄然发生在南国燕园——实行全球招聘，引进一批全球顶尖教授；建立全英文教学体系，在普遍看重实操能力的当下，反其道而行，强化理论基础教育；在培养学生深厚学术修养的同时，注重行为操守和道德情操……在海闻看来，北大建校百余年，始终有一种精神上的自我体认，那就是西学的开路先锋，以及中国现代化、国际化的推动者。北大人必须具备品行自守和趋势远见，唯有如此，才能在每一次变革中担当领先角色，才能产生巨大的能量。

记者：深圳校区的步子快了会不会给本部造成压力？您怎么应对？

海闻：可能会有一些压力，同时也会有一些助力。我们做的一些事人家不理解，当然，其中既有不理解的问题，也有体制上的问题。对于北大在深圳创办独立校区，有些人从观念上不认同，而体制上我们有好多关系还没理顺。理顺与本部的关系有两种方式：一种是一揽子解决；另一种就是逐步解决。实践当中我发现一揽子解决比较难，因为牵涉面比较广，所有人都会关注，阻力也会大一些。我现在觉得改革还是一点一点地进行、一个问题一个问题地解决好，就像摸着石头过河，一边干一边解决。不过总的来说我还是比较低调的。有一次我跟别的大学校长聊起这边的工作，他说："你在那儿悄悄地革命。"我说："是悄悄地，但不是革命，我们是在改进。"

记者：为什么您如此钟情于推进国际化？

海闻：北大创办至今，国际化一直是其办学宗旨。在北大校史的撰写过程中，曾有人提出，北大的历史可以上溯至汉武帝时期的太学，但北大历任校领导都不认同这个观点，而是坚定地从戊戌变法的1898年算起。为什么？很重要的原因就是北大始终有一种精神上的自我体认：北大是西学的开路先锋，是中国现代化、国际化的推动者。北大在创办之初就开设了国际前沿的专业，包括教授现代银行学的商科，也聘请了许多"洋教习"。中国要想成为世界大国，必须要国际化，要培养大批国际化人才，而北大如果不能承担起这个责任，则有愧于国家。在全球化不断深入的今天，高等教育的国际化不仅对中国的大学是重要的，对全世界的大学都很重要。

记者：聘请了全球顶尖的外籍教授并采用全英文教学，这样就算国际化了吗？

海闻：国际化不仅是引进外籍教师、采用英文教学，还包括先进的教学理念、有效的行政体制，以及竞争淘汰的师资选拔机制。我们虽然做了一些人事改革，但是在严格执行上仍然有文化上的差异。在培养综合型、创造型人才和发展前沿科学方面，我还有一个体会，就是学科不能分得太细，太细了既不利于学生的发展，也不利于科研的突破。我们的教学行政系统实在复杂，大学里面，学校一级、学院一级，还要再分系和专业，造成同一个领域的很多资源被分隔和争夺，这对科研和教学是很不利的，这也是需要国际化的一个方面。行政部门也要国际化，成为为教学科研和老师学生服务的机构，而不是官僚机构，现在深圳研究生院特别强调这一点。其实我们在某种意义上是在实践蒋梦麟校长讲的"教授治学，学生求学，职员治事，校长治校"。我们就是要建立一个新体制，形成一种新风气，为国家承担起创新研究和培养拔尖人才的历史责任。

记者：所以您选择深圳，是因为在这里推进国际化改革相对容易一些？

海闻：深圳校区的国际化建设，是平地起高楼，历史包袱少一些，可以先做起来再说。而且，深圳市的目标也是建立国际化城市。选择深圳，也是北大一流的学术资源和深圳区域优势相结合的结果。北京和上海都有近百所高校，深圳则寥寥无几。深圳的GDP几乎和北京平起平坐，但缺乏一流的高等教育。所以，从这个意义上讲，在深圳推进国际化的高等教育有两个优势：第一，深圳的社会资源丰富、经济实力雄厚，有能力支持世界一流高等教育。深圳有点像美国当年的加州，开始被认为是有钱没文化，而加州的高等教育最终异军突起，成为新型高等教育的基地。第二，深圳确实需要一流的高校。再讲大一点，这也是国家的需要！深圳是改革开放的前沿，它只能继续成功，不能失败。教育跟不上，深圳就没有远景。我认为我们北大有责任帮助深圳在高等教育方面搞上去。

记者：在深圳创办的汇丰商学院和北大已有的光华管理学院冲不冲突？

海闻：为什么要有冲突？北大汇丰商学院是坐落在深圳的另外一个商学院，跟北大光华管理学院、经济学院和中国经济研究中心共同组成北京大学的经济与管理的教学体系。我们的主要区别是地域的不同，而商学院的地域性是很强的，尤其是在职的 EMBA 和 MBA。这有点像美国的加州大学，同一品牌在不同的城市有不同的校区。北大深圳研究生院的最终定位，就是北大坐落在深圳的一个校区。这个校区的各个学院独立于本部的院系，但都是北大整体的一个组成部分。同类院系不应存在冲突，而应互补和合作，共同打造北京大学的国际品牌。希望在中国未来最好的商学院中，北大光华和北大汇丰都名列前茅。

记者：能否总结一下深圳校区目前的进展和成果？

海闻：北大深圳研究生院目前已拥有 7 个学院和 2 个中心，主要在开设新学科、发展交叉研究和提高国际化程度方面做出了一些努力：国际法学院在中国试点 J.D. 学位教学；汇丰商学院则重点培养适应经济全球化的金融领域高端人才；化学生物学与生物技术学院打破传统的学科划分，搭建了一个非常具有创新性的医药技术教学科研平台；其他学科，如信息工程、环境与能源、城市规划与设计、人文社会科学等也有各自的优势与特色，目前仍处于创建和摸索过程之中，还谈不上有什么成果，希望在不久的将来它们能够成为北大的教学科研亮点。

这一切,值得!——离职抒怀[①]

(2013 年 11 月 7 日)

各位老师,各位同仁:

今天是我作为北大深研院院长的最后一次大会发言。今天的大会之后,我将离开过去八年的工作岗位,离开八年来让我魂牵梦绕的事业!

虽然我正式担任深圳研究生院院长的时间只有五年多,但我参与深研院的工作是从 2004 年开始。**对我来说,担任深研院院长,不是一份工作,我不需要从北京到深圳来找一份工作;也不是一个职位,我也不需要一个院长的头衔。我之所以抛家舍业南下深圳,是为了一个理想,一份事业。**

记得第一次来深研院时,有两件事触动了我。一件是我碰到了一个在本部上过我课的学生,我问她怎么在这里,她那无奈的眼神和不满的情绪让我难忘。另一件是看到当时深圳媒体对深研院的报道,认为"大学城是失败的""远来的和尚也不见得会念经",反映了深圳人民对北大

[①] 本文为在北京大学深圳研究生院教师干部大会上的讲话。

的期望和失望。为此,我来到了北大深研院:为了学生,为了北大,为了深圳,为了国家!

八年来,在史老师、栾老师、李贵才等老领导的配合下,在全院师生的理解、支持和奋斗下,我们取得了一定的成绩。我们确定了"前沿领域、交叉学科、应用学术、国际标准"的办学特色和"专业知识、综合素质、国际视野、社会责任"的培养目标。我们经历了一系列的改革和发展,朝着国际化一流校区不断前进。

八年来,我放弃了仕途,牺牲了家庭,荒废了专业,但看到许多一流大学包括北大本科的优秀毕业生们纷纷将深研院当作读研的首选,看到深研院学生自豪地在五四体育场和百年大讲堂夺魁,看到一批批世界名校的毕业生加盟深研院,看到越来越多的国际师生活跃在校园里,看到政府机构和企业与北大深研院开展的广泛合作,我心里只有一句话:这一切,值得!

八年虽长,八年又太短。自我评估:成绩虽有,错误不少。还有许多的问题没有解决,还有很多的承诺没有兑现,还有很多的梦没有来得及实现!担任院长的五年里,为了深研院的长远发展,我一直试图解决四个重要问题:

第一,稳定的经费来源问题。深圳市认为,深研院是北大和深圳合办的,应该各出一半的办学经费,所以他们只是给我们差额拨款。由于我们学生人数少,每年的固定拨款只有6000多万。对于北大深研院这样一个研究型但规模不大的一流校区来说,这些钱是远远不够的。首先,规模小,人均固定成本就很大。其次,要招收优秀学生,要给大量的奖学金。要招聘优质师资,待遇也不能低。由于深圳远离北京主校区,吸引同样水平的老师或学生,我们要付出更高的成本!

近年来，作为深研院院长兼汇丰商学院院长，深知财务问题的重要，为了深研院的发展，我亲自抓培训和通过各种渠道（包括深圳市政府）筹资，才保证了这些年预算基本平衡。但这种状况是不可持续的。因此，我一直希望在我卸任前能找到一个根本的解决办法。

第二，机制以及与本部的关系问题。体制一直没有理顺也是重要的不稳定的因素。在学校，深研院究竟算哪一级机构？一方面，深研院是独立法人，院长是副校长，从这点来说，深研院应该是一个副校级的独立校区，深圳的发展应该是学校的决策。另一方面，深研院的学科发展、招生名额、学位审核等又必须通过本部院系和各个部门，在这方面，深研院又像是一个二级院系。由于存在一定的或潜在的竞争关系，本部相关院系都不会积极支持深研院同类专业的发展。深研院发展一个学科，就很容易得罪本部一个院系。

其实，本部相关院系的这种反应也很正常，因为有利益关系，他们不可能从全局的角度来考虑北大的发展。避免这些矛盾的关键是学校的态度，因为北大在深圳的发展是学校的战略部署。如果学校态度不明朗，院系和部门的态度也不会积极。深研院作为一个刚刚起步规模不够大的新校区，很多事不能完全按本部的规定做，否则根本就不可能发展。深研院不少是国外刚毕业的博士，按本部的规定他们都不能带博士生，甚至有些连硕士生都不能带。但在国外，他们指导博士生是没有问题的。深研院要开设新专业，按照规定必须有足够的老师，但在学校还没有批准开设前，我们又怎么敢去聘足够的老师？如果按现有规则的话，汇丰商学院和国际法学院当年都根本不可能办起来。

第三，规模和结构问题。根据北大与深圳市的协议，我们在五年前就应该达到3000名学生，但目前仍有差距。最主要的，学生规模不够，缺乏人气，不要说缺乏一个大学该有的文化艺术体育等校园气氛，甚至连食堂都办不好，因为缺乏规模和多样性。本部空间有限，要控制发展，但深研院缺人气，规模不够，现阶段应加快发展。一个学校的规模不能太小，否则很不稳定。

另外，深研院没有本科生，使得一个校区的学生结构非常单一，不仅校园文化不够活跃，很多教师的教学量也难以完成。通常大学都有本科和研究生，老师的专业课既给研究生上课，也可以给本科生上，资源可以发挥得更好。招收本科生，不仅对国家有利，也有利于深研院的长期稳定发展。

第四，定位与发展目标问题。财务问题、规模问题、体制问题等，归根结底还是学校主要领导对北大深研院的定位和发展目标问题。当初学校派我来，明确希望我按加州大学的模式，将深圳办成一个校区。而后的领导有了不同的想法，但对深研院的发展中面临的问题也没有明确的解决方案。

在过去的五年里，我做过很多努力，今天，我不得不遗憾地告诉大家，在我的任期里，我最终没能解决这些问题。也许是我错了，也许是我的方法不对，也许是时机没有成熟，总之，这些问题只能留给后任去解决了。

今天，我要卸任了。在此，我要向所有理解我、支持我的老师同仁们和学校领导表示衷心的感谢，也向所有对我的工作不满意或被我无意中伤害的同仁表示深深的歉意！最重要的，我希望同仁们能够坚持我们选定的国际化道路，只有坚持开放，勇于改革，不断发展，才是北大深研院最好的出路，也是我们自己的最好出路。北大深研院不仅是北大的，更是我们深研院全体师生自己的。只有我们自己努力，才有我们的辉煌未来!

  我们要继续保持关心学生爱护学生的工作作风,在重视对他们严格教育的同时,关心他们的生活,重视他们的意见,保持跟他们的沟通。近 3000 名优秀的学生远离家乡,远离本部,在这相对冷清偏僻的南国燕园学习,是不容易的。学生的优秀,是深研院未来最值得骄傲的资本。学生对深研院的感情,也将是我们这个南方北大最宝贵的财富,是奠定深研院声誉的基石!

  各位同仁,从今天开始,我不再是深研院院长了。为此,我很难过,因为很多的南燕梦还没有实现:实行通识教育且以激发学生兴趣为核心的"未名学院",培养全科医生的"南燕医学院",促进文化产业的"当代艺术学院"……壮志未酬,泪涕满腮。另一方面,我也非常欣慰,作为在美国一流大学工作多年,第一批千人计划引进的人才,北大副校长陈十一教授将接掌北大深研院。陈校长眼界开阔,经验丰富。相信他一定能够进一步理顺深研院与本部和与深圳的关系,认真贯彻学校党代会的精神,整合全校的资源,真正把深研院建设成北大创建世界一流大学的重要组成部分,培养高端人才的南方基地,以及高等教育改革的试验点。

  最后,让我再次从心底里对深研院的所有老师、员工、以及今天没能到场的学生们说一句:谢谢你们!祝福你们!我永远爱你们!

在北大的讲台上站到 80 岁[①]

盛夏时节的午后，在汇丰商学院顶层的会议室，刚结束与市领导会议的海闻对我们说："那就开始吧。"他的时间表并不像他的学生们一样，正处于轻松的暑假。他娓娓道来，从东北虎林县的"上山下乡"到未名湖畔的求学之路，从大洋彼岸的终身教授到鹏城深圳的教育创业。言谈间，他半世纪的辗转人生徐徐铺开。"从上大学到回国工作，我基本上都在北大。我的梦想就是在北大的讲台上站到 80 岁。"年过六旬的海闻，仍是此间少年。

"上山下乡"：每当我唱起《东方红》

海闻有一张经常被刊登的照片：年轻的他，穿着军装、背着枪，用坚毅的目光凝视着前方。那是一段关于青春热血的故事，是一段关于感恩的故事。

[①] 本文原载于《北大人在深圳》，作者：燕山、何诗元。吴云东. 北大人在深圳 [M]. 深圳：海天出版社. 2018：60–76.

1968年，刚上初二的海闻，因为"文化大革命"的缘故，暂停了学业。

1969年年初，17岁的海闻诚恳而炽热，他把手指头割破写了血书，以领队的身份成为杭州第一批到黑龙江"上山下乡"的知青。"我是我们学校第一批贴出大字报，响应毛主席号召，报名到农村去、到边疆去、到祖国最需要的地方去的学生。"海闻当时成为到黑龙江"上山下乡"的知青并不容易，他的家庭成分不好，家里有很多"海外关系"，最开始的申请并没有通过，但海闻很坚决，把手指头割破写血书，以行动证明自己的决心。"后来我偶然看到电视剧里的一个场景，一个上海知青，由于家庭成分不好，要去兵团不让她去，她也是咬破手指写了血书，我的眼泪就禁不住流下来了。"

正是因为机会得来不易，海闻格外珍惜。屯垦戍边，交给他的每一项工作海闻都会用心完成，每次评工分，海闻都是知青里分最高的。"那时候，我跟别的知青比起来，可能身体也更强壮一点，又肯干，所以特别出活儿，在农民中口碑特别好。同时，我还组织生产队里的文艺宣传工作，当时我既是导演，又是编剧，还当演员，编写排演边境抓特务的剧目。"海闻多方面的才华得到了大家的认可，并曾作为知青代表参加县里的"学习毛主席著作积极分子"代表大会，也曾被推荐到省里参加学习大会，但因为家庭成分问题，去省里学习并未成行。

尽管知青生活艰辛，海闻依然觉得从中获得了极为宝贵的人生财富。"我现在能吃苦，都是当时锻炼出来的。比方说打草，夏天太阳很厉害，我们要走十几里路到草甸子里去打草。那时候也没有现在的矿泉水，军用水壶灌一壶水，一会儿就喝完了。渴了就只好趴在泡子边喝水。水里面能看到很多微生物在游动，也不管了，直接就喝，有时候拿手帕过滤一下。"知青的劳动生活虽然苦，但海闻乐在其中，还成了县"劳动模范"和地区"先进工作者"。与此相比，带给他落差和挑战的是大学的漫漫求学之路。

海闻生于知识分子家庭，父亲是民国时期的大学生，母亲也出身于上海的大家族，从小的耳濡目染在海闻心底种下了大学梦。1970年5月，北京大学和清华大学率先提交了《北京大学、清华大学招生（试点）具体意见（修改稿）》，政府在此基础上也形成了恢复办大学的思路：恢复开办的大专院校，学制要缩短，要从工农兵中选拔、推荐学生。海闻"上山下乡"的地区，当时就有五六所大学招收工农兵大学生。"那时候我很想被推荐去上大学，而且我在那还是比较优秀的，'下乡'时也是领队。"每一次，海闻开始时一定被推荐，可到了公社或县里就被否定了。"人家一看我的档案就认为不行。"因为家庭成分的缘故，连续4年，海闻都在被推荐和被否定的路上徘徊，而他身边的同学，甚至比他晚来的知青都以推荐的方式成为工农兵大学生，只有海闻，还停留在原地。

1973年，邓小平短暂复出，在大学招生中部分恢复了考试。海闻参加了考试，报考了道路工程系，并以优异成绩获得了县里的推荐资格。"我当时想，读这个系肯定要到深山老林去修路，应该没有太多人跟我竞争。我考上了，县里也同意了，当时的公社团委书记还跟我说这回我肯定没问题，告诉我要交接工作了。没想到最终学校不同意，说道路工程是保密专业，要看家庭成分，结果我还是没被选上。"

海闻所在生产大队的党支部书记李春生是海闻生命中一个非常重要的人。1974年，在又一年的工农兵大学生推荐讨论时，老乡们仍然要推海闻，但李春生说："今年别推荐海闻了，再推也是瞎名额。"海闻听到这个消息后十分失落。但是李春生在事后专门找了党支部，说海闻推荐不上是政治问题,我们要帮他解决政治问题,培养他入党。至今,海闻回忆起来还很感动。1977年5月,在生产大队和公社领导的不断推荐下,海闻终于如愿成为一名共产党员。

8年的反复与考验,海闻并没有认命,也从未绝望,一直在努力工作,认真学习。1977年9月,教育部在北京召开全国高等学校招生工作会议,决定恢复已经停止了10年的全国高等院校招生考试,以统一考试、择优录取的方式选拔人才上大学。海闻得到消息后,决定参加高考。

"黑龙江知青云集,人数众多,不得不考两次。初考是在1977年11月底,在公社进行,初试中选拔出来的5万人再到县里参加终考。终考在12月24日和25日。第一天上午考数学,下午考语文;第二天上午考政治,下午考历史和地理。考完以后我就知道我考得挺好的。"考语文的时候,已经在东北待了近10年的海闻觉得自己考得不错。"作文题目叫《每当我唱起〈东方红〉》。这是一个有点像散文的题目,不太好写,不过我写得比较顺。从'文革'开始到'上山下乡',我的脑子里开始放电影了,一幕接一幕,写着写着我都忘掉自己在考试了。"海闻近10年上山下乡的所有积淀在这次高考中发挥得淋漓尽致,最终顺利拿到北大的录取通知书。

燕园求学:拎着搪瓷饭盒进图书馆

1977年8月,海闻在高考前曾去过一次北京,住在海淀区邮电疗养院的朋友家。出来坐车,要路过北大西门,当时的他很羡慕里面的学生。"我当时没有进去,只是从西门往里面望了一会儿。"也正是因为这一眼，海闻高考填的第一志愿就是北京大学，最后幸运地被北京大学经济系录取。

刚到北大报到的时候，海闻带上了在东北的全部家当，甚至包括很多木头，准备以后打家具用。在东北虎林待了近10年，初入大学的海闻有点"土"，对大学的学习生活没有太多概念。"刚进校园时（我）并没有什么规划，当时有同学问我们去不去图书馆，我还问去图书馆干什么。那个同学说去自习，我还不知道原来可以去图书馆自习。"相较于"上山下乡"时代的海闻，他最初在燕园的时光更多的是倾听与参与，像海绵一样汲取着老师们、同学们传授和分享的知识养分。

北大的学术氛围让海闻至今记忆犹新，老师们迎来了中断近10年第一批考来的学生，学生们也无比珍惜燕园求学的机会。"当时几乎所有人都经历过'上山下乡'，所以特别珍惜上学的机会，可以说是如饥似渴。每天早晨6点就起床，跑完步后有课的去上课，没课的都去图书馆。中午吃饭大家都拎着搪瓷饭盒，吃完拿着饭盒又进了图书馆，一直到晚上10点才回宿舍。"同学们也常常为了一个观点争得面红耳赤，老师们对待学术也十分严谨认真。"陈岱孙教授上课清晰幽默，厉以宁教授上课新颖坦诚。厉老师经常会介绍一下西方经济学理论，让同学们耳目一新，他在和同学们讨论时又非常坦诚，有时会直接说，'这个问题我没考虑过'。"

26岁考入北大的海闻在班里的年纪属于中等偏上，近10年的"上山下乡"生活也将他历练得成熟而有韧性。虽然入学之初海闻对经济学还没有太多概念，但是到大三的时候海闻已经逐渐找到了自己学习的方向。"我喜欢画图，选了一门国际贸易的课，老师用图来分析和说明经济学理论，我觉得很有意思。当时我也读了保罗·萨缪尔森（Paul

Samuelson)的《经济学》(Economics),对西方经济学的分析方法产生了浓厚的兴趣。"自此,28 岁的海闻将西方经济学确定为自己的研究方向,其后更踏上了留美求学之路,成为北大恢复高考后第一位自费出国深造的学生。

"出国前心里挺悲壮的,到一个陌生的国家去留学,不知会迎来多少挑战。当时我的英语确实很差,进美国海关时,我说了半天美国人听不懂,她说了半天我也听不懂,最后不得不找了个翻译。我的二舅开车把我从机场接去学校,车里的收音机在报新闻,他问我能听懂吗,我说听不懂。他说,'听不懂你还来读研究生?'"

尽管出国学习困难重重,但海闻从未放弃,近 10 年"上山下乡"的生活给予了他面对任何困难的勇气和坚持。在美国加州州立大学(长滩)获得经济学硕士学位后,海闻又拿下了美国加州大学(戴维斯)的经济学硕士和博士学位,并最终获得美国福特路易斯学院商学院的终身教职。

对海闻来说,当时选择出国就是为了出去看一看,学成归国能够参与改革开放和经济建设,他从来没有想过要一直待在美国。"邓小平南方谈话以后,我们一直很兴奋,想办法要回国。我跟林毅夫想办学,易纲和张维迎想办个研究所,然后大家说那就一起办吧。"经过努力,北京大学中国经济研究中心于 1994 年创办,林毅夫任主任,易纲和海闻任副主任。当时的北京大学中国经济研究中心是对教学科研体制的新探索,也是吸引海外留学人员回国服务的开创性尝试,搭建了开放、多元、交叉和国际化的平台,从事中国经济改革与发展的理论研究。中心于 2004 年当选"教育部人文社会科学重点研究基地",2008 年改名为北京大学国家发展研究院,成为中国重要的智库之一。

原本海闻回国后还有更好的仕途机会,但海闻还是觉得回北大更符合自己的意愿,能够专注学术与教育。他认为,在国内普及现代经济学的教育,提升经济学的研究水平,对于中国深化改革和继续发展至关重要。海闻总是讲,他们是幸运的一代人,得以经历国家的许多重要转折点。然而,那一代有很多人是被动地卷入各个过程当中的,而海闻则一直处在潮流的前面,主动掌握自己的命运。"文革"时他是最早一批"上山下乡"的知青,恢复高考后他又是首届北大学子;他既是最早自费出国的留学生,又是最早放弃国外终身教职回国的几位经济学家之一。他不忘初心、追求理想,坚持自己的目标,哪怕放弃在别人看来更好的机会。

汇丰商学院:创建世界一流"商界军校"

来深圳,海闻也是主动的。2011年,北京大学深圳研究生院建院10周年的时候,时任浙江大学校长的林建华写了一封信,信中表示他对深研院最大的功劳之一就是把海闻"骗"过来。2003年前后,林建华担任北大副校长,他最早找到海闻,希望他能去管管深圳研究生院的商学院。海闻的第一反应是,"为什么要去深圳?"

但当海闻第一次到深圳访问之后,他便开始认真思考了。"当时我把深圳跟美国加州进行对比,加州早年也被认为没文化、没教育,但经济发展起来后,加州的高等教育,尤其公立大学,是美国最好的。所以我认为,深圳需要有商学院,更需要发展高等教育,在这个地方办学将来是有前途的。"

另外一个打动海闻主动来深圳的理由是当时商学院空空如也的架子

与无所适从的学生。有个他在本部教过的学生因为分数不够被"发配"到深圳,情绪低落。海闻看出当时这里办学存在着一些问题,更看到了这里办学创业的机会,于是毅然南下,拿着100万元的启动经费,开启了"商界军校"的创业之旅。

2004年,海闻正式创办商学院的时候,其实是一个光杆司令,商学院没有学生,也没有老师。他面临的第一个问题就是招学生和老师。为了尽快让商学院走入正轨,海闻决定从北大其他学院接收调剂生,"没有老师,我就从中国经济研究中心、经济学院、光华管理学院找一些教授来上课"。

经过短暂的筹备,2005年秋季深圳商学院正式开学,63名从其他院系调剂过来的学生来到深圳。调剂生的素质受人质疑,但海闻却不这样看,他认为,调剂生中最宝贵的财富是他们受过挫折,有过失败的经历。在他眼中,深圳商学院最初几级的学生是他最得意的"作品"。他常常以2006级学生、后来成为余额宝负责人的王登峰为例,"他虽然考研成绩不理想被调剂,但面试时觉得他比较勤奋踏实,就录取了他。果然,他来了以后,主动竞选成为班长,还把这个班带成了校级先进班。"没有教不好的学生,只有不愿付出的老师,海闻以实际行动践行着这种理念。他上北大未名BBS、人人网等与学生们沟通,为学生们答疑解惑,亲自给学生们开班会,他甚至将每一次给学生开班会的内容记在一个黑色的本子上,随时翻阅。在学生们眼中,他不仅是海闻副校长、海闻教授,更是可以和他们打成一片的"海老大"。

2008年,海闻精心耕耘的深圳商学院得到汇丰银行的青睐,获汇丰银行1.5亿元人民币捐赠,并更名为北京大学汇丰商学院。这项捐赠是当时国内单项教育捐款最大的一笔,也是汇丰银行第一次允许其他机构使用自己的名字。可以说，汇丰银行大手笔投入的背后其实是对这所扎根深圳的商学院潜力的肯定，是对海闻所带领团队的充分信任。有了汇丰银行的助力，汇丰商学院在生源、师资、品牌影响力上快速发展。2009年，汇丰商学院招收的北大、清华本科毕业生数占总人数的42%，并不再接收调剂生源。此外，来自海外具有一流大学博士学位的优秀教授纷纷加盟汇丰商学院，教师队伍日益国际化。

来深多年，海闻不忘回国初心，奋战在普及与提升现代经济学教育的一线，并不断在该领域创新开拓。2017年，汇丰商学院创办英国校区，其是中国大学在发达国家独立建设、自有产权、自主管理、自授学位的第一个办学实体机构，也是中国经济学教育研究的一次伟大输出。同年，2011年诺贝尔经济学奖获得者托马斯·萨金特教授宣布加盟汇丰商学院，组建萨金特数量经济与金融研究所，这也标志着汇丰商学院的师资达到世界一流水平。在2018年网易经济学家年会上，海闻高票当选"网易年度最具影响力经济学家"，他在朋友圈发文表示"获奖很意外，我的主要工作是教书、搭台，以及做好蜡烛，燃烧自己照亮别人。今后会继续努力，为中国经济学教学科研走上世界舞台做出我们这代人的贡献"。

舍得与坚守：我从不后悔我的选择

海闻说："我从不后悔我的选择。人家选工作，更多考虑苦不苦、钱多不多；我选工作，更多考虑我喜不喜欢。比方说在初中的时候，我到一个工厂劳动过一天，机械地重复一个动作，我不喜欢这种工作，所以当大家争着去工厂时，我则选择去农村。农村生活虽然辛苦，但我对种庄稼有兴趣。种子种下去，一天天长大，到了收割的时候，很有成就感。"海闻的很多选择在外界看来似乎都很可惜，放弃了可以预见的大好前程。如果说1995年回国时放弃唾手可得的副局级职务是因为他的经济学教育理想，那么2009年放弃担任北京外国语大学校长则是因为他南下深圳的坚守与承诺。

2009年，时任教育部副部长的郝平推荐海闻担任北京外国语大学校长，但海闻想了一个礼拜，最后还是放弃了。当时海闻心心念念的是北大在深圳的事业，"那时候国际法学院刚刚起步，我和康奈尔大学前校长雷蒙有在这里共同创业的约定；汇丰银行给商学院的捐赠刚刚到账，大楼还没有盖；杨震当时也是兴致勃勃地要在这里建全国重点实验室。在2008年北大110周年校庆时，我提出了一系列目标、一系列口号，大家都准备着要大干一场，正处在一个整装待发的节点。如果这时候我走了，就像是在说'同志们冲啊！不过，你们冲吧，我走了！'我不能做这样的人！"再三思考之后，海闻给当时教育部的周济部长写了封信，亲自送到了教育部并放弃了这次机会。

海闻的舍得与坚守，成就了北大在深圳的事业。自2008年确立"前沿领域、交叉学科、应用学术、国际标准"的办学方针与创建世界一流国际化校区的办学目标后，北京大学深圳研究生院进入发展的快车道，形成与产业和市场高度融合的学科体系。其中，化学生物学与生物技术学院定位重大疾病的化学基因组学研究，旨在融合现代合成化学、计算化学、化学生物学、转化医学四大领域，致力于中国创新药物研发，取得了一系列原创性成果，省部共建肿瘤化学基因组学国家重点实验室建设运行实施方案通过专家论证会，成为深圳市第一个高校类国家重点实验室；汇丰商学院致力于经济学、金融学、管理学的前沿学术研究，建设一流的"商界军校",培养有领导力、自制力、远大视野的商界领袖,短短几年,成为中国一流、国际知名的商学院;国际法学院是中国唯一一所提供全英文环境下J.D.学位和中国法律硕士(J.M.,Juris Master)教育的法学院;新建的新材料学院致力于新材料"基因组"与清洁能源体系的研发,在学术研究和为产业发展提供技术支持方面都取得了卓越的成绩。

此外,北京大学深圳研究生院汇聚了数百人的高水平国际化师资队伍,培养了近万名高层次全日制研究生。海闻刚刚南下时见到的一幢幢空空如也的教学楼,如今已装满琅琅读书声。

海闻的选择,一直以来都遵循自己的初心——他所信奉的北大精神。北大精神是浮躁中的坚守。海闻的履历很简单,不管是在美国求学还是在北大工作,在任何一个岗位他待的时间都在10年以上。"我有一个理念,一个人是否能在工作上坚持,取决于你究竟是想把这个事情做好,还是想将这个单位作为你的一个台阶。我为什么不走?因为我觉得我在做事,只有我觉得这件事做得差不多了,我才会走。教育领域也是一样,我们需要跟社会的浮躁斗争,需要告诉学生,这里是北大,我们要坚持北大的精神。"海闻对北大精神的另一种坚守就是骨子里的勇立潮头、敢为天下先的精神,南下深圳教育"创业"、跨出国门创办英国校区无一不是敢闯敢干的体现。

"最快乐的事情就是在北大的讲台上站到80岁",海闻说。已过花甲之年的海闻仍然保持初心,工作于他,是兴趣也是生活,在教育领域的创业耕耘就像当年他在东北虎林的庄稼地播种一样,一粒一粒地种,满仓满屋地收。

心系家国，追求卓越
——北大历史与北大精神[①]

（2021年9月17日）

欢迎各位老师和同学一起来学习"北大历史与北大精神"。北大精神包括两点：一是心系家国，二是追求卓越。在后面我会详细展开介绍。

为什么每年我都要讲这门课？因为这门课非常重要。一方面，要通过了解北大历史，领会北大精神，因为北大精神是从历史中产生并传承下来的。另一方面，既然来到北大，就要学会做北大人。北大不仅是光环，也是责任。北大是属于中国人民的北大，也是媒体最关心的学校。无论你是在这里工作还是学习，你的一举一动都会被解读为北大人的所作所为。所以，我希望大家都能传承北大精神。我也会讲到北大汇丰商学院的历史传统，希望我们的学生不仅能够成为商界精英，更能够成为国家栋梁和社会楷模。

---

① 本文根据2021年新生和新入职教职工的开学第一课——"北大历史与北大精神"整理。

本次课程分为四个部分：第一部分介绍北大概况；第二部分介绍北大历史；第三部分介绍新时代的北大；第四部分谈谈北大的精神和学风。

一、北大是什么？

北大是什么？我们引用领导人的讲话来说明。

北京大学是我国近代建立的第一所综合性大学。一个多世纪来，北京大学始终与民族共命运，与时代同进步，走过了不平凡的历程。北京大学是一所具有光荣革命传统的大学，是我国新文化运动的中心和"五四"运动的策源地，中国共产党早期的一些重要活动曾在这里举行。北京大学是一所享誉中外的高等学府，长期以来聚集了一大批学术名师，培养了一大批优秀人才，创造了一大批重要学术成果，为推动国家发展、社会进步、民族振兴做出了重要贡献。特别是改革开放30年来，北京大学按照面向现代化、面向世界、面向未来的要求，积极探索创建世界一流大学，教学和科研取得了新的可喜成绩，建设和管理展现出新的蓬勃活力。我们高兴地看到，爱国、进步、民主、科学的光荣传统在北京大学生生不息，勤奋、严谨、求实、创新的优良学风在北京大学代代相传。

——胡锦涛[1]

---

[1] 胡锦涛.在北京大学师生代表座谈会上的讲话[M].北京：人民出版社，2008.

> 北京大学是新文化运动的中心和五四运动的策源地,是这段光荣历史的见证者。长期以来,北京大学广大师生始终与祖国和人民共命运、与时代和社会同前进,在各条战线上为我国革命、建设、改革事业做出了重要贡献。
>
> ——习近平[①]

> 五四运动源于北大,爱国、进步、民主、科学的五四精神始终激励着北大师生同人民一起开拓、同祖国一起奋进。青春理想,青春活力,青春奋斗,是中国精神和中国力量的生命力所在。今天,在实现中华民族伟大复兴新征程上,北大师生应该继续发扬五四精神,为民族、为国家、为人民做出新的更大的贡献。
>
> ——习近平[②]

从以上领导人的讲话中可以看出,北大是与国家、人民、时代共命运的。

北大的发展可以分成三个阶段,每个阶段约为50年:第一个阶段从1898年创办到1949年。在这一阶段,北大的前身、中国的第一所现代大学——京师大学堂创建,无数北大人为中华民族的独立解放而奋斗,甚至英勇牺牲。第二个阶段从1949年到1998年,也就是从中华人民共和国成立到北大建校100周年。在这一阶段,北大推动了中国高等教育的发展,助力中国的建设和发展。第三个阶段从1998年到2048年,

---

[①] 中共中央文献研究室.十八大以来重要文献选编[M].北京:中央文献出版社,2016.
[②] 习近平.在北京大学师生座谈会上的讲话[M].北京:人民出版社,2018.

也就是从 1998 年到中华人民共和国成立 100 周年。北大在这个阶段的任务是创建世界一流大学，为中华民族的伟大复兴服务。

北大的历史上有一些重要的节点（见图 4-1）：1898 年京师大学堂创建；1912 年京师大学堂改名为北京大学校，严复担任首任校长；蔡元培自 1916 年担任校长，对北大进行了重要的改革，奠定了北大追求民主和科学的文化基础；1930 年，蒋梦麟担任北大校长，在任期间他对北大的建设起了非常重要的作用，将蔡元培提出的兼容并包等理念付诸实践；抗日战争期间，北大与清华、南开南迁昆明，组成国立西南联合大学，直至抗战结束。

第二个阶段开始，1950 年，毛主席为北大题写校名；北大是中国近代历史上一系列重要运动的发起者和参与者；1977 年恢复高考后，北大进入振兴发展新进程，1977 级和 1978 级校友中涌现出各行各业的杰出人才；1998 年，北大迎来百年校庆，江泽民主席来校视察、出席庆典并发表重要讲话，北大成为"985 工程"首批高校之一。

第三个阶段伊始，2000 年，北大和 20 世纪 50 年代脱离出去的北京医科大学重新合并；2001 年创建了北大深圳研究生院；2008 年迎来北大 110 周年校庆，胡锦涛主席视察北大；2018 年迎来了北大 120 周年校庆，习近平主席视察北大，同时北大第一个海外校区启用。

总之，世界上不乏建校几百年的学校，但从来没有一所大学能像北大这样与国家民族同呼吸、共命运。这就是我们要了解北大文化、走进北大历史、领悟北大精神的原因。

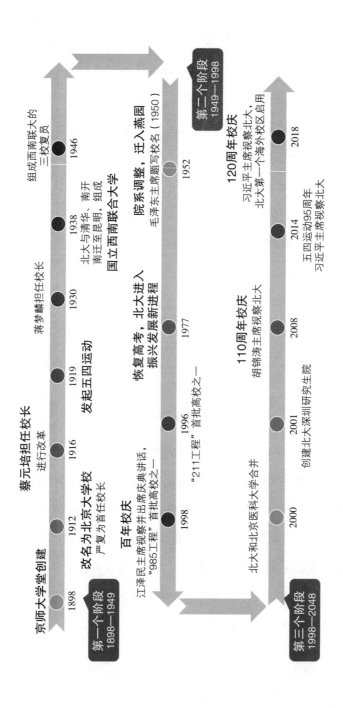

图 4-1 北大历史上的重要节点

二、北大的历史是一部近代中华民族的奋斗史

（一）北大的历史是浴血奋斗和爱国进步的历史

1. 1898：**维新变法与京师大学堂**

北京大学的前身京师大学堂的建立是为了兴学救国。1840年中英鸦片战争后，中国被迫打开大门，签订《南京条约》。随后，中国在一系列战争中失败，1894年的甲午战争尤其让国人感到震惊。在这种情况下，光绪皇帝"不甘做亡国之君"，于1898年实行维新变法（又称"戊戌变法"），京师大学堂（见图4-2）就是在这样的背景下建立的。

图 4-2　京师大学堂牌匾

1898年6月11日，在康有为、梁启超的推动下，光绪皇帝颁布《明定国是诏》，正式宣布变法，而建立京师大学堂是其重要举措之一。诏书中强调："京师大学堂为各行省之倡，尤应首先举办……以期人才辈

出，共济时艰。"

图 4-3 是梁启超起草的《京师大学堂章程》，这是北京大学的第一个章程，也是中国近代高等教育最早的学制纲要。北京大学1898年诞生于戊戌变法，所以历史上也称北大为"戊戌大学"。

图 4-3　梁启超起草的《京师大学堂章程》

然而，光绪皇帝的"戊戌变法"以失败告终，变法措施多被慈禧太后废除，但京师大学堂得以保留。京师大学堂于1898年12月31日开学，首期有160名学生入学，第一任校长由孙家鼐兼任。现在北大汇丰商学院英国校区挂了三幅画像，第一幅就是孙家鼐（见图4-4）；第二幅是严复，即京师大学堂改名为北京大学后的第一任校长；第三幅是蔡元培，也是在北大历史上曾进行重要改革并奠定北大"思想自由，兼容并包"文化和传统的校长。

人物简介

图 4-4　首任管学大臣孙家鼐（北大汇丰商学院英国校区油画）

孙家鼐（1827—1909），安徽寿州（今寿县）人，咸丰状元，曾为光绪皇帝授教。1898 年 7 月 3 日以吏部尚书、协办大学士受命为首任管理大学堂事务大臣，筹办京师大学堂，主张办学自主，不受列强干预。

从京师大学堂开始，北大学生就表现出忧国忧民的责任感。1903 年 4 月 30 日，京师大学堂学生"鸣钟上堂"，举行大会，声讨沙皇俄国侵占中国东北三省。这是北大历史上第一次反帝爱国学生运动。

2. 1912：改称北京大学校，为生存抗争

1912 年 1 月 1 日，中华民国建立。5 月 3 日，民国政府批准教育部的呈请：京师大学堂改名为北京大学校（即北京大学），大学堂总监督改名为大学校校长。严复出任北京大学首任校长（见图 4-5）。

> **人物简介**
>
>
>
> 图4-5 严复校长（北大汇丰商学院英国校区油画）
>
> 严复（1854—1921），字又陵，福建侯官（今闽侯）人，著名启蒙思想家、翻译家。1902年受聘为京师大学堂译书局总办。1912年2月出任京师大学堂总监督，5月改任北京大学校首任校长兼文科学长。

当时北洋军阀认为大学都是捣乱的，要停办大学。严复坚持要把北大保留下来，他在《论北京大学校不可停办说帖》中有力地论证了作为"全国最高教育机关"的北京大学不可停办的理由，强调大学不仅要造就专门人才，而且有"保存一切高尚之学术，以崇国家之文化"的使命。

3. 1917—1919：新文化运动、五四运动

在电视剧《觉醒时代》中可以看到，陈独秀在上海创办了《新青年》，1917年把杂志社搬到了北京。蔡元培在1917年成为北大校长后，

就开始进行改革,北大逐渐成为新文化运动的中心。这一时期,鲁迅设计了沿用至今的北大校徽(见图4-6)。校徽上,一个人肩上驮了两个人,隐含两个重要含义:肩负重任,齐心协力。

图4-6 蔡元培请鲁迅为北大设计的校徽

后来北大迁进了红楼,北大红楼是中国现代史上传播马克思主义和民主、科学进步思想的重要场所,并推动了中国共产党的建立。

4. **1920—1921:传播马克思主义,创建中国共产党**

1920年3月,在李大钊(见图4-7)的指导下,邓中夏、高尚德、何孟雄、黄日葵、罗章龙等19人秘密发起成立"马克思学说研究会"。这是中国最早学习和研究马克思主义的团体。

1920年10月,北京共产党小组在北大红楼图书馆李大钊办公室成立。中共一大(中国共产党第一次全国代表大会)前的8个地方党组织负责人中就有6位是北大师生或校友,58名党员中有23位是北大人。中共一大13位代表中,有5位是北大的教授、学生、校友、旁听生。

毛泽东于1918年秋第一次来到北京,经杨昌济教授介绍认识李大钊。毛泽东被聘为北大图书馆助理员,工作之余积极参加北京大学哲学研究会、新闻学研究会的活动,在李大钊的影响下,迅速地朝着马克思主义的方向发展。

> **人物简介**
>
>
>
> 图4-7 李大钊
>
> 李大钊（1889—1927），字守常，1918年受聘成为北京大学图书馆主任，后兼任史学系和政治学系教授，是中国最早的马克思主义传播者和中国共产党的主要创始人之一。

5. 1927：为国捐躯，勇于牺牲

北大人不仅聪明，而且勇敢，敢于为国捐躯。1927年4月28日，李大钊为共产主义事业惨遭反动军阀杀害，牺牲时年仅38岁。与李大钊一起慷慨就义的还有5位北大学生：杨景山、姚彦、莫同荣、范鸿吉、张挹兰（女）。当时军阀对女学生张挹兰说：你年纪轻轻误入歧途，只要说一声后悔，我们就放你。但是，张挹兰毫不动摇地跟着李大钊奔赴刑场。

6. 1938：刚毅坚卓——西南联大

1937年卢沟桥事变后，北京大学奉命南迁长沙，与清华大学、南

开大学合组长沙临时大学。1938年1月，长沙临时大学搬迁云南昆明。2月，长沙临时大学师生分三路赴滇，包括闻一多在内的300余名师生步行1300公里，前往昆明。这次长途迁徙堪称中国教育史上的一次壮举。

长沙临时大学迁至昆明后更名为国立西南联合大学。国难当头，西南联大以刚毅坚卓的精神，和衷共济，坚持教学和科学研究，培养了一批杰出人才，产生了大量重要学术成果，在中华民族抗日战争和争取民主自由的斗争中起到了重要作用。在民族危亡之时，西南联大师生投笔从戎，舍身救国。西南联大的校歌生动地表达了这一场景，令人感动。

西南联合大学校歌

万里长征，辞却了五朝宫阙。暂驻足，衡山湘水，又成离别。绝徼移栽桢干质，九州遍洒黎元血。尽笳吹，弦诵在山城，情弥切。

千秋耻，终当雪；中兴业，须人杰。便一成三户，壮怀难折。多难殷忧新国运，动心忍性希前哲。待驱除仇寇复神京，还燕碣。

7. 1947：反饥饿，反内战

抗战胜利以后，北京大学仍然站在民主运动的前沿。1947年5月20日，北平各个大中学校的7000多名学生发起了"华北学生北平区反饥饿、反内战运动"。这次游行结束后，北大红楼大操场改名为"民主广场"。

总之，在国家危亡的历史中，北大人纷纷勇敢地为中华民族的独立和解放做出自己的贡献。

（二）北大的历史是创新引领和追求卓越的历史

1. 京师大学堂时期和民国初期

京师大学堂是中国近代第一所由中央政府建立的综合性大学。京师大学堂改革旧式科举制度，制定新的学制章程，以"端正趋向，造就通才"为宗旨，教学内容强调"中体西用""中西并重"。京师大学堂成立之初行使双重职能，既是全国最高学府，又是国家最高教育行政机关，统辖各省学堂。

北大在京师大学堂时期就设立了各个学科。在1902年设立了7科，包括政治、文学、格致、农学、工艺、商务、医术。现在北大汇丰商学院的历史可追溯到1902年的商务。

1910年，京师大学堂开办"分科大学"，分经科、法政科、文科、格致科、农科、工程科、商科7科，科下共设13个学门。此为北大本科教育之始。商科的第一门课是货币银行学，也就是金融。所以说北大汇丰商学院的金融专业是有历史的，可追溯到1910年。京师大学堂重视体育，1905—1907年举办过三届运动会，此时学校已经有男子足球队。

北大的文化有两个根：一个是古代的汉学；另一个是西学。所以北大是一个中西文化交融的学府，不是单纯地延续中国文化，但也不是纯粹的西洋大学。

北大目前没有校训，"爱国、进步、民主、科学"是光荣传统；"勤奋、严谨、求实、创新"是优良学风；"思想自由，兼容并包"是学术精神。

2. 1917：蔡元培在北大的改革创新

蔡元培（见图4-8）在任北大校长后，继承了严复的思想，对北大进行了卓有成效的民主主义改革。他实行了"循思想自由原则，取兼容并包主义"的方针，促进了北大思想的活跃、新思潮的传播和学术的繁荣。众多革新人物和学术大师云集北大，倡导民主与科学精神。

人物简介

图4-8 蔡元培校长（北大汇丰商学院英国校区油画）

蔡元培（1868—1940），浙江绍兴人，著名教育家、思想家、民主主义革命家。光绪十八年进士，曾任翰林院编修、京师大学堂译学馆教习、中华民国临时政府教育总长，1916—1927年任北京大学校长。

就任北京大学校长之演说[①]

（1917年1月9日）

　　五年前，严几道先生为本校校长时，余方服务教育部，开学日曾有所贡献于同校。诸君多自预科毕业而来，想必闻知。士别三日，刮目相见，况时阅数载，诸君较昔当必为长足之进步矣。予今长斯校，请以三事为诸君告。

　　一曰抱定宗旨。诸君来此求学，必有一定宗旨，欲求宗旨之正大与否，必先知大学之性质。今人肄业专门学校，学成任事，此固势所必然。而在大学则不然，大学者，研究高深学问者也。外人每指摘本校之腐败，以求学于此者，皆有做官发财思想，故毕业预科者，多入法科，入文科者甚少，入理科者尤少，盖以法科为干禄之终南捷径也。因做官心热，对于教员，则不问其学问之浅深，惟问其官阶之大小。官阶大者，特别欢迎，盖为将来毕业有人提携也。现在我国精于政法者，多入政界，专任教授者甚少，故聘请教员，不得不聘请兼职之人，亦属不得已之举。究之外人指摘之当否，姑不具论。然弭谤莫如自修，人讥我腐败，而我不腐败，问心无愧，于我何损？果欲达其做官发财之目的，则北京不少专门学校，入法科者尽可肄业于法律学堂，入商科者亦可投考商业学校，又何必来此大学？所以诸君须抱定宗旨，为求学而来。入法科者，非为做官；入商科者，非为致富。宗旨既定，自趋正轨，诸君肄业于此，或三年，或四年，时间不为不多，苟能爱惜

[①] 本文为蔡元培任北京大学校长的就职演说。高严叔.蔡元培全集[M].北京：中华书局，1984：5-7。

分阴，孜孜求学，则求造诣，容有底止。若徒志在做官发财，宗旨既乖，趋向自异。平时则放荡冶游，考试则熟读讲义，不问学问之有无，惟争分数之多寡；试验既终，书籍束之高阁，毫不过问，敷衍三四年，潦草塞责，文凭到手，即可借此活动于社会，岂非与求学初衷大相背驰乎？光阴虚度，学问毫无，是自误也。且辛亥之役，吾人之所以革命，因清廷官吏之腐败。即在今日，吾人对于当轴多不满意，亦以其道德沦丧。今诸君苟不于此时植其基，勤其学，则将来万一因生计所迫，出而仕事，但任讲席，则必贻误学生；置身政界，则必贻误国家。是误人也。误己误人，又岂本心所愿乎？故宗旨不可以不正大。此余所希望于诸君者一也。

二曰砥砺德行。方今风俗日偷，道德沦丧，北京社会，尤为恶劣，败德毁行之事，触目皆是，非根基深固，鲜不为流俗所染。诸君肄业大学，当能束身自爱。然国家之兴替，视风俗之厚薄。流俗如此，前途何堪设想。故必有卓绝之士，以身作则，力矫颓俗，诸君为大学学生，地位甚高，肩此重任，责无旁贷，故诸君不惟思所以感己，更必有以励人。苟德之不修，学之不讲，同乎流俗，合乎污世，己且为人轻侮，更何足以感人。然诸君终日伏首案前，芸芸攻苦，毫无娱乐之事，必感身体上之苦痛。为诸君计，莫如以正当之娱乐，易不正当之娱乐，庶于道德无亏，而于身体有益。诸君入分科时，曾填写愿书，遵守本校规则，苟中道而违之，岂非与原始之意相反乎？故品行不可以不谨严。此余所希望于诸君者二也。

三曰敬爱师友。教员之教授，职员之任务，皆以图诸君求学

> 便利，诸君能无动于衷乎？自应以诚相待，敬礼有加。至于同学共处一室，尤应互相亲爱，庶可收切磋之效。不惟开诚布公，更宜道义相勖，盖同处此校，毁誉共之。同学中苟道德有亏，行有不正，为社会所訾詈，己虽规行矩步，亦莫能辨，此所以必互相劝勉也。余在德国，每至店肆购买物品，店主殷勤款待，付价接物，互相称谢，此虽小节，然亦交际所必需，常人如此，况堂堂大学生乎？对于师友之敬爱，此余所希望于诸君者三也。
>
> 余到校视事仅数日，校事多未详悉，兹所计划者二事：一曰改良讲义。诸君既研究高深学问，自与中学、高等不同，不惟恃教员讲授，尤赖一己潜修。以后所印讲义，只列纲要，细微末节，以及精旨奥义，或讲师口授，或自行参考，以期学有心得，能裨实用。二曰添购书籍。本校图书馆书籍虽多，新出者甚少，苟不广为购办，必不足供学生之参考。刻拟筹集款项，多购新书，将来典籍满架，自可旁稽博采，无虞缺乏矣。今日所与诸君陈说者只此，以后会晤日长，随时再为商榷可也。

这篇蔡校长100多年前的演讲，至今仍历久弥新，令人振聋发聩。

蔡元培到北大以后都采取了哪些改革措施呢？主要包括：不拘一格延聘名师；改革领导机制，实行教授治教；调整学科结构，加强课程建设，预科由3年改成2年，本科由3年改为4年，与国际更加接轨；招收女生，开男女同校之先河；创办学术刊物，开展学术活动；聘请外国学者讲学，开展学术交流，如聘请美国约翰·杜威（John Dewey）教授讲授社会哲学、政治哲学和教育哲学；扶植社团，引导学生参加各种有益活动;提倡美育,重视体育,他认为"完全人格,首在体育"。

3. 1930:**蒋梦麟狠抓学术研究,开办研究生教育**

1930年12月,蒋梦麟出任北大校长,他秉承了蔡元培民主治校的原则,但同时"整饬纪律,发展群治,以补本校之不足",提出"教授治学、学生求学、职员治事、校长治校"的办学方针,实行学院制、教授专任制和学分制。狠抓学术研究,不断提高北京大学的办学质量,使北京大学学习氛围浓厚,成为学术研究中心。1932年,北京大学研究院成立,研究生学历教育走向正规化。

蒋梦麟(见图4-9)执掌北大15年,是北大历史上任期最长的校长,在对北大的建设中起了非常重要的作用。北大的文化,包括兼容并包、民主自由、家国责任、追求卓越等,从蔡元培开始,经蒋梦麟、胡适,到马寅初,一脉相承。这种传承对北大文化传统的发展起到了很大的作用。

人物简介

图4-9 蒋梦麟校长

> 蒋梦麟（1886—1964），浙江余姚人，教育家。1917年获美国哥伦比亚大学哲学博士学位，曾任北京大学总务长、代理校长，1930年12月至1945年9月任北京大学校长。

（三）北大的历史是开放包容、国际融合的历史

北京大学从建校开始就是一所面向国际、面向未来、开放包容的大学。北大强调思想自由，实行兼容并包，集世界之精华发展科学技术，负社会之责任推动人类进步。

1. 京师大学堂的国际化措施

北大在京师大学堂创建之初就请了很多洋教习，传教士丁韪良（William Martin）在1898—1902年间担任京师大学堂的西学总教习。如今，北大汇丰商学院也有很多外籍老师，延续了北大开放包容、国际融合的历史。

北大从1903年开始派学生出国留学。首批出国留学的学生有46名，其中31名到日本，15名到西洋各国。

2. 北京大学校长的开放理念

再看北大校长的开放理念。蔡元培讲"循思想自由原则，取兼容并包主义"。严复提倡西学，反对"中学为体，西学为用"，他认为西学也有体系，不可实用主义地分割。严复在1912年时就规定一些学科"用洋文授课"。我们北大汇丰商学院现在全日制硕士用英文授课就是继承了当年严复校长的做法。

蔡元培时期北大有一支开放包容的师资队伍，留下很多不拘一格聘请人才的故事。当时，图书馆主任李大钊是共产党员，胡适是留学美国

的，陈独秀是共产党员，蔡元培请了几次才把陈独秀请来做文科学长。辜鸿铭是旧派文人，长期留着辫子，当时有人要开除辜鸿铭，说他是"保皇派"，但是蔡元培仍然将他留了下来。

概括一下上文讲的北大历史。北大的历史可分为三个部分：第一部分是为国为民奋斗的历史；第二部分是不断改革创新的历史；第三部分是自由开放包容的历史。

三、新时代的北大：肩负中华民族伟大复兴的使命

（一）推动中国高等教育的发展，助力中国的建设与发展

1949年10月1日，中华人民共和国成立，北大进入一个新的纪元。党和政府殷切关怀北大并寄予厚望，毛泽东主席致信北大"庆祝北大的进步"，并于1950年3月为北大题写校名。

1. 1952：全国高校院系调整

1952年全国高校院系调整后，北大成为以文理基础学科为主的综合性大学。北大适应国家建设和发展的需要，在探索中前进，不断扩大办学规模，努力提高教学质量和科学研究水平，为国家培养了大批优秀人才，提供了一批重要科研成果。

1951—1960年，马寅初（见图4-10）担任北大校长。

这期间北大出了很多杰出人士，比如"两弹一星功勋奖章"得主朱光亚，以及后来获得国家最高科学技术奖的王选、吴文俊、黄昆、徐光宪，还有诺贝尔生理学或医学奖得主屠呦呦、经济学泰斗陈岱孙等。陈岱孙从52岁（1952年）开始担任北大经济系的主任，一直到80岁（1980年），培养了无数杰出的经济金融人才。

人物简介

图 4-10　马寅初校长

马寅初（1882—1982），浙江嵊县（今嵊州市）人，著名经济学家、教育家。1917 年起，任北京大学教授、系主任、教务长，1951 年出任北大校长，1955 年当选中国科学院哲学社会科学学部委员。

2. 1977：恢复高考

1977 年，高考制度恢复。1978 年春，北京大学迎来恢复高考后第一批经高考录取的大学生。北大解放思想，开拓进取，加强学科和教师队伍建设，大力提高科学研究水平，广泛开展国内外学术交流和合作，使学校面貌发生了巨大变化。电视剧《历史转折中的邓小平》中讲述了 1978 年 3 月北京大学经济系迎新会的场景。

图 4-11　专业英语课

恢复高考后入学的学生学习非常努力,要把失去的时间补回来。1977级学生的课余生活也丰富多彩,实现了德、智、体全面发展。图4-11是经济系77级学生上专业英语课的情景,当时学的词叫"monopoly"。

3. 1981:**发出时代最强音**

在新的历史时期,北大师生努力走在时代前列。1981年3月20日,北大学生喊出了"团结起来,振兴中华"的时代强音。

北大师生支持改革开放,表达人民心声。1984年10月1日,北大7000多名师生参加中华人民共和国成立35周年庆典,游行队伍行至天安门前打出"小平您好"的横幅。简单的四个字,真实地表达了人民群众内心深处对邓小平的由衷祝愿和朴素、深厚的爱戴之情。

(二)创建世界一流大学,为建设世界强国和实现中华民族伟大复兴服务

1. 1998:**百年校庆——创建世界一流大学**

1998年5月4日,江泽民同志在庆祝北大建校100周年大会上发表讲话,发出了"为了实现现代化,我国要有若干所具有世界先进水平的一流大学"的号召。教育部决定重点支持北京大学、清华大学等部分高等学校创建世界一流大学,并以北京大学100周年校庆的讲话时间(1998年5月)命名"985工程"。在国家的支持下,北大适时启动创建世界一流大学计划。从此,北大的历史翻开了为建设世界强国和实现中华民族伟大复兴而努力的新篇章。

2. 2000:**与原北京医科大学合并**

2000年4月3日,北京大学与原北京医科大学合并,组建为新的北京大学。两校合并进一步拓宽了北大的学科结构,为促进医学与其他

学科的结合、改革医学教育奠定了基础，学校整体实力得到加强。

3. 2001：**深圳研究生院成立**

2001年1月，北京大学与深圳市人民政府签署《合作创办北京大学深圳校区协议书》，共同创办北京大学深圳研究生院。北大深研院定位为北大研究型国际化校区，是北大创建世界一流大学战略的重要组成部分。

4. 2008：110**周年校庆**

在"211工程"和"985工程"的支持下，北京大学进入了一个新的历史发展阶段。

2008年5月3日，胡锦涛总书记在北京大学建校110周年之际亲临北大视察，要求北京大学一定要肩负起崇高使命和历史责任，以更加广阔的视野、更加开放的姿态、更加执着的努力，加快推进创建世界一流大学步伐。

5. 2012：2048**远景规划**

2012年6月，中国共产党北京大学第十二次代表大会隆重召开，大会报告提出了"北大2048"远景规划，以及力争在第三个50年的发展周期内实现加快创建世界一流大学"三步走"的战略设想。

6. 2014：**扎根中国大地办大学**

2014年5月4日，在纪念五四运动95周年、北大建校116周年之际，习近平总书记莅临北京大学视察，并发表重要讲话，指明了扎根中国大地建设世界一流大学的方向。北京大学制订《北京大学综合改革方案》，颁布《北京大学章程》，以建立具有中国特色、北大风格的世界一流现代大学制度为总目标，全面启动综合改革。

7. 2018：120周年校庆——守正创新·引领未来

在加快建设高等教育强国的进程中，北京大学努力实现在21世纪的前20年基本建成世界一流大学的阶段性目标。2018年5月北大校庆120周年，习近平总书记莅临北大视察，并提出努力建设中国特色世界一流大学。

120周年校庆时，北大举办了很多活动，包括校庆纪念大会、1977级和1978级入学40年的纪念大会等。北大汇丰商学院也为北大120周年校庆增加了一个特殊的礼物——启动英国校区。2018年3月25日，北京大学120周年校庆海外庆典暨北京大学英国校区启动仪式在英国牛津郡隆重举行。这是北京大学的首个海外校区，也是中国高等学府第一次以独资、独立经营、独立管理的形式走出国门，被誉为中国高等教育历史上的一个里程碑。

回看历史，意义非凡。1843年，基督新教传教士马礼逊创办了第一所外国人创办、面向华人的学校"英华书院"，开启了洋学堂进入中国的历史。2018年，中国人来到了英国，创办了中国在英国的第一所学校：北京大学英国校区。

时任驻英国大使刘晓明高度评价英国校区，他认为，这是一个向世界分享中国精神的宝贵尝试、一个向世界讲述中国故事的全新平台、一个中国与英国建立更紧密的教育合作关系的重要机遇。

8. 今日北大

根据国际权威机构的排名，北大近年来整体在不断进步。在2022年"泰晤士高等教育世界大学排名"中，北大与清华大学并列排名中国第一，位居全球第16位。

截至2020年，北大有如下几个学部：理学部、信息工程学部、人文学部、社会科学部、经济与管理学部、医学部、跨学科类、深圳研究生院，有 10 个学科门类，一共 68 个院系级教学单位，具体情况见表 4–1。

表 4–1 2020 年北京大学基本数据

实验室与图书馆	专　业
国家研究中心：1 个 国家重点实验室：10 个 省部级重点实验室：126 个 国家工程研究中心：2 个 附属医院（所）：10 个	本科专业：130 个 硕士学位点（含一级学科覆盖）：286 个 博士学位点（含一级学科覆盖）：263 个 国家重点学科：43 个 博士后科研流动站：49 个
教职工队伍	学生规模
教职工总数：11694 人 专任教师：3401 人 （正教授 1527 人，副教授 1507 人） 博士生导师：2784 人 中国科学院院士：90 人 中国工程院院士：25 人 发展中国家科学院院士：38 人 "长江学者"、特聘教授、特岗学者、青年学者：257 人	在校学生：46113 人 本科生：16372 人 硕士研究生：17277 人 博士研究生：2464 人 留学生：4369 人

资料来源：北京大学信息公开网。

今日北大的工作可以概括为"一二三四"。一个目标：创办世界一流大学；两项工程："211 工程"和"985 工程"；三大功能：人才培养、科学研究、社会服务；四项经常性工作：加强学科建设、加强队伍建设、加强办学保障、增强办学实力。

9. 北大汇丰商学院

汇丰商学院创办于 2004 年 10 月，最初叫北京大学深圳商学院。

2004年10月8日，在汇丰商学院历史上，是一个崭新的起点。

秋风送爽，北京迎来了一年中最舒服的季节。北大校园，早上7点30分，史守旭（时任北京大学校长助理、深圳研究生院常务副院长）和海闻（时任北京大学校长助理）如约来到办公楼里林建华（时任北京大学常务副校长、深圳研究生院院长）的办公室。他们要讨论深圳研究生院和深圳商学院的建设和发展大计。

由于之前经过了充分沟通、酝酿，三人很快在几个重要问题上达成一致意见：深圳研究生院各学院必须建立起独立的学术和行政领导班子；先推动深圳商学院的发展，以此带动其他学院和整个深圳研究生院的发展；由海闻担任深圳商学院院长。

最后，大家说到经费问题。

"你要多少启动经费？"林建华征求海闻的意见。

"100万元吧。"海闻干脆地回答。

"100万元能办起个学院，那太便宜了！"林建华是化学专家，理工科有时候建一个实验室就要几百万甚至几千万元，用100万元去创办一个商学院，他从内心里觉得不够。另外，海闻放弃很多东西跑到深圳，已经让他很感动了，在经费上不能亏待。

"大楼已经有了，我再简单装修一下，买点儿电脑家具，我觉得够用了。"海闻明白，如果自己再多要一点儿，林建华马上就会答应。但他没有这样做，因为根据以往的经验，他觉得100万元其实差不多，而且他用钱一向很节省。

"这样吧，如果不够，你随时告诉我。"林建华诚恳地表示。

> 于是，一页 A4 纸的会议备忘录里，最后一条写上了启动资金 100 万元人民币。
>
> 实际上，这 100 万元还没有用完，商学院就已经能够自己挣钱了，甚至在 2007 年之后，每年都给研究生院交钱。有人开玩笑说，如果以投入产出算，商学院是一只最能下蛋的母鸡，回报率太高了。
>
> ——节选自 2014 年 10 月出版的《商界军校：北大汇丰商学院创业史》一书，作者：沈清华

2005 年 9 月，北大深圳商学院第一批经济学硕士研究生入学，共 63 人。

2008 年 6 月，学院第一批双硕士学生（共 52 人）顺利毕业并获得学位证书，当年毕业生平均年薪达到 18.5 万元。

2008 年 8 月 30 日，时任校长许智宏教授和时任汇丰银行主席郑海泉先生签署协议，汇丰银行捐赠 1.5 亿元人民币支持北京大学建设世界一流商学院，学院正式更名为北京大学汇丰商学院。

2008 年 10 月 22 日，北京大学汇丰商学院在深圳研究生院正式揭牌。时任校长许智宏、副校长吴志攀、副校长海闻，时任汇丰银行主席郑海泉及深圳市领导等各方代表参加仪式。

2010 年 1 月 6 日，北京大学汇丰商学院教学大楼奠基典礼隆重举行。

2013 年 11 月 21 日，北京大学汇丰商学院举行新大楼启用仪式。汇丰商学院理事会理事长（现咨询委员会主席）许智宏、时任北大常务

副校长吴志攀、时任汇丰银行（中国）行长黄碧娟等出席仪式。

北大汇丰商学院（深圳商学院）大事记

2005年9月，经济学硕士项目启动，首届学生63人；

2006年8月，北京大学与香港大学的经济学－金融学双硕士项目获教育部批准；

2007年，企业管理硕士项目启动，首届学生21人；

2007年，经济学博士项目启动，首届学生1人；

2007年7月，商学院EDP培训中心成立并开始招生；

2008年，启动北京大学与香港大学的管理学－金融学双硕士项目；

2009年9月商学院首次招收2名港澳台学生和2名国际留学生；

2010年3月，EMBA项目启动，首届学生70人；

2010年，金融硕士项目启动，首届学生47人；

2011年9月，汇丰商学院经济学项目成功通过EPAS认证；

2011年4月，北京大学与香港中文大学的金融学－经济学双硕士项目启动；

2012年8月，全日制MBA项目启动，首届学生19人；

2013年8月，在职MBA项目启动，首届学生61人；

2016年，财经传媒硕士项目启动，首届学生24人；

2016年11月，与纽约市立大学巴鲁克学校杰克林商学院签署MBA-MSF双学位合作协议，第一批学生12人于2017年8月赴纽

> 约学习；
>
> 2018年3月，汇丰商学院英国校区正式启用；
>
> 2018年7月，经北京大学党委组织部批复，汇丰商学院党委正式成立；
>
> 2018年8月，汇丰商学院成功获得AACSB认证；
>
> 2018年9月，汇丰商学院英国校区正式开学，首届学生7人；
>
> 2019年5月，汇丰商学院通过AMBA认证；
>
> 2020年3月，北京大学汇丰商学院、剑桥大学嘉治商学院与深圳市前海管理局签署了《合作意向备忘录》；
>
> 2021年8月，北京大学汇丰商学院与剑桥大学嘉治商学院签署协议，正式在深启动剑桥大学全球高级管理人员工商管理硕士（GEMBA）项目和北京大学中国学硕士（MCS）/北京大学中国学证书（CCS）项目。

截至2021年9月，汇丰商学院的教学项目包括博士项目、硕士项目和培训项目（见表4-2），我们现在还在努力办国际本科，国内本科也还在努力，不会轻易放弃。

表4-2 北京大学汇丰商学院近年概况（2021年9月数据）

教学项目	学生情况	师资队伍
博士（PD） 硕士（MA、MBA、EMBA） 培训（EDP）	学生总人数1646名，全日制1087名（硕士984名、博士44名、MBA 59名），在职559名（MBA 290名、EMBA 269名）	全职教师78名（教研岗68名、教学与实践岗10名），专职研究系列人员5名，访问教授17名

四、北大精神与学风

（一）北大精神

什么是北大精神？我认为概括起来有两个方面：一是忧国忧民，肩负社会责任；二是追求卓越，不断改革创新。具体来说，爱国和进步体现的是忧国忧民，为民族振兴、社会发展、人民幸福而努力奋斗；民主和科学体现的是追求卓越，强调自由开放、兼容并包、坚持真理。

北大人有为民族振兴不怕牺牲的精神。正如马寅初老校长所言："所谓北大主义者，即牺牲主义也。服务于国家社会，不顾一己之私利，勇敢直前。"这方面的例子很多，比如 1927 年蒋介石在上海发动反革命政变之后，北大的中共党员逆势增长，从 1926 年的 51 人增加到 73 人。北大人前仆后继，不畏牺牲，拥有的就是这样一种奋斗精神。

北大人以推动社会发展和增进人民福祉为己任。"激光照排之父"王选、优秀援疆教师孟二冬、"敦煌女儿"樊锦诗都是我们的行为楷模。樊锦诗是一个上海姑娘，为拯救祖国的宝贵遗产，她在敦煌一待就是 60 年。

北大人始终在国家大事中扮演着中坚力量。2008 年北京奥运会期间，3000 多名北大学生作为志愿者参加服务。在开幕式前，同学们放弃暑假休息，每天训练。奥运会期间，更是从早到晚在场服务，辛苦非凡，却毫无怨言。毕业典礼上，数千学生齐声呼喊："我爱中国！我爱北大！"赤子之心，令人动容。这就是北大人！北大人不但要有梦，更要有魂。这个魂是爱国之魂、爱民之魂。

北大人崇尚学术自由，提倡兼容并包。学术方面不但自己要自由，还要尊重别人的自由。北大开放包容,是第一所学习西方的国立综合性大学,并从一开始就聘了很多洋教习,也聘了很多观点不同、背景不同的教授。

北大人坚持真理,追求卓越。马寅初当时因为人口论的问题被批判,被迫辞去了北大校长,一直到1979年才平反,但他始终坚持自己的观点,写下了"我虽年近八十,明知寡不敌众,自当单身匹马,出来应战,直至战死为止,决不向专以力压服而不以理说服的那种批判者们投降"的铮铮誓言。张益唐是北大1978级数学系校友,他博士毕业后多年甘坐冷板凳,甚至没有一份正式教职,但始终追求理想,后来解决了一个世界数学大难题"孪生素数猜想",一鸣惊人。

北大精神还体现在**综合素质**上。北大人应有的素质是什么?总结起来就是**有理想、有眼界、有激情、有能力、有教养**。

北大人要有理想,要有远大的目标,要志向高远,要胸怀天下。大目标并不是空想,因为"得其大者可以兼其小"。不要只盯着小目标,当你为大目标奋斗时,小目标也就包括了。读《史蒂夫·乔布斯传》①就会发现,乔布斯之所以成功,是因为他要改变世界,他认为人的生命是有限的,要把有限的生命做有意义的事情。所以,理想很重要,北大人确实要有理想,没有理想,就做不成大事。

北大人要有眼界,要站得高,看得远,不要纠结于眼前的琐事,也不要拘泥于短期的得失。当然,有知识、有智慧,才能真正做到高瞻远瞩,才能不焦虑,不落俗套。

北大人要有激情,要用好的精神面貌去迎接任何挑战,要永远朝

---

① 艾萨克森.史蒂夫·乔布斯传[M].管延圻,等译.北京:中信出版社,2011.

气蓬勃，乐观向上。困难面前不悲观、不气馁，永远保持一种正能量。2021年暑假我去西藏，发现有将近400名北大校友在西藏工作，包括支教的本科生、援藏的医生等，令我深受感动。这些北大人敢于到艰苦的地方去磨炼、去奉献，无论遇到什么困难，始终保持热情。所以北大人不要发牢骚，怨天怨地的人是没有出息的。

北大人要有能力，包括组织能力、决策能力，特别是解决问题的能力。我们要保持北大人"虽然……但是……"的批判精神，同时也要有"不但……而且……"的做事能力。崇高的理想、远大的目标，最终需要一项一项地去落实。只有具备实现理想的能力，才是真正全面的人才。

北大人要有教养，要在道德品质和文化素质等方面达到高水平。钱理群教授曾撰文批评大学正在培养一批"精致的利己主义者"，认为"他们高智商，世俗，老到，善于表演，懂得配合，更善于利用体制达到自己的目的"。这是北大教授痛心疾首的呼吁。教养还包括平等待人、谈吐有节、克己自律、诚实守信。北大汇丰商学院对抄袭作弊、违约毁约等诚信问题处分非常重，不诚信的行为都将付出代价。

总而言之，作为北大人，我们要有理想，这是追求的一面；同时我们要有教养，这是严守的一面，要守住教养的底线。

（二）北大的学风

北大的学风是"勤奋、严谨、求实、创新"，但是北大人口口相传的学风是"宽口径、厚基础、常为新"。

所谓"宽口径"就是知识面要宽，不能太窄，除了专业知识，人文社科、科学技术、天文地理、音乐艺术等，都需要了解一些。

所谓"厚基础"就是专业理论要扎实，只有具备深厚的理论基础，发展才有后劲，才能长远。我常说北大不是阳澄湖，不是什么"蟹"进来涮一涮出去就变成"阳澄湖大闸蟹"了。我们的学生必须充分利用在学校的时间认真学习，打好基础，这也体现出北大独特的培养模式。

所谓"常为新"就是要敢于创新，不断创新。创新既包括科学、技术、研究方面的更新突破，也包括体制、机制、模式方面的改革发展。北大人不能因循守旧、故步自封、抱残守缺、安于故俗，而要不安现状、不惧权威、勇于探索、永不停歇。

（三）北大汇丰商学院的特色

与北大的精神和学风一脉相承，北大汇丰商学院以培养具备专业知识、综合素质、国际视野、社会责任的学生为目标。**北大汇丰商学院的特色可以总结为国际、严格、全面三个方面。**

第一，我们是最国际化的商学院。我们的办学理念、师资队伍、工作语言、学生国籍、规章制度、校区建设等都是最国际化的。我们要坚持这个道路，在研究、教学、影响力等方面全方位打造国际一流商学院。

第二，我们有最严格的学位项目。我们深信，在浮躁而又迅速变化的时代，学业上的严格要求是对学生未来最大的负责。在教学和研究上我们严格要求：从日常作业，到考试，到毕业论文，都不是不努力就可以轻易通过的。为保证学生能够安心学习、打好基础，学院自建院之初就规定学生第一年除了假期不准实习、第二年不可离开深圳或不上课实习（现已调整为前一年半除假期不准实习）等。另外，学院近年来又规定学生平时的平均成绩必须达到 B 或以上的标准才能毕业。学院每年都有因论文答辩不通过而延期或者不能毕业的同学。

在纪律和校规的遵守方面我们严格要求。为培养未来商界精英的团队精神、拼搏精神和自律行为，我们有一周的军训和一年的素质拓展课程。我们有严格的考勤制度，有纪律方面的奖惩政策，旨在培养思想自由且行为负责的未来领袖。

在恪守学术道德和树立诚信理念方面我们也有严格的要求。学院自第一届毕业生开始，就严格要求学生重诺守信。学院不给第二个"三方协议"，学生想好了再签约，学院不允许学生与用人单位签订就业协议书后违约。我们一直坚持此原则，即使在经济不景气、就业形势严峻的年份也如此。同时，为规范学生在课外实习中的行为操守，也为学生能够更好地了解未来的职业发展，避免盲目签约，学院开设了3学分的"实习实践课"，将课堂讲授与实习或助研工作相结合，通过课程的形式严格约束、规范学生的实习表现。

第三，我们有最全面的培养方案。我们所培养的学生，需要在"能、智、体、德"方面全面发展。所谓"能"，就是要在日常工作、整合资源、经营管理、投资创业等方面能干善谋。学院通过鼓励学生的社团活动、学生会工作、实习等实践活动来提高这些能力。所谓"智"，就是要有远见卓识，不仅知道怎么干，更知道为什么要这样干。学院通过课程设置、双学位或专业+辅修、严格控制论文质量等措施，确保学生拥有扎实的理论基础和宽广的知识面。所谓"体"，就是要有良好的身体素质和精神面貌。学院通过军训、拓展、沙漠挑战赛、运动会等活动，培养同学们的拼搏奋斗的精神、健康强壮的体魄、乐观向上的心态。所谓"德"，就是要注重在道德情操、遵纪守法、社会责任、创新引领等方面的精神和行为。学院始终强调育人第一，把提升学生的道德素质放在首位。"北大历史和北大精神"是新生入学的必修课，全日制学生每

赠给毕业生的书画作品

（2005级）"基石"

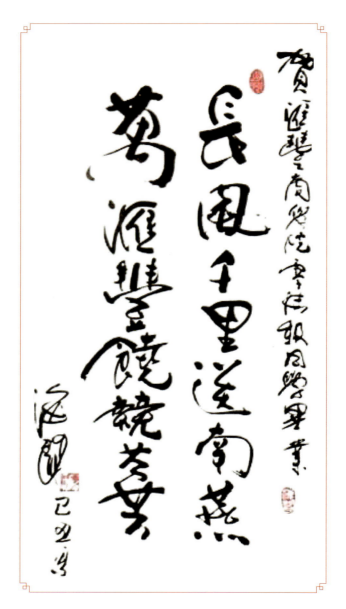

（2006级）"长风千里送南燕，万汇丰饶竞芬芳"

（2006级）"志存高远"

（2007级）"海阔天空地想，脚踏实地地干"

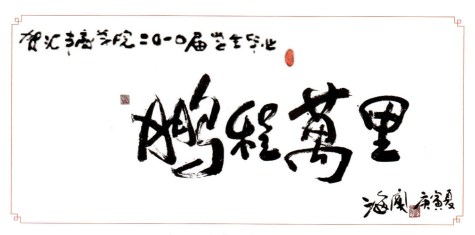

（2007级）"鹏程万里"

(2008级)"德才兼备,风采绝伦"

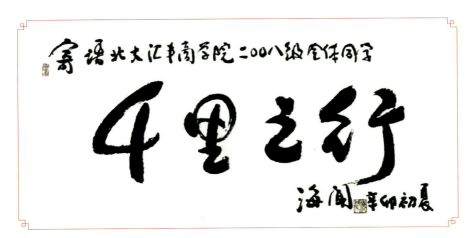

(2008级)"千里之行"

（2009级）"积跬致远"

（2009级）"海阔凭鱼跃，天高任鸟飞"

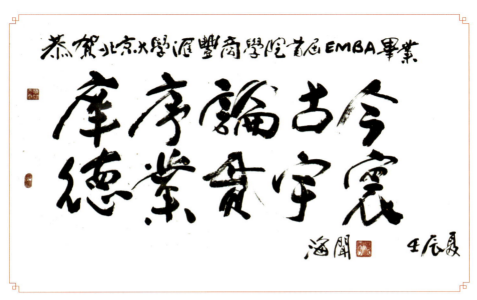

（2010级EMBA）"庠序论古今，德业贯宇寰"

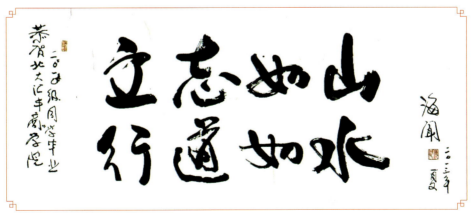

（2010级）"立志如山，行道如水"

(2011级)"我勤超你想"

(2012级)"致青春"

(2013级)"勇敢执着"

(2014级)"满不在乎而又全力以赴"

（2015级）"虚心劲节，贞志凌云"

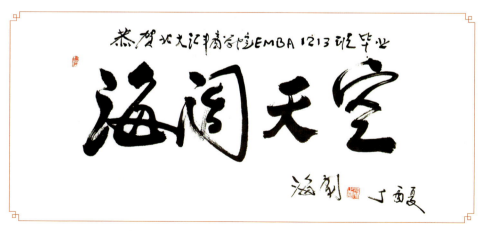

（2015级 EMBA 1213班）"海阔天空"

（2018级）"高瞻远瞩，行稳致远"

（2019 级）"春天的希望"

（2017级）"心中永远要有个太阳"

(2016级)"心与沧浪,志在青山"

学期的班会是德育课。学院还通过各种志愿者活动、社会公益活动等，培养同学们的道德情操和社会责任。

五、结语

最后，我希望所有在座的同学和老师，能够了解北大历史，把握北大精神。今天，你们进了北大门，就是北大人，就要承担起北大人的责任。让我们一起努力，继承北大的光荣传统，发扬北大的创新精神，为国家发展、人民幸福、社会进步、世界和平，做出北大人应有的贡献！